Kiefer · Schwarz · Rathmanner · Tulzer · Kinzl · Kunze · Schoberberger

Schlank ohne Diät für Kinder

Inhalt

Liebe Eltern!

Dieses Buch ist ein Praxisbuch für Ihre Kinder. Vor allem kleinere Kinder brauchen Ihre Hilfe dabei. Lesen Sie die Texte vor und erarbeiten Sie die 20 Einheiten gemeinsam mit Ihrem Kind.

Bildnachweis: Illustrationen: Maria Martina Schmitt
Rezeptbilder: Peter Bàrci
Bewegungsbilder: Fotostudio Wilke

ISBN 5 bis 8 Jahre: ISBN 10: 3-7088-0402-3
ISBN 13: 978-3-7088-0402-6

Autoren: Univ.-Doz. Dr. Ingrid Kiefer
Mag. Dr. Werner Schwarz
Mag. Theres Rathmanner
Univ.-Doz. Dr. Gerald Tulzer
Univ.-Prof. Dr. Johann Kinzl
Univ.-Prof. Dr. Michael Kunze
Univ.-Prof. Dr. Rudolf Schoberberger

Lektorat: Mag. (FH) Martina Raffler, Kneipp-Verlag

Layout, technische Bearbeitung: Martin Jurkowitsch; Hubert Liebenberger, Kneipp-Verlag

Druck: Theiss GmbH, A-9431 St. Stefan

1. Auflage Leoben, August 2006

Herzlich willkommen

auf der Reise zu deinem Wohlfühlgewicht!

Reist du gerne in fremde Gegenden, wo es viel Neues zu erkunden gibt? Gut so, denn du bist gerade dabei, dich auf eine ganz spannende Reise zu begeben, bei der du viel Neues entdecken wirst: die Reise zu deinem Wohlfühlgewicht.

Manches Mal wird diese Reise anstrengend sein, so, wie wenn du auf einen hohen Berg steigst. Aber ähnlich wie beim Bergwandern, wo du auf dem Gipfel angelangt die herrliche Aussicht genießen kannst, wird auch diese Reise ein tolles Ende haben: Du wirst fit sein, dich viel besser fühlen, du wirst bewundert werden und stolz auf dich sein! Dieses Buch ist dein Reiseführer. Hier findest du alles, was du brauchst, damit du den richtigen Weg immer findest und dich nicht verirrst.

Alleine reisen ist langweilig. Aber keine Sorge, du musst diese Reise auch gar nicht alleine machen! Du hast einige Weggefährten, die dich unterstützen und anfeuern werden: Das ist vor allem einmal deine Familie. Es gibt auch einen Reiseführer für deine Eltern, in dem deine Reise noch genauer beschrieben ist. Deine Eltern werden mit dir gemeinsam die Reiseroute festlegen und dir helfen, immer den richtigen Weg zu finden. Wenn du dich einmal nicht auskennst, kannst du sie fragen, sie können in ihrem Buch nachlesen und dir dann weiterhelfen.

Dürfen wir vorstellen? Das ist Steff. Sie macht dieselbe Reise wie du. Auch sie ist dicker als die anderen Kinder, kann nicht so schnell laufen und wird oft gehänselt. Neben deiner Familie wird dich auch Steff auf deiner Reise zu deinem Wohlfühlgewicht begleiten. Wer weiß, vielleicht werdet ihr ja Freunde?

Einheit 1

Es gibt ein altes Sprichwort, das heißt »Auch die längste Reise beginnt mit dem ersten Schritt.« Das gilt auch für deine Reise. Der erste Schritt ist herauszufinden, warum du so bist, wie du bist. Denn bevor du etwas verändern kannst, musst du wissen, was du verändern möchtest. Es geht darum, herauszufinden, WIE du bist – den Ist-Zustand (Die Wissenschaftler nennen das Herausfinden des Ist-Zustandes übrigens »Anamnese«.).

Was isst und trinkst du gerne und oft, warum, welche Gefühle hast du beim Essen, wie oft bewegst du dich und welche Spiele und Sportarten machst du gerne? Überlege dir dein derzeitiges Verhalten genau und beobachte dich! Der Ist-Zustand ist der Beginn deiner Reise. Du musst ja schließlich wissen, von welchem Bahnsteig der Zug abfährt, mit dem du dich auf deine Reise begibst!

Ist-Zustand: Ernährung

Als erstes geht es darum, dass du darüber nachdenkst, welche Lebensmittel du besonders gerne und auch oft isst.

Kreise in der Ernährungspyramide auf Seite 7 ein, was du gerne und oft isst. Mach den Kreis umso größer, je mehr du von dem jeweiligen Lebensmittel oder der Speise isst!

Ist-Zustand: Gründe für das Essen

Es gibt viele Gründe für das Essen:

- aus Hunger: Damit der Körper genügend Energie hat, müssen wir ihm den »Kraftstoff Ernährung« zuführen.
- weil uns etwas gut schmeckt.
- vielleicht, weil deine Eltern wollen, dass du etwas isst.
- aus seelischen Gründen: Wir essen nicht nur, weil wir Hunger haben, sondern wir essen oft auch mehr, wenn wir traurig sind, Stress, z. B. in der Schule haben, oder beim Fernsehen oder vor dem Computer, wenn uns langweilig ist oder wir Angst haben. Dann essen wir, um uns zu beruhigen. Dies ist meist nachmittags oder abends der Fall.

Kreise nun auf Seite 8 ein, aus welchen Gründen du Sachen isst, die du gerne und oft verspeist, und welche Gefühle du dabei hast.

Ist-Zustand: Bewegung

Hier geht es darum, festzustellen, welche Bewegung du machst und wie viel. Bewegung ist ein ganz wichtiger Verbündeter für dich. Je mehr du dich bewegst, desto mehr Energie verbrennt dein Körper, und das hilft dir, dein Ziel zu erreichen.

Unterstreiche auf Seite 9, welche Bewegung du gerne machst. Wenn du etwas oft und lange machst, dann mach einen dicken Strich darunter, wenn du etwas seltener tust, dann einen dünnen Strich!

Kreise ein, was du gerne und oft isst. Mach einen kleinen Kreis um die Dinge, wenn du nur wenig davon isst, und große Kreise, wenn du viel davon isst!

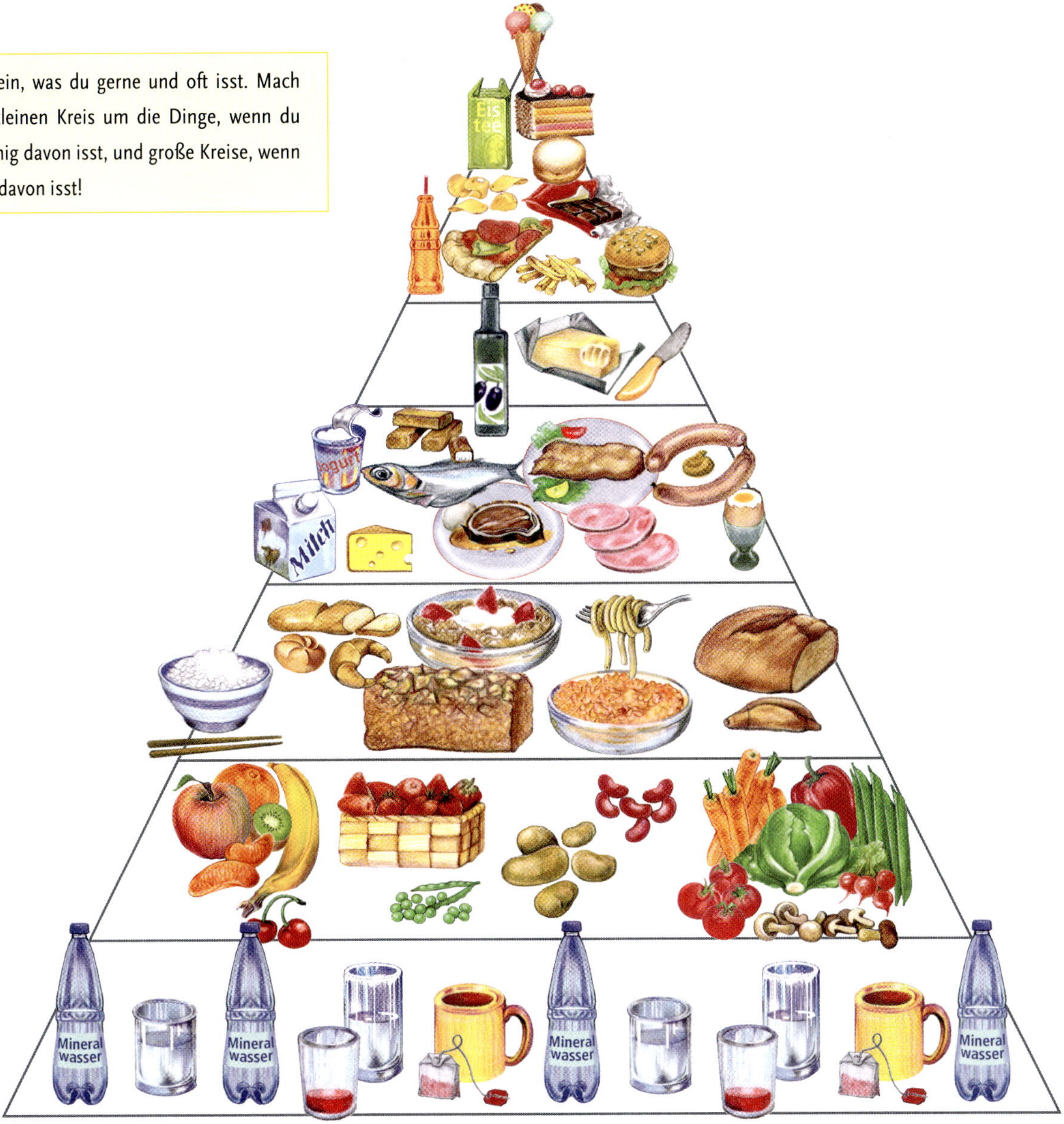

Kreise ein, warum du verschiedene Lebensmittel oft und gerne isst! Verwende diese Farben dazu.

»Weil es mir gut schmeckt.«

»Weil es gesund ist.«

»Wenn ich traurig bin.«

»Wenn mir fad ist.«

»Weil meine Eltern wollen, dass ich das esse.«

»Beim Fernsehen oder Computerspielen.«

»Wenn ich Angst habe.«

»Wenn ich gestresst bin.«

»Wenn ich alleine bin.«

»Weil ich das immer esse.«

Unterstreiche, welche Formen von Bewegung du gerne und oft machst. Je öfter du etwas machst, desto dicker soll der Strich sein!

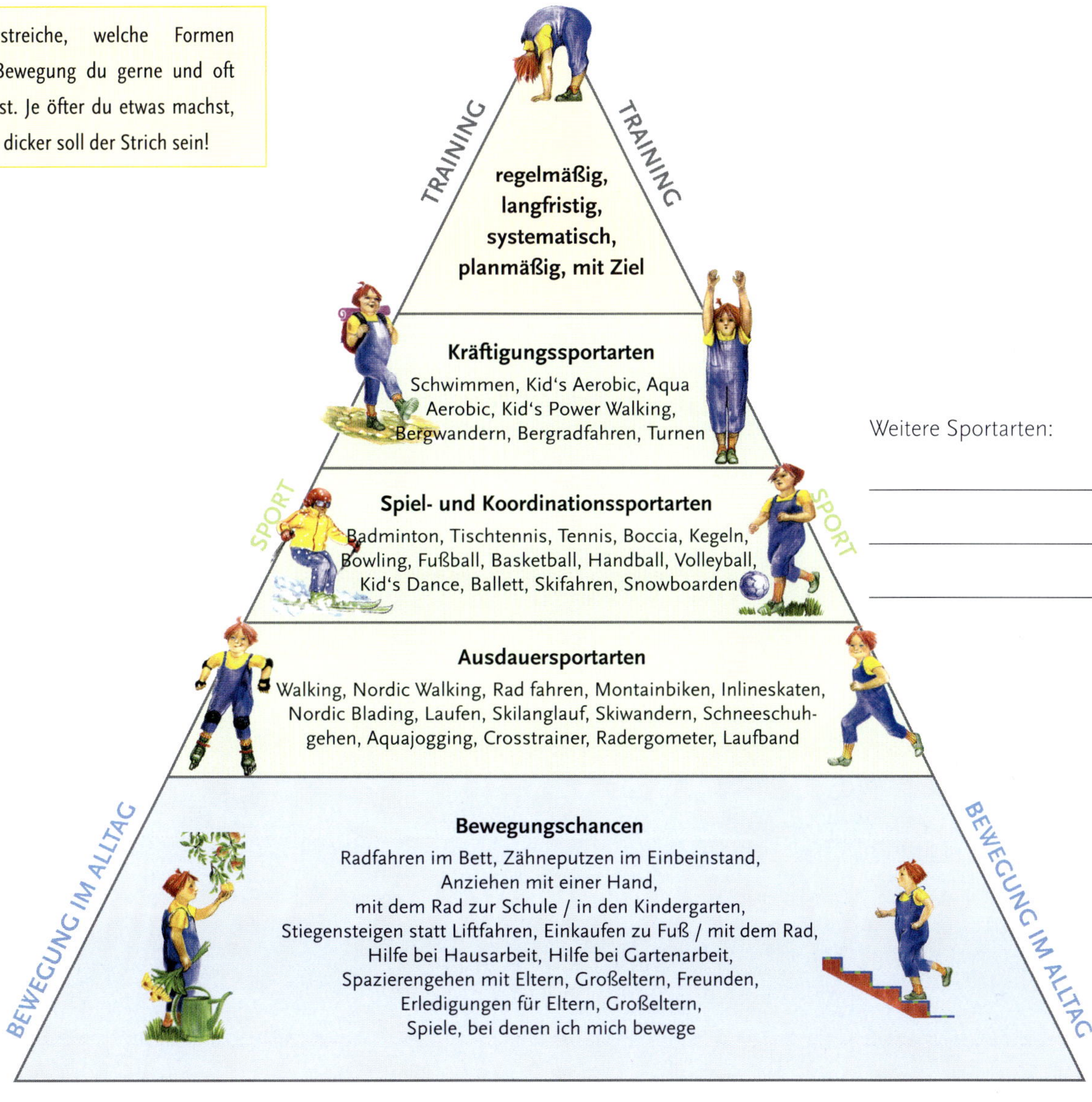

Weitere Sportarten:

____

____

____

Warum will ich die Reise zu meinem Wohlfühlgewicht überhaupt machen?

Es ist wichtig, dass du auch weißt, warum du die Reise zu deinem Wohlfühlgewicht überhaupt machen willst, das heißt, warum du nicht dick sein möchtest. Es gibt viele Gründe, nicht dick sein zu wollen, und jedes Kind bzw. jeder Jugendliche hat unterschiedliche Gründe.

> Denke einmal nach, was für dich die wichtigsten drei Gründe (es können natürlich auch mehr sein) sind, warum du nicht mehr dick sein willst und schreibe sie auf!

1. ______________________________

____

2. ______________________________

____

3. ______________________________

____

Am besten ist es, wenn du diese Gründe auf ein eigenes Plakat mit Farbstiften aufschreibst und dieses Plakat gut sichtbar in deinem Zimmer oder in der Küche aufhängst. Es ist gut, wenn deine Eltern, Geschwister und Freunde diese Gründe auch kennen.

Erst wenn du dir deine Gründe überlegt und diese auch niedergeschrieben hast, lies die Gründe durch, die oft von anderen Kindern oder Jugendlichen angegeben werden, warum sie abnehmen bzw. nicht mehr zunehmen möchten:

- Ich möchte schicke Kleider tragen können.
- Ich möchte nicht wegen des Übergewichtes gehänselt werden.
- Ich möchte gerne Sport betreiben.
- Ich möchte beweglicher sein.

Welches Ziel möchte ich erreichen und was ist meine Belohnung?

Wenn du etwas erreichen möchtest, musst du wissen, was du eigentlich möchtest. Erst wenn du dein Ziel kennst, kannst du dir überlegen, welchen Weg du einschlagen möchtest. Wenn du wieder an deine Reise denkst: Du musst wissen, wohin du willst, bevor du deine Reise beginnst.

Am besten ist es, ein Ziel zu wählen, das interessant und erstrebenswert ist, und für das es sich lohnt, sich zu bemühen.

Wichtig ist es, das Ziel, dass du erreichen möchtest, genau zu beschreiben, so dass du und die anderen überprüfen können, ob du das Ziel auch wirklich erreicht hast. Am besten ist es z. B. eine genaue Gewichtsangabe zu machen oder genau anzugeben, was du wie oft machen möchtest, z. B. jeden Tag ein Müsli zum Frühstück oder mindestens dreimal pro Woche mit Freunden gemeinsam Rad fahren gehen.

Genauso wichtig, wie ein Ziel festzulegen, ist es aber auch, sich dafür zu belohnen, wenn dieses erreicht wurde. Dabei soll die Belohnung nicht etwas ganz Gewöhnliches sein, sondern etwas, was du dir normalerweise nicht leistest, wobei dies aber nicht unbedingt heißt, dass es teuer sein muss. Es kann z. B. auch der Wunsch sein, mit den Eltern einen Ausflug in einen Vergnügungspark zu machen oder bei einem Freund oder Freundin übernachten zu dürfen. Die Belohnung sollte aber nicht Essen sein, also nicht ein Eisbecher oder ein Besuch im Fast-Food-Restaurant!

Für die Belohnung kannst du mit deinen Eltern auch einen richtigen Vertrag machen, in dem deine Eltern sich verpflichten, die Belohnung zu erfüllen, wenn du dein Ziel erreichst. Auf Seite 13 findest du einen Vorschlag für so einen Vertrag.

Es ist aber auch notwendig, genau festzulegen was du tun wirst, wenn du dein Ziel nicht erreichst. Dabei soll die Aufgabe, die du dafür bringen musst, dir nicht ganz leicht fallen, wie z. B. ein Tag lang überhaupt nicht am Computer spielen.

Wichtig ist auch, dass du dir allein, aber auch mit den Eltern überlegst, warum es dir nicht gelungen ist, das vereinbarte Ziel zu erreichen. Gründe wären z. B., dass

- der falsche Weg gewählt wurde,
- das Ziel zu hoch angesetzt wurde, oder
- deine Bereitschaft etwas zu verändern (z. B. mehr Sport zu betreiben oder weniger Fettes oder Süßes zu essen) nicht eingehalten wurde.

Oft ist es sinnvoll und notwendig, die eigenen Bemühungen zu unterstützen, indem man den Plan öffentlich macht; das heißt: auch die anderen sollen deine Pläne kennen, um dich – wenn nötig – unterstützen zu können.

Du kannst deine Ziele und Pläne in das Formular auf den nächsten beiden Seiten eintragen. Hier kannst du dann auch immer wieder nachlesen, wenn du zwischendurch dein Ziel aus den Augen verlierst.

Meine Ziele

Das ist mein **oberstes Ziel,** das Ende meiner Reise, dort möchte ich hin:

Das ist mein Ziel beim **Essen:**

Das ist mein Ziel bei meinem **Essverhalten:**

Das ist mein Ziel bei der **Bewegung:**

Die **ersten Schritte,** die ich machen werde, sind:

Diese **Personen** können mir **helfen:**

Wer?	Wie kann er / sie mir helfen?

Meine Ziele

Den folgenden Teil des Formulars kannst du auch kopieren und jede Woche neu ausfüllen und aufhängen!

Ich **plane,** die folgenden Dinge zu tun, um meine Ziele zu erreichen (Schreib möglichst genau auf, was du wann tun möchtest, z. B. beim Fernsehen nichts essen oder am Montag und Donnerstag eine halbe Stunde Rad fahren)

Das will ich tun:	Zu diesem Zeitpunkt werde ich es tun:

Wenn ich mein Ziel erreiche, **belohne** ich mich mit:

Wenn ich meine Ziele nicht erreiche, werde ich folgendes tun:

Ich habe meine Ziele nicht erreicht. Das sind die Gründe, warum es mir nicht gelungen ist:

Belohnungsvertrag

Abgeschlossen am ______________________ zwischen:
(Datum)

______________________ und ______________________
(Trage hier deinen Namen ein) (Trage hier den Namen eines Elternteils ein)

Ich nehme mir folgendes vor:

____
(Trage hier das Ziel ein, das du erreichen möchtest)

____
(Trage hier das Datum ein, bis wann du dein Ziel erreichen möchtest)

Wenn ich mein Ziel erreiche, wünsche ich mir von meinen Eltern:

____
(Trage hier die Art der Belohnung ein)

Wenn ich mein Ziel nicht erreiche, werde ich folgendes tun:

____
(Trage hier die Art der Aufgabe ein, die du tun wirst, wenn du dein Ziel nicht erreichst)

Mit meiner Unterschrift verpflichte ich mich, mich anzustrengen, mein Ziel zu erreichen. Meine Eltern verpflichten sich mit ihrer Unterschrift, die Belohnung einzuhalten, wenn ich den Vertrag erfülle und mein Ziel zum angegebenen Zeitpunkt erreiche.

______________________ und ______________________
(Deine Unterschrift) (Unterschrift eines Elternteils)

Frühstück

Ein gutes Frühstück ist der beste Start in den Tag! Wenn du das Richtige isst, kannst du dich in der Schule viel besser konzentrieren. Und du wirst nicht so schnell wieder hungrig.

Das Beerenmüsli (Seite 15) ist ein hervorragendes Frühstück!

Vormittagsjause / Pausenbrot

Wenn du nach dem Frühstück langsam wieder hungrig wirst, hilft dir die Vormittagsjause, bis zum Mittagessen durchzuhalten. Wenn du gar kein Frühstück isst, dann ist die Vormittagsjause für dich noch viel wichtiger. Mit der richtigen Jause (Pausenbrot) bist du fit für den Schulvormittag (Seite 16).

Meine Bewegungschancen

Immer wenn du vor der Wahl stehst, Bewegung zu machen oder lieber doch nicht, kannst du eine Bewegungschance nutzen. Du kannst dich entscheiden, ob du lieber mit dem Aufzug fährst oder Stiegen steigst, ob du dich mit deinem Freund zum Computerspielen verabredest oder doch lieber auf den Spielplatz gehst. Das Tolle ist: Wenn du die Bewegungschance nutzt, macht dich das fit und es hilft dir auf deiner Reise zum Wohlfühlgewicht! Je mehr Bewegungschancen du nutzt, desto besser!

Gehe einmal einen ganz normalen Tag von morgens bis abends in Gedanken durch. Welche Bewegungschancen kannst du entdecken? Schreib sie hier auf!

Genutzte Bewegungschance	Ungenutzte Bewegungschance

Beerenmüsli

Für das Beerenmüsli brauchst du für 1 Portion:

150 g Waldbeeren (Heidelbeeren, Brombeeren, Himbeeren)
125 g Jogurt, 1 % Fett
1 Teelöffel Honig
3 Esslöffel Haferflocken
1 Teelöffel gehackte Walnüsse

Willst du stark sein wie ein Bär, muss ein Beerenmüsli her!

Zerdrücke die Beeren mit einer Gabel. Vermische in einer kleinen Schüssel das Jogurt mit dem Honig, den Haferflocken und den Nüssen. Gib die zerdrückten Beeren dazu und lass dein Müsli ca. 10 Minuten ziehen.

Vergiss nicht, viel zu trinken, damit die Haferflocken in deinem Magen aufquellen können und dir lange Kraft und Energie geben!

Pro Portion: 266 kcal, 7 g Fett

Vollkornbrötchen mit Karotten-Apfel-Nuss-Aufstrich

Für den Aufstrich benötigst du für 5 Portionen:

1 große Karotte · 1/4 Apfel
75 g Magerquark (-topfen)
1 Teelöffel Magerjogurt
1 Teelöffel gehackte Walnüsse
etwas Salz · wenig Pfeffer

Quark (Topfen) gibt dir so viel Kraft, dass du die Schule locker schaffst!

Reibe Karotte und Apfel mit einer feinen Raspel. Verrühre Magerquark (-topfen) und Jogurt mit einer Gabel, mische die geriebene Karotte, Apfel und die gehackten Walnüsse darunter. Würze den Aufstrich mit etwas Salz und wenig Pfeffer!

Streiche eine Portion von diesem Aufstrich in ein aufgeschnittenes Vollkornbrötchen (-weckerl). Fertig ist die Power-Jause (Pausenbrot) für den Vormittag!

Pro Portion: 137 kcal, 1 g Fett

Noch mehr Bewegungschancen

Im Bett kannst du **Sportarten imitieren:** Rad fahren (wie am Bild), die Abfahrtshocke des Skifahrers (die weiche Decke ist der Schnee), Schwimmen durchs Bett. Auch für Kraftübungen eignet sich das Bett als Bewegungsplatz, wie z. B. Knieliegestütz, Bauch-Crunch, Oberkörperheben aus der Bauchlage, ...

Besonders lustig ist die **Polsterschlacht** mit Mama, Papa oder deinen Geschwistern. Dabei wirst du so richtig munter für einen guten Start in den Tag! Achtet jedoch darauf, dass sich niemand verletzt!

Das Hochbett wird zum **Klettergarten:** Klettere die Leiter hinauf und hinunter und das Bett entlang.

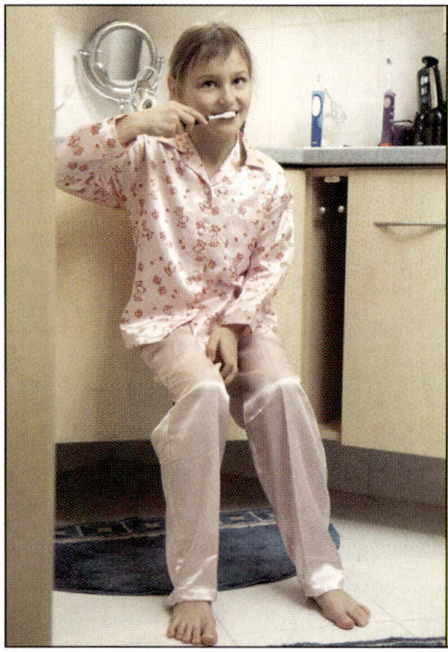

Das **Badezimmer als Bewegungsraum:** Zähneputzen erledigst du ab jetzt in der Hocke oder im Einbeinstand.

Geschicklichkeit im Kinderzimmer: Herunterhängende Gegenstände wie z. B. ein Kleidersack werden zum Hilfsmittel, um die Geschicklichkeit zu verbessern: Laufe um den pendelnden Sack, unter ihm durch und daneben vorbei, ohne ihn zu berühren.

Gleichgewicht und Balance: Auf Teppichmustern, Fliesenfugen oder auch auf einem Besenstiel kannst du hervorragend balancieren.

Anziehen kann Spaß machen! Versuch einmal, die Knöpfe deiner Kleidung mit der ungeschickteren Hand zuzumachen. Oder deine Hose oder deinen Rock nur mit einer Hand anzuziehen. Oder die Schuhe auf einem Bein stehend zuzumachen.

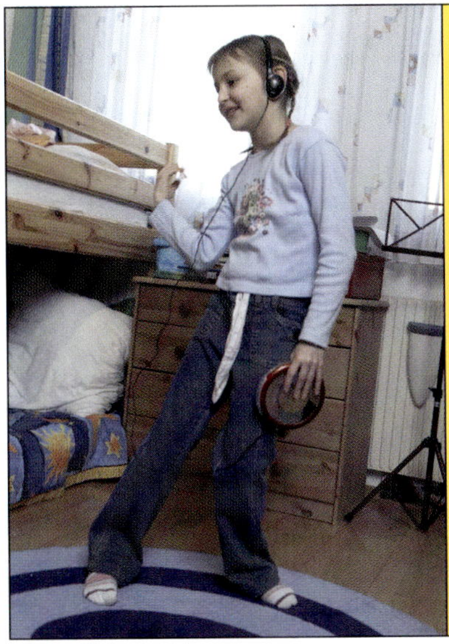

Mit etwas Musik, Phantasie und Lust auf Bewegung wird dein **Kinderzimmer zum Aerobicraum.**

Von den Haustieren lernen: Wenn du einen Hund oder eine Katze hast, dann versuche, beim Spiel mit ihnen ihre Bewegungen nachzuahmen. Dein Haustier wird Augen machen, und du wirst so geschickt wie Hund und Katze.

Das Sofa als Bewegungsplatz: Auf dem Sofa verbringen wir unsere Zeit meistens sitzend. Du kannst das Sofa aber auch als Bewegungsplatz nutzen! Mit deinen Beinen machst du eine Brücke vom Sofa zum Boden. Vielleicht bringst du sogar deine Katze dazu, darüber zu gehen!

Auf der Sitzfläche des Sofas kannst du aber auch **tolle neue Bewegungen** erfinden! Wenn ihr zu zweit herumtollt, könnt ihr euch bei den Bewegungsspielen am Sofa gegenseitig sichern.

Eine gute Figur machen: Damit du schon in jungen Jahren lernst, eine gute Haltung zu haben, solltest du oft ein Buch oder auch eine Plastikflasche am Kopf balancieren. Wenn die Gegenstände herunterfallen, versuche, sie aufzufangen! Das verbessert auch deine Geschicklichkeit.

Auch der **Sessel** ist nicht nur zum Sitzen da, du kannst ihn auch für Bewegung nutzen: Aufstehen und hinsetzen mit nach vorne gestreckten Armen, hinaufklettern und herunterspringen, wenn du stark genug bist, kannst du den Sessel auch aufheben. Auf dem Foto siehst du eine einbeinige Kniebeuge, bei der du einen Fuß rückwärts auf den Sessel legst.

Blinde Kuh: Dieser Klassiker unter den Kinderspielen gehört in jedes Wohnzimmer! Gefährliches und Zerbrechliches vorher wegräumen und aufpassen, dass ihr euch nicht verletzt!

Ab jetzt hat der Aufzug ausgedient. Das **Stiegenhaus** wird zum **Bewegungsparcours!** Meistens bist du beim Stiegensteigen ohnehin schneller als der Aufzug! Auf jeden Fall aber wirst du fit und kräftig.

Fazit:

Achte darauf, dass du rund um die Uhr in Bewegung bist. Du wirst am Abend sehen, wie gut es dir geht. Du bist nicht müder als sonst, ganz im Gegenteil: Das Aktivsein macht dich fit, es kräftigt deine Muskeln und stärkt auch dein Gehirn! Und es hilft dir beim Abnehmen!

Verhaltenstipps

- Ich nehme mir vor, jeden Tag zu frühstücken.
- Als Schuljause (Pausenbrot) nehme ich mir nichts Süßes, sondern Vollkorngebäck mit.
- Meine Schuljause (Pausenbrot) peppe ich mit einem Stück Obst oder Gemüse auf.
- Ich nutze jeden Tag mindestens eine Bewegungschance.

Tagesprotokolle

Die Tagesprotokolle helfen dir, einen Übeblick über deine Ernährung und Bewegung zu bekommen – sie sind die Wegweiser auf deiner Reise.

Essen:

Male aus, was du gegessen hat. Daneben sollst du Punkte machen, wie oft du diese Dinge gegessen hast.
Wenn du im grünen Feld mehr Punkte hast als im roten Feld, bekommst du einen grünen Smiley ☺. Wenn du mehr Punkte im roten Feld hast, bekommst du einen roten Smiley ☺. Bei Punktegleichstand einen Smiley in orange ☺.

Bewegung:

Male aus, in welcher Form du dich bewegt hast. Daneben sollst du Punkte machen, wie lange du dich bewegt hast.
Für jede Form der Bewegung bekommst du einen grünen Smiley ☺, insgesamt aber höchstens 3.
Versuche, so viele grüne Smileys ☺ wie möglich zu sammeln! Klebe die entsprechenden Smileys ins Tagesprotokoll.

Falls du zu wenige Smileys hast, können deine Eltern welche nachbestellen:
Kneipp-Verlag GmbH
Kunigundenweg 10
A-8700 Leoben

1. Tag

Das habe ich heute gegessen/getrunken ...	... und zwar so oft (Punkte eintragen)	Anzahl der Punkte
Obst		
Gemüse · Salat · Kartoffeln		
Brot · Müsli · Nudeln · Reis		
Milch · Jogurt · Käse · Quark (Topfen)		
Fisch		
Wasser · ungesüßter Tee · verdünnter Fruchtsaft		
Limonade · Eistee		
Schokolade · Süßigkeiten		
Kuchen · Torte · Kekse · Mehlspeisen		
salzige Knabbereien		
Pommes frites · Pizza		
fette Wurst · Burger · Kebab		
Paniertes · fettes Fleisch		
		Smiley:

Das habe ich heute gemacht ...	... und zwar so lange bzw. so oft	
Bewegungschancen genutzt*		Für jede Bewegung einen grünen Smiley, max. 3
Bewegte Pause eingelegt		
Bewegungsprogramm eingebaut		
Ausdauersportart		
Spielsportart		
Teamsportart		
Ausdauertraining		
Kräftigungstraining		
Geschicklichkeits-/Koordinationstraining		

*Details ab Einheit 3, Seite 32

2. Tag

Das habe ich heute gegessen/getrunken ...	... und zwar so oft (Punkte eintragen)	Anzahl der Punkte
Obst		
Gemüse, Salat, Kartoffeln		
Brot, Müsli, Nudeln, Reis		
Milch, Jogurt, Käse, Quark (Topfen)		
Fisch		
Wasser, ungesüßter Tee, verdünnter Fruchtsaft		
Limonade, Eistee		
Schokolade, Süßigkeiten		
Kuchen, Torte, Kekse, Mehlspeisen		
salzige Knabbereien		
Pommes frites, Pizza		
fette Wurst, Burger, Kebab		
Paniertes, fettes Fleisch		
		Smiley:
Das habe ich heute gemacht ...	**... und zwar so lange bzw. so oft**	
Bewegungschancen genutzt *		Für jede Bewegung einen grünen Smiley, max. 3
Bewegte Pause eingelegt		
Bewegungsprogramm eingebaut		
Ausdauersportart		
Spielsportart		
Teamsportart		
Ausdauertraining		
Kräftigungstraining		
Geschicklichkeits-/Koordinationstraining		

*Details ab Einheit 3, Seite 32

3. Tag

Das habe ich heute gegessen/getrunken …	… und zwar so oft (Punkte eintragen)	Anzahl der Punkte
Obst		
Gemüse · Salat · Kartoffeln		
Brot · Müsli · Nudeln · Reis		
Milch · Jogurt · Käse · Quark (Topfen)		
Fisch		
Wasser · ungesüßter Tee · verdünnter Fruchtsaft		
Limonade · Eistee		
Schokolade · Süßigkeiten		
Kuchen · Torte · Kekse · Mehlspeisen		
salzige Knabbereien		
Pommes frites · Pizza		
fette Wurst · Burger · Kebab		
Paniertes · fettes Fleisch		
		Smiley:
Das habe ich heute gemacht …	**… und zwar so lange bzw. so oft**	
Bewegungschancen genutzt *		Für jede Bewegung einen grünen Smiley, max. 3
Bewegte Pause eingelegt		
Bewegungsprogramm eingebaut		
Ausdauersportart		
Spielsportart		
Teamsportart		
Ausdauertraining		
Kräftigungstraining		
Geschicklichkeits-/Koordinationstraining		

*Details ab Einheit 3, Seite 32

4. Tag

Das habe ich heute gegessen/getrunken ...	... und zwar so oft (Punkte eintragen)	Anzahl der Punkte
Obst		
Gemüse · Salat · Kartoffeln		
Brot · Müsli · Nudeln · Reis		
Milch · Jogurt · Käse · Quark (Topfen)		
Fisch		
Wasser · ungesüßter Tee · verdünnter Fruchtsaft		
Limonade · Eistee		
Schokolade · Süßigkeiten		
Kuchen · Torte · Kekse · Mehlspeisen		
salzige Knabbereien		
Pommes frites · Pizza		
fette Wurst · Burger · Kebab		
Paniertes · fettes Fleisch		
		Smiley:

Das habe ich heute gemacht ...	... und zwar so lange bzw. so oft	
Bewegungschancen genutzt *		Für jede Bewegung einen grünen Smiley, max. 3
Bewegte Pause eingelegt		
Bewegungsprogramm eingebaut		
Ausdauersportart		
Spielsportart		
Teamsportart		
Ausdauertraining		
Kräftigungstraining		
Geschicklichkeits-/Koordinationstraining		

*Details ab Einheit 3, Seite 32

5. Tag

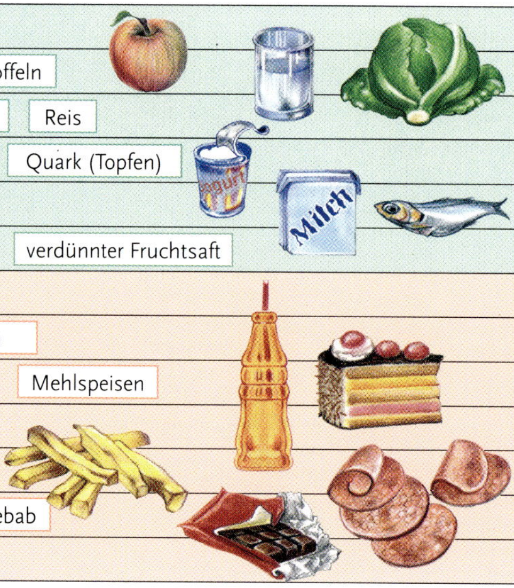

Das habe ich heute gegessen/getrunken …	… und zwar so oft (Punkte eintragen)	Anzahl der Punkte
Obst		
Gemüse · Salat · Kartoffeln		
Brot · Müsli · Nudeln · Reis		
Milch · Jogurt · Käse · Quark (Topfen)		
Fisch		
Wasser · ungesüßter Tee · verdünnter Fruchtsaft		
Limonade · Eistee		
Schokolade · Süßigkeiten		
Kuchen · Torte · Kekse · Mehlspeisen		
salzige Knabbereien		
Pommes frites · Pizza		
fette Wurst · Burger · Kebab		
Paniertes · fettes Fleisch		
		Smiley:

Das habe ich heute gemacht …	… und zwar so lange bzw. so oft	
Bewegungschancen genutzt *		Für jede Bewegung einen grünen Smiley, max. 3
Bewegte Pause eingelegt		
Bewegungsprogramm eingebaut		
Ausdauersportart		
Spielsportart		
Teamsportart		
Ausdauertraining		
Kräftigungstraining		
Geschicklichkeits-/Koordinationstraining		

*Details ab Einheit 3, Seite 32

6. Tag

Das habe ich heute gegessen/getrunken ...	... und zwar so oft (Punkte eintragen)	Anzahl der Punkte
Obst		
Gemüse · Salat · Kartoffeln		
Brot · Müsli · Nudeln · Reis		
Milch · Jogurt · Käse · Quark (Topfen)		
Fisch		
Wasser · ungesüßter Tee · verdünnter Fruchtsaft		
Limonade · Eistee		
Schokolade · Süßigkeiten		
Kuchen · Torte · Kekse · Mehlspeisen		
salzige Knabbereien		
Pommes frites · Pizza		
fette Wurst · Burger · Kebab		
Paniertes · fettes Fleisch		
		Smiley:
Das habe ich heute gemacht ...	**... und zwar so lange bzw. so oft**	
Bewegungschancen genutzt *		Für jede Bewegung einen grünen Smiley, max. 3
Bewegte Pause eingelegt		
Bewegungsprogramm eingebaut		
Ausdauersportart		
Spielsportart		
Teamsportart		
Ausdauertraining		
Kräftigungstraining		
Geschicklichkeits-/Koordinationstraining		

*Details ab Einheit 3, Seite 32

7. Tag

Das habe ich heute gegessen/getrunken …	… und zwar so oft (Punkte eintragen)	Anzahl der Punkte
Obst		
Gemüse, Salat, Kartoffeln		
Brot, Müsli, Nudeln, Reis		
Milch, Jogurt, Käse, Quark (Topfen)		
Fisch		
Wasser, ungesüßter Tee, verdünnter Fruchtsaft		
Limonade, Eistee		
Schokolade, Süßigkeiten		
Kuchen, Torte, Kekse, Mehlspeisen		
salzige Knabbereien		
Pommes frites, Pizza		
fette Wurst, Burger, Kebab		
Paniertes, fettes Fleisch		
		Smiley:

Das habe ich heute gemacht …	… und zwar so lange bzw. so oft	
Bewegungschancen genutzt *		Für jede Bewegung einen grünen Smiley, max. 3
Bewegte Pause eingelegt		
Bewegungsprogramm eingebaut		
Ausdauersportart		
Spielsportart		
Teamsportart		
Ausdauertraining		
Kräftigungstraining		
Geschicklichkeits-/Koordinationstraining		

*Details ab Einheit 3, Seite 32

1. Woche

Tag	Essen	Bewegung
1. Tag		
2. Tag		
3. Tag		
4. Tag		
5. Tag		
6. Tag		
7. Tag		

Übertrage die Smileys (Essen jeweils entweder ein grünes oder rotes und Bewegung max. 3 grüne Smileys) von den ersten sieben Tagen in diese Wochenübersicht. Bilde die Wochensumme an grünen und roten Smileys (Essen und Bewegung) und ziehe die roten von den grünen ab (orange Smileys zählen nicht).

Schreib auch dein Gewicht am Ende dieser Woche auf.

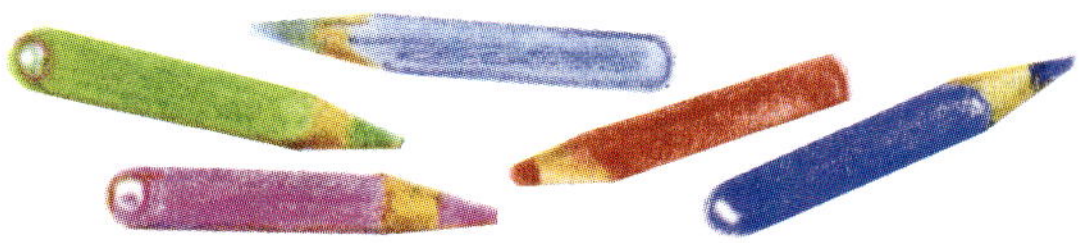

Anzahl 

minus 

=

Meine Gewicht am Ende der Woche:

Wochenbeurteilung:
Hier darfst du ein großes grünes Smiley einkleben, wenn die Woche positiv war (wenn du mehr grüne als rote Smileys hast).

Einheit 3

Entstehung von Übergewicht – Wert der Energie

Dein Körper braucht Nahrung als Brennstoff, damit du fit und munter bist. Verschiedene Dinge, die wir essen, liefern unterschiedlich viel Brennstoff (= Energie). Oft essen wir sogar mehr Brennstoff, als unser Körper eigentlich braucht. Wenn wir uns dann auch noch wenig bewegen, dann nehmen wir zu. Wenn man nicht zunehmen will, ist es besser, Dinge zu essen, die weniger Brennstoff liefern und sich ausreichend zu bewegen, damit mehr verbraucht wird.

Was glaubst du, welche der folgenden Dinge haben besonders viel Brennstoff (= Energie) und welche wenig? Ringle die mit viel Energie rot ein, die mit wenig grün!

Pommes frites (kleine Portion)

Pommes frites (große Portion)

Kartoffel (1 Stück)

Kartoffel (Portion 150 g, ca. 2 Stück)

Eis (1 Kugel)

Banane (1 Stück)

Karotte (1 Stück)

Karotte (10 Stück)

Schnitzel, paniert

Döner Kebab

Chips (100 g)

Schokolade (1 Tafel)

Schokolade (1 Rippe)

Marmorkuchen (1 Stück)

Löffelbiskuit (Biskotten) (1 Stück)

Rosinen (20 g)

Vollkornbrötchen mit Putenschinken

(Lösungen im Elternbuch)

Was kann ich stattdessen essen?

Links stehen Dinge, die viel Brennstoff haben, rechts welche mit weniger. Ordne (mit einem bunten Strich) zu, wie viel von den Dingen rechts du essen könntest, damit du gleich viel Brennstoff bekommen würdest wie aus den Dingen links! Und jetzt ordne zu, wie viel Bewegung du machen musst, um diesen »Brennstoff« wieder zu verbrauchen.*

Lebensmittel	**Mögliche Alternative(n)**	**Bewegung**
Pommes frites (80 g)	15 Stk. Vollkornlöffelbiskuit (Biskotten)	50 Minuten Tennis
Pommes frites (160 g)	4,5 Stk. Kartoffeln	65 Minuten Langlaufen (8 km/h)
Döner Kebab	2 x Banane (1 Stk., 150 g) + Rosinen (20 g) + 2 Rippen Schokolade + Schokoladepudding aus Magermilch (1 Portion) oder: 5 Bananen oder: 5 Puddings	1 Stunde Skilanglaufen (15 km/h)
Schnitzel paniert mit Pommes frites	1,5 Schüsseln selbst gemachtes Fruchtjogurt	1,5 Stunden schnelles Schwimmen
Schokolade (1 Tafel, 100 g)	9 Stk. Kartoffeln	3,5 Stunden Gehen (5 km/h)
Erdbeereis (1 Kugel)	3 Vollkornbrötchen mit Putenkrakauer	65 Minuten Tischtennis
Marmorkuchen (1 Stk.)	2 x Naturschnitzel mit Reis	1 Stunde Fußball
Kartoffelchips (100 g)	Chips von 59 Karotten	1 Stunde 15 Minuten schnelles Rad fahren (30 km/h)

*Die Lösungen haben deine Eltern in ihrem Buch.

Mittagessen

Das Mittagessen ist bei den meisten Leuten die wichtigste Mahlzeit des Tages, meistens ist es warm. Wenn bei Euch zu Hause am Abend gekocht und gemeinsam gegessen wird, kannst du zu Mittag auch nur eine Kleinigkeit essen (z. B. einen kalten Imbiss mit Brot, Käse und Gemüse oder Salat). Auf jeden Fall sollte das Mittagessen reichlich Gemüse und Getreide (Reis, Nudeln, Vollkornbrot) enthalten. Das gibt dir Kraft und Energie für den Nachmittag, ohne dass es dich müde macht. Bitte beim Kochen aber unbedingt einen Erwachsenen um Hilfe (Rezept Seite 34)!

Bewegte Spielpausen

Wenn du schon längere Zeit im Sitzen oder Liegen verbracht hast (z. B. Hausübung machen, Fernsehen, Lesen, Computerspielen), dann ist eine bewegte Spielpause angesagt! Damit ist eine Pause gemeint, in der du dich bewegen sollst, damit du nicht »einrostest«. Probiere die folgenden Spiele aus, einige davon kannst du alleine machen, für einige andere benötigst du einen Spielpartner.

Beispiele und Anleitungen für bewegte Spielpausen

Geschicklichkeitsspiele

Münze an die Wand:
Von einer markierten Linie, im Abstand von 3 – 5 Metern von einer Wand entfernt, versuchst du, eine Münze so geschickt zu werfen, dass sie möglichst nahe an der Wand liegen bleibt. Wessen Münze am nähesten an der Wand liegt, hat gewonnen.

Flaschenkegeln:
Stell 3, 5, 7 oder 9 mit wenig Wasser gefüllte Plastikflaschen auf einem ebenen Untergrund auf und versuche, sie aus einigen Metern Entfernung mit einem Tennisball umzuschießen. Der Tennisball darf dabei nur am Boden gerollt werden.

Dosenschießen:
Stelle auf einen Sessel 3, 5 oder 7 leere Dosen oder Plastikflaschen auf und versuche, sie aus einigen Metern Entfernung mit einem Tennisball zu treffen. Pass dabei auf, dass du nichts kaputtmachst.

Fangspiele

Versteinern: Für dieses Spiel solltet ihr eine Gruppe von einigen Kindern sein. Der Fänger in diesem Spiel heißt »Hexenmeister«. Wer von ihm berührt wird, ist versteinert und kann sich nicht mehr weiterbewegen. Er kann »erlöst« werden und wieder laufen, wenn ein Mitspieler durch seine gespreizten Füße kriecht.

Räuber und Polizist:

Dieses Spiel ist ein Gruppenspiel. Ein Fänger (= Polizist) jagt die Räuber. Wer gefangen wird, ist ebenfalls Polizist und hilft bei der Jagd, bis der letzte Räuber gefasst ist.

Rollenspiele

Imitation:

Dieses Spiel kannst du mit deinen Eltern oder Geschwistern spielen. Eine Spieler macht dabei eine lustige Bewegung vor und der andere muss sie nachmachen. Dann werden die Rollen gewechselt.

Beruferaten:

Ein Spieler stellt pantomimisch die typischen Bewegungen eines Berufsstandes so lange nach, bis die Mitspieler diesen Beruf erkannt haben.

Sportartenraten:

Der Ablauf ist derselbe wie beim Beruferaten, bei diesem Spiel werden allerdings Sportarten nachgestellt. (Beispiele: Die Abfahrtshocke beim Skifahren, die gleitenden Bewegungen beim Langlaufen, die Armbewegungen beim Schwimmen, ...)

Tiereraten:

Ein Mitspieler stellt pantomimisch typische Bewegungen von Tieren nach, die anderen müssen sie erraten. (Beispiele: Der Krebs läuft seitlich, der Elefant schwingt seinen Rüssel, das Känguru macht große Sprünge, die Schlange kriecht am Boden, die Katze schleicht auf leisen Pfoten, das Pferd galoppiert, ...)

Verhaltenstipps

- Wenn ich etwas esse, überlege ich mir, ob viel oder wenig Brennstoff (= Energie) darin steckt.
- Wenn ich Lust auf etwas habe, das viel Energie liefert, denke ich nach, ob ich stattdessen etwas Anderes essen könnte, das weniger Energie hat (z. B. Schinkenbrötchen statt Leberkäsesemmel, Banane statt Schokoriegel).
- Bei jeder Mahlzeit überlege ich mir, wie hungrig ich bin. Dann nehme ich mir eine entsprechende Portion auf meinen Teller und hole mir nichts mehr nach.
- Zu meinem Mittagessen gehört ab jetzt jeden Tag entweder gekochtes Gemüse oder Salat oder geschnittene rohe Gemüsestücke.
- Wenn ich länger sitze, z. B. beim Fernsehen, vor dem Computer oder bei der Hausübung, dann mache ich eine »bewegte Pause«: Ich such mir ein Bewegungsspiel aus oder mache ein paar Minuten Schnurspringen, versuche einen Purzelbaum oder schüttle einfach nur alle Körperteile aus.

Gebratene Nudeln mit Gemüse

Du brauchst für 2 Portionen:

1 Liter Wasser
80 g chinesische Nudeln, roh
je 1/2 roten, gelben und grünen Paprika
1/2 Zucchini · 1 Karotte
100 g Brokkoli · 100 g Putenbrust
Salz · Pfeffer · 1 Esslöffel Rapsöl
50 g Zuckererbsenschoten · 2 Esslöffel Sojasoße

Bring in einem Topf das Wasser zum Kochen, gib das Salz und die Nudeln dazu, rühre einmal mit einer Gabel und koche die Nudeln ohne Deckel ca. 5 Minuten. Bitte danach einen Erwachsenen, sie abzugießen.

Während die Nudeln kochen, schneidest du Paprika, Zucchini und Karotte in kleine Stücke, den Brokkoli zerteilst du in kleine Röschen. Schneide auch das Putenfleisch in kleine Stücke und würze es mit Salz und Pfeffer.

Lass in einer beschichteten Pfanne oder in einem Wok das Rapsöl heiß werden und gib zuerst die Fleischstücke und später die Gemüsestücke dazu. Lasse alles bei mittlerer Stufe ca. 5 Minuten anbraten, rühre dazwischen immer um. Gib ganz zum Schluss die Zuckererbsenschoten und die abgegossenen Nudeln dazu. Würze mit Sojasoße.
Serviere die gebratenen Nudeln auf zwei Tellern. Du kannst versuchen, sie mit Stäbchen zu essen! Herzlichen Glückwunsch, du hast ein tolles Gericht gezaubert! Lass es dir gut schmecken!

Pro Portion: 323 kcal, 9 g Fett

1. Tag

Das habe ich heute gegessen/getrunken …	… und zwar so oft (Punkte eintragen)	Anzahl der Punkte
Obst		
Gemüse, Salat, Kartoffeln		
Brot, Müsli, Nudeln, Reis		
Milch, Jogurt, Käse, Quark (Topfen)		
Fisch		
Wasser, ungesüßter Tee, verdünnter Fruchtsaft		
Limonade, Eistee		
Schokolade, Süßigkeiten		
Kuchen, Torte, Kekse, Mehlspeisen		
salzige Knabbereien		
Pommes frites, Pizza		
fette Wurst, Burger, Kebab		
Paniertes, fettes Fleisch		
		Smiley:
Das habe ich heute gemacht …	**… und zwar so lange bzw. so oft**	
Bewegungschancen genutzt		Für jede Bewegung einen grünen Smiley, max. 3
Bewegte Pause eingelegt		
Bewegungsprogramm eingebaut		
Ausdauersportart		
Spielsportart		
Teamsportart		
Ausdauertraining		
Kräftigungstraining		
Geschicklichkeits-/Koordinationstraining		

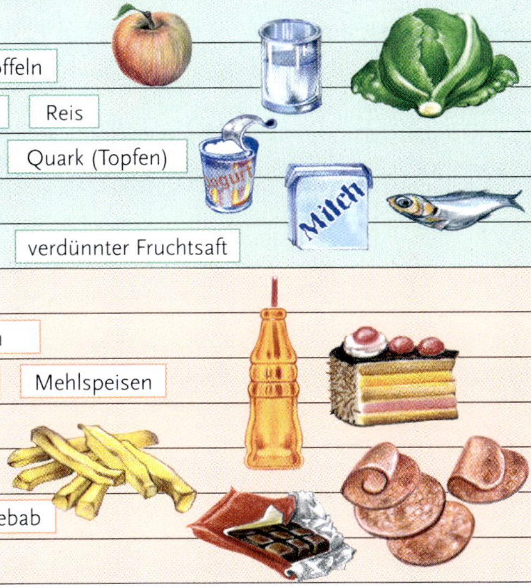

2. Tag

Das habe ich heute gegessen/getrunken …	… und zwar so oft (Punkte eintragen)	Anzahl der Punkte
Obst		
Gemüse · Salat · Kartoffeln		
Brot · Müsli · Nudeln · Reis		
Milch · Jogurt · Käse · Quark (Topfen)		
Fisch		
Wasser · ungesüßter Tee · verdünnter Fruchtsaft		
Limonade · Eistee		
Schokolade · Süßigkeiten		
Kuchen · Torte · Kekse · Mehlspeisen		
salzige Knabbereien		
Pommes frites · Pizza		
fette Wurst · Burger · Kebab		
Paniertes · fettes Fleisch		
		Smiley:

Das habe ich heute gemacht …	… und zwar so lange bzw. so oft	
Bewegungschancen genutzt		Für jede Bewegung einen grünen Smiley, max. 3
Bewegte Pause eingelegt		
Bewegungsprogramm eingebaut		
Ausdauersportart		
Spielsportart		
Teamsportart		
Ausdauertraining		
Kräftigungstraining		
Geschicklichkeits-/Koordinationstraining		

3. Tag

Das habe ich heute gegessen/getrunken ...	... und zwar so oft (Punkte eintragen)	Anzahl der Punkte
Obst		
Gemüse · Salat · Kartoffeln		
Brot · Müsli · Nudeln · Reis		
Milch · Jogurt · Käse · Quark (Topfen)		
Fisch		
Wasser · ungesüßter Tee · verdünnter Fruchtsaft		
Limonade · Eistee		
Schokolade · Süßigkeiten		
Kuchen · Torte · Kekse · Mehlspeisen		
salzige Knabbereien		
Pommes frites · Pizza		
fette Wurst · Burger · Kebab		
Paniertes · fettes Fleisch		
		Smiley:
Das habe ich heute gemacht ...	**... und zwar so lange bzw. so oft**	
Bewegungschancen genutzt		Für jede Bewegung einen grünen Smiley, max. 3
Bewegte Pause eingelegt		
Bewegungsprogramm eingebaut		
Ausdauersportart		
Spielsportart		
Teamsportart		
Ausdauertraining		
Kräftigungstraining		
Geschicklichkeits-/Koordinationstraining		

4. Tag

Das habe ich heute gegessen/getrunken ...	... und zwar so oft (Punkte eintragen)	Anzahl der Punkte
Obst		
Gemüse · Salat · Kartoffeln		
Brot · Müsli · Nudeln · Reis		
Milch · Jogurt · Käse · Quark (Topfen)		
Fisch		
Wasser · ungesüßter Tee · verdünnter Fruchtsaft		
Limonade · Eistee		
Schokolade · Süßigkeiten		
Kuchen · Torte · Kekse · Mehlspeisen		
salzige Knabbereien		
Pommes frites · Pizza		
fette Wurst · Burger · Kebab		
Paniertes · fettes Fleisch		
		Smiley:

Das habe ich heute gemacht ...	... und zwar so lange bzw. so oft	
Bewegungschancen genutzt		Für jede Bewegung einen grünen Smiley, max. 3
Bewegte Pause eingelegt		
Bewegungsprogramm eingebaut		
Ausdauersportart		
Spielsportart		
Teamsportart		
Ausdauertraining		
Kräftigungstraining		
Geschicklichkeits-/Koordinationstraining		

5. Tag

Das habe ich heute gegessen/getrunken …	… und zwar so oft (Punkte eintragen)	Anzahl der Punkte
Obst		
Gemüse Salat Kartoffeln		
Brot Müsli Nudeln Reis		
Milch Jogurt Käse Quark (Topfen)		
Fisch		
Wasser ungesüßter Tee verdünnter Fruchtsaft		
Limonade Eistee		
Schokolade Süßigkeiten		
Kuchen Torte Kekse Mehlspeisen		
salzige Knabbereien		
Pommes frites Pizza		
fette Wurst Burger Kebab		
Paniertes fettes Fleisch		
		Smiley:

Das habe ich heute gemacht …	… und zwar so lange bzw. so oft	
Bewegungschancen genutzt		Für jede Bewegung einen grünen Smiley, max. 3
Bewegte Pause eingelegt		
Bewegungsprogramm eingebaut		
Ausdauersportart		
Spielsportart		
Teamsportart		
Ausdauertraining		
Kräftigungstraining		
Geschicklichkeits-/Koordinationstraining		

6. Tag

Das habe ich heute gegessen/getrunken ...	... und zwar so oft (Punkte eintragen)	Anzahl der Punkte
Obst		
Gemüse, Salat, Kartoffeln		
Brot, Müsli, Nudeln, Reis		
Milch, Jogurt, Käse, Quark (Topfen)		
Fisch		
Wasser, ungesüßter Tee, verdünnter Fruchtsaft		
Limonade, Eistee		
Schokolade, Süßigkeiten		
Kuchen, Torte, Kekse, Mehlspeisen		
salzige Knabbereien		
Pommes frites, Pizza		
fette Wurst, Burger, Kebab		
Paniertes, fettes Fleisch		
		Smiley:

Das habe ich heute gemacht ...	... und zwar so lange bzw. so oft	
Bewegungschancen genutzt		Für jede Bewegung einen grünen Smiley, max. 3
Bewegte Pause eingelegt		
Bewegungsprogramm eingebaut		
Ausdauersportart		
Spielsportart		
Teamsportart		
Ausdauertraining		
Kräftigungstraining		
Geschicklichkeits-/Koordinationstraining		

7. Tag

Das habe ich heute gegessen/getrunken ...	... und zwar so oft (Punkte eintragen)	Anzahl der Punkte
Obst		
Gemüse · Salat · Kartoffeln		
Brot · Müsli · Nudeln · Reis		
Milch · Jogurt · Käse · Quark (Topfen)		
Fisch		
Wasser · ungesüßter Tee · verdünnter Fruchtsaft		
Limonade · Eistee		
Schokolade · Süßigkeiten		
Kuchen · Torte · Kekse · Mehlspeisen		
salzige Knabbereien		
Pommes frites · Pizza		
fette Wurst · Burger · Kebab		
Paniertes · fettes Fleisch		
		Smiley:
Das habe ich heute gemacht ...	**... und zwar so lange bzw. so oft**	
Bewegungschancen genutzt		Für jede Bewegung einen grünen Smiley, max. 3
Bewegte Pause eingelegt		
Bewegungsprogramm eingebaut		
Ausdauersportart		
Spielsportart		
Teamsportart		
Ausdauertraining		
Kräftigungstraining		
Geschicklichkeits-/Koordinationstraining		

Wochenprotokoll

Tag	Essen	Bewegung
1. Tag		
2. Tag		
3. Tag		
4. Tag		
5. Tag		
6. Tag		
7. Tag		

Übertrage die Smileys (Essen jeweils entweder ein grünes oder rotes und Bewegung max. 3 grüne Smileys) von den ersten sieben Tagen in diese Wochenübersicht. Bilde die Wochensumme an grünen und roten Smileys (Essen und Bewegung) und ziehe die roten von den grünen ab (orange Smileys zählen nicht).

Schreib auch dein Gewicht am Ende dieser Woche auf.

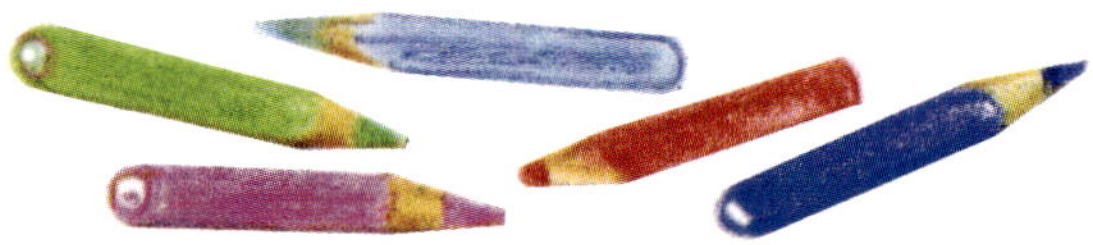

Anzahl

minus

=

Meine Gewicht am Ende der Woche:

Wochenbeurteilung:
Hier darfst du ein großes grünes Smiley einkleben, wenn die Woche positiv war (wenn du mehr grüne als rote Smileys hast).

Ernährungspyramide

Was du am dringendsten brauchst, um fit zu sein, sind Getränke. Wenn du auf einer einsamen Insel stranden würdest, könntest du viele Tag überleben, ohne etwas zu essen. Aber du würdest nur wenige Tage überleben, wenn du nicht schnell etwas zu trinken finden würdest!

Weil sie so wichtig sind, stehen Getränke ganz unten in der Ernährungspyramide. Je weiter unten etwas steht, desto mehr sollst du davon essen oder trinken!

Male alle Getränke in der Ernährungspyramide bunt aus!

Ampelliste

Hier kannst du eintragen, was du täglich trinkst. Es gibt Getränke, die ins rote Feld gehören, aber auch solche, die ins grüne Feld gehören. Bei den Getränken im roten Feld überlegst du dir, ob es nicht andere Möglichkeiten gibt, den Durst zu stillen. Deine Eltern haben in ihrem Buch eine ähnliche Tabelle mit Beispielen.

grün	orange	rot

Trinkspiel

Versuch folgendes Trinkspiel: Wenn du das nächste Mal sehr hungrig bist, nimm dir nicht sofort etwas zu essen, sondern hol dir ein großes Glas und fülle es mit Wasser. Trink das ganze Glas aus und höre dabei, wie das Wasser die Speiseröhre hinuntergluckst.

Schau auf deinen Bauch und staune, wie er sich mit Wasser füllt! Spüre, wie du auf einmal weniger Hunger hast!

Dieses Spiel kannst du ab jetzt immer machen, wenn du hungrig bist.

Wert der Energie

Wer fit und munter sein will, muss viel trinken, das weißt du jetzt schon. Aber wie bei den Nahrungsmitteln liefern auch Getränke unterschiedlich viel Brennstoff (= Energie). Wenn man nicht zunehmen will, ist es besser, Getränke mit wenig Brennstoff zu trinken.

Übrigens: Süße Getränke gelten nicht als Getränke, sondern als Naschereien, weil sie viel Zucker enthalten. Milch, Kakao und Vanillemilch gelten auch nicht als Getränke, sie liefern so viele Nährstoffe, dass sie schon eine kleine Zwischenmahlzeit sind.

Was glaubst du, welche der folgenden Getränke haben besonders viel Brennstoff (= Energie) und welche wenig? Ringle die mit viel Energie rot ein, die mit wenig grün! Danach ordne mit Strichen zu, wie viel du dich bewegen musst, um den Brennstoff der Getränke wieder zu verbrauchen!*

Getränk
Limonade, 1/4 l
Orangennektar, 1/4 l
Orangenfruchtsaft, 1/4 l
Orangensaft 1:1 verdünnt, 1/4 l
Orangensaft 1:3 verdünnt, 1/4 l
Fruchtsirup 1:6 verdünnt, 1/4 l
Fruchtmolke, 1/4 l
Wasser
Früchtetee, ungesüßt
Früchtetee mit 3 Teelöffel Zucker

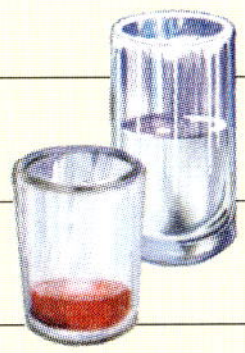

Bewegung
50 Minuten Bowling
2 Stunden Zimmer aufräumen
1 Stunde Tischtennis
–
1/2 Stunde Zimmer aufräumen
–
40 Minuten Gehen (5 km/h)
30 Minuten schnelles Rad fahren (30 km/h)
30 Minuten Graben, Schaufeln
1 Stunde Zimmer aufräumen

*Die Lösungen haben deine Eltern in ihrem Buch.

Nachmittagsjause / Snack

Die Nachmittagsjause hilft dir, die Zeit zwischen dem Mittag- und dem Abendessen zu überbrücken. Du sollst keinen Hunger haben, aber auch nicht zu viel essen, damit du dich auch noch aufs Abendessen freust!

Besonders geeignete Nachmittagsjausen (Snacks) sind z. B. Obst und Milch oder ein Jogurt. Probiere das Rezept auf Seite 47 aus!

Bewegungsrituale

Ab jetzt sollst du jeden Tag ein Bewegungsritual in deinen Tagesablauf einbauen. Such dir jeden Tag eines aus!

- **Fit in den Nachmittag:** Wenn du vom Kindergarten, von der Schule nach Hause kommst, ist erst einmal Zeit fürs Mittagessen, für ein bisschen Erholung und Entspannung. Das Pferd hilft dir, danach frisch und munter in den Nachmittag zu starten. Such dir 5 – 7 Übungen vom Plakat **»Ausdauernd wie ein Pferd«** aus, mache sie und staune, wie du wieder frisch und munter wirst!
- **Kreativ in den Abend:** Am Abend will die Katze mit dir spielen. Such dir 5 – 7 Übungen vom Plakat **»Geschickt wie die Katze«** aus und versuche, genauso geschickt wie sie zu sein.
- **Entspannt in die Nacht:** Der Bär geht mit dir schlafen. Such dir 5 – 7 Übungen vom Plakat **»Stark wie ein Bär«** aus. Wenn du diese Übungen jeden Tag machst, wirst du selbst bald so stark sein wie der Bär.

Verhaltenstipps

- Vor jedem Essen trinke ich ein Glas Wasser und spüre, wie sich mein Magen damit füllt.
- Wenn ich durstig bin, trinke ich Wasser, Mineralwasser oder ungesüßten Tee, kein süßes Getränk.
- Limonade trinke ich nur zu besonderen Anlässen, weil ich weiß, dass es sich dabei um eine Süßigkeit handelt.
- Ich suche mir jeden Tag ein Bewegungsritual aus und führe es durch.

Bananenmilch

Du brauchst dazu:

1 Banane
ein Glas Magermilch (200 ml)
1 dicken Strohhalm

Gieße die Magermilch in ein hohes Gefäß. Schäle die Banane und teile sie mit den Fingern in 5 Stücke.

Gib die Bananenstücke zur Milch und püriere beides mit einem Mixstab, bis die Bananenmilch schön schaumig ist.

Bitte einen Erwachsenen, dass er dir dabei hilft!

Du benötigst für dieses Rezept keinen Zucker, weil die Banane so herrlich süß ist.

Gieße die Bananenmilch in ein schönes Glas, gib einen dicken Strohhalm hinein und lass sie dir gut schmecken!

Pro Portion: 164 kcal, 1 g Fett

1. Tag

Das habe ich heute gegessen/getrunken ...	... und zwar so oft (Punkte eintragen)	Anzahl der Punkte
Obst 		
Gemüse · Salat · Kartoffeln		
Brot · Müsli · Nudeln · Reis		
Milch · Jogurt · Käse · Quark (Topfen)		
Fisch		
Wasser · ungesüßter Tee · verdünnter Fruchtsaft		
Limonade · Eistee		
Schokolade · Süßigkeiten		
Kuchen · Torte · Kekse · Mehlspeisen		
salzige Knabbereien		
Pommes frites · Pizza		
fette Wurst · Burger · Kebab		
Paniertes · fettes Fleisch		
		Smiley:
Das habe ich heute gemacht ...	**... und zwar so lange bzw. so oft**	
Bewegungschancen genutzt 		Für jede Bewegung einen grünen Smiley, max. 3
Bewegte Pause eingelegt		
Bewegungsprogramm eingebaut		
Ausdauersportart		
Spielsportart		
Teamsportart		
Ausdauertraining		
Kräftigungstraining		
Geschicklichkeits-/Koordinationstraining		

2. Tag

Das habe ich heute gegessen/getrunken ...	... und zwar so oft (Punkte eintragen)	Anzahl der Punkte
Obst		
Gemüse, Salat, Kartoffeln		
Brot, Müsli, Nudeln, Reis		
Milch, Jogurt, Käse, Quark (Topfen)		
Fisch		
Wasser, ungesüßter Tee, verdünnter Fruchtsaft		
Limonade, Eistee		
Schokolade, Süßigkeiten		
Kuchen, Torte, Kekse, Mehlspeisen		
salzige Knabbereien		
Pommes frites, Pizza		
fette Wurst, Burger, Kebab		
Paniertes, fettes Fleisch		
		Smiley:

Das habe ich heute gemacht ...	... und zwar so lange bzw. so oft	
Bewegungschancen genutzt		Für jede Bewegung einen grünen Smiley, max. 3
Bewegte Pause eingelegt		
Bewegungsprogramm eingebaut		
Ausdauersportart		
Spielsportart		
Teamsportart		
Ausdauertraining		
Kräftigungstraining		
Geschicklichkeits-/Koordinationstraining		

3. Tag

Das habe ich heute gegessen/getrunken …	… und zwar so oft (Punkte eintragen)	Anzahl der Punkte
Obst		
Gemüse, Salat, Kartoffeln		
Brot, Müsli, Nudeln, Reis		
Milch, Jogurt, Käse, Quark (Topfen)		
Fisch		
Wasser, ungesüßter Tee, verdünnter Fruchtsaft		
Limonade, Eistee		
Schokolade, Süßigkeiten		
Kuchen, Torte, Kekse, Mehlspeisen		
salzige Knabbereien		
Pommes frites, Pizza		
fette Wurst, Burger, Kebab		
Paniertes, fettes Fleisch		
		Smiley:
Das habe ich heute gemacht …	**… und zwar so lange bzw. so oft**	
Bewegungschancen genutzt		Für jede Bewegung einen grünen Smiley, max. 3
Bewegte Pause eingelegt		
Bewegungsprogramm eingebaut		
Ausdauersportart		
Spielsportart		
Teamsportart		
Ausdauertraining		
Kräftigungstraining		
Geschicklichkeits-/Koordinationstraining		

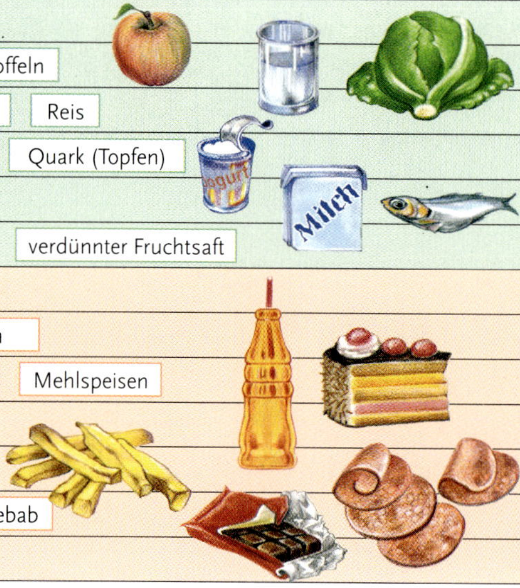

4. Tag

Das habe ich heute gegessen/getrunken ...	... und zwar so oft (Punkte eintragen)	Anzahl der Punkte
Obst		
Gemüse · Salat · Kartoffeln		
Brot · Müsli · Nudeln · Reis		
Milch · Jogurt · Käse · Quark (Topfen)		
Fisch		
Wasser · ungesüßter Tee · verdünnter Fruchtsaft		
Limonade · Eistee		
Schokolade · Süßigkeiten		
Kuchen · Torte · Kekse · Mehlspeisen		
salzige Knabbereien		
Pommes frites · Pizza		
fette Wurst · Burger · Kebab		
Paniertes · fettes Fleisch		
		Smiley:

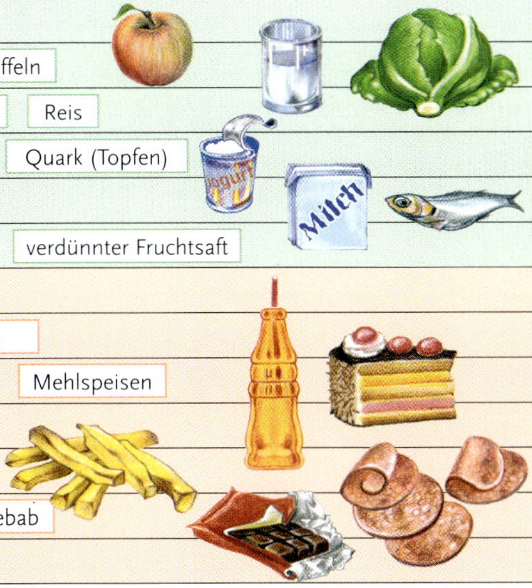

Das habe ich heute gemacht ...	... und zwar so lange bzw. so oft	
Bewegungschancen genutzt		Für jede Bewegung einen grünen Smiley, max. 3
Bewegte Pause eingelegt		
Bewegungsprogramm eingebaut		
Ausdauersportart		
Spielsportart		
Teamsportart		
Ausdauertraining		
Kräftigungstraining		
Geschicklichkeits-/Koordinationstraining		

5. Tag

Das habe ich heute gegessen/getrunken …	… und zwar so oft (Punkte eintragen)	Anzahl der Punkte
Obst		
Gemüse · Salat · Kartoffeln		
Brot · Müsli · Nudeln · Reis		
Milch · Jogurt · Käse · Quark (Topfen)		
Fisch		
Wasser · ungesüßter Tee · verdünnter Fruchtsaft		
Limonade · Eistee		
Schokolade · Süßigkeiten		
Kuchen · Torte · Kekse · Mehlspeisen		
salzige Knabbereien		
Pommes frites · Pizza		
fette Wurst · Burger · Kebab		
Paniertes · fettes Fleisch		
		Smiley:
Das habe ich heute gemacht …	**… und zwar so lange bzw. so oft**	
Bewegungschancen genutzt		Für jede Bewegung einen grünen Smiley, max. 3
Bewegte Pause eingelegt		
Bewegungsprogramm eingebaut		
Ausdauersportart		
Spielsportart		
Teamsportart		
Ausdauertraining		
Kräftigungstraining		
Geschicklichkeits-/Koordinationstraining		

6. Tag

Das habe ich heute gegessen/getrunken ...	... und zwar so oft (Punkte eintragen)	Anzahl der Punkte
Obst		
Gemüse, Salat, Kartoffeln		
Brot, Müsli, Nudeln, Reis		
Milch, Jogurt, Käse, Quark (Topfen)		
Fisch		
Wasser, ungesüßter Tee, verdünnter Fruchtsaft		
Limonade, Eistee		
Schokolade, Süßigkeiten		
Kuchen, Torte, Kekse, Mehlspeisen		
salzige Knabbereien		
Pommes frites, Pizza		
fette Wurst, Burger, Kebab		
Paniertes, fettes Fleisch		
		Smiley:
Das habe ich heute gemacht ...	**... und zwar so lange bzw. so oft**	
Bewegungschancen genutzt		Für jede Bewegung einen grünen Smiley, max. 3
Bewegte Pause eingelegt		
Bewegungsprogramm eingebaut		
Ausdauersportart		
Spielsportart		
Teamsportart		
Ausdauertraining		
Kräftigungstraining		
Geschicklichkeits-/Koordinationstraining		

7. Tag

Das habe ich heute gegessen/getrunken …	**… und zwar so oft** (Punkte eintragen)	**Anzahl der Punkte**
Obst		
Gemüse · Salat · Kartoffeln		
Brot · Müsli · Nudeln · Reis		
Milch · Jogurt · Käse · Quark (Topfen)		
Fisch		
Wasser · ungesüßter Tee · verdünnter Fruchtsaft		
Limonade · Eistee		
Schokolade · Süßigkeiten		
Kuchen · Torte · Kekse · Mehlspeisen		
salzige Knabbereien		
Pommes frites · Pizza		
fette Wurst · Burger · Kebab		
Paniertes · fettes Fleisch		
		Smiley:

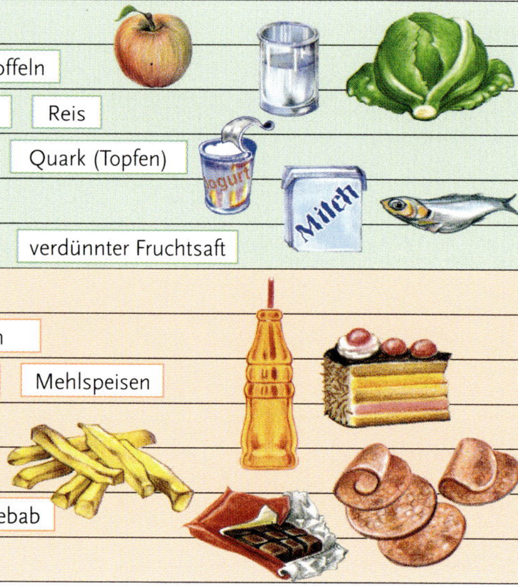

Das habe ich heute gemacht …	**… und zwar so lange bzw. so oft**	
Bewegungschancen genutzt		Für jede Bewegung einen grünen Smiley, max. 3
Bewegte Pause eingelegt		
Bewegungsprogramm eingebaut		
Ausdauersportart		
Spielsportart		
Teamsportart		
Ausdauertraining		
Kräftigungstraining		
Geschicklichkeits-/Koordinationstraining		

Wochenprotokoll

Tag	**Essen**	**Bewegung**
1. Tag		
2. Tag		
3. Tag		
4. Tag		
5. Tag		
6. Tag		
7. Tag		

Übertrage die Smileys (Essen jeweils entweder ein grünes oder rotes und Bewegung max. 3 grüne Smileys) von den ersten sieben Tagen in diese Wochenübersicht. Bilde die Wochensumme an grünen und roten Smileys (Essen und Bewegung) und ziehe die roten von den grünen ab (orange Smileys zählen nicht).

Schreib auch dein Gewicht am Ende dieser Woche auf.

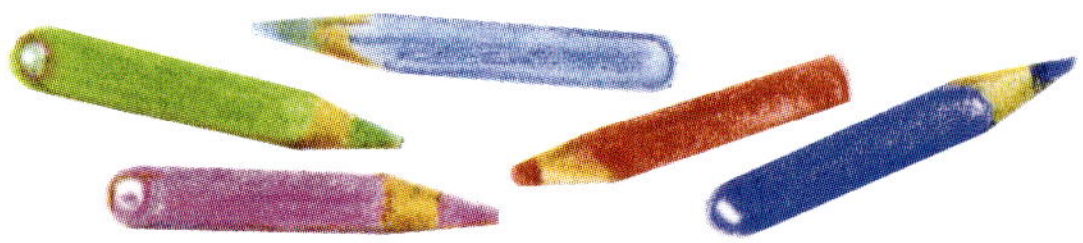

Anzahl 

minus 

=

Meine Gewicht am Ende der Woche:

Wochenbeurteilung:
Hier darfst du ein großes grünes Smiley einkleben, wenn die Woche positiv war (wenn du mehr grüne als rote Smileys hast).

Abendessen

Das Abendessen ist neben dem Frühstück und dem Mittagessen die dritte Hauptmahlzeit des Tages. Beim Abendessen solltest du aber nicht zu viel essen, damit es dir nicht wie ein Stein im Magen liegt und dir den Schlaf raubt.

Die gefüllten Kartoffeln mit Ketchupblumen sind z. B. ein ideales Abendessen.

Spiel: Essen wie im Märchen

Auf einem schön gedeckten Tisch schmeckt jedes Essen doppelt so gut, nämlich wie »Essen wie im Märchen«.

Sprich dich mit deinen Eltern ab und sucht euch gemeinsam einen Tag (z. B. am Wochenende) aus, an dem ihr das Märchenessen macht. Es soll an diesem Tag etwas zu essen geben, das euch allen besonders gut schmeckt. Du bist für die Tischdekoration zuständig. Überleg dir, wie die königliche Familie im Märchen speisen würde, und hole dir davon Ideen, wie du euren Familientisch dekorieren könntest!

Spezielle Bewegungsübungen

Mit den kinesiologischen Übungen wirst du aktiv und munter. Versuche, einige Übungen in deinen Alltag einzubauen (Übungen siehe Plakat).

Verhaltenstipps

- Auch beim Abendessen ist ab jetzt immer Gemüse, Salat oder Obst dabei.
- Nach dem Abendessen gehe ich Zähneputzen und danach esse und trinke ich nichts mehr (außer Wasser).
- Ich versuche alle speziellen Bewegungsübungen. Die fünf, die mir am besten gefallen, mache ich ab jetzt jeden Tag.

Gefüllte Kartoffeln mit Ketchupblumen

Du brauchst du 2 Portionen:

2 mittelgroße Kartoffeln
150 g Hühnerbrust
100 g Karotten · 100 g Zucchini
50 g gelber Paprika · 50 g roter Paprika
1 Teelöffel Rapsöl
1 Esslöffel Sojasoße
Salz, Pfeffer
etwas Tomatenketchup

Koche die Kartoffeln mit der Schale.

Hühnerbrust, Karotten, Zucchini und Paprika müssen klein geschnitten werden – lass dir unbedingt dabei helfen!

Danach gibst du etwas Rapsöl in eine beschichtete Pfanne und brätst die Hühnerbrust und das Gemüse darin an.

Mit Sojasoße, Salz und Pfeffer würzen. Lege 8 Stück gebratene Karotten beiseite.

Schäle nun die Kartoffeln, schneide sie in der Mitte durch und höhle sie mit einem kleinen Löffel aus. Die Kartoffeln kannst du nun mit dem Fleisch und dem Gemüse füllen.

Für die Blumengarnitur jeweils drei kleine Ketchupkleckse pro Blume auf die Teller geben und in die Mitte die Karottenstückchen darauf setzen.

Pro Stück: 280 kcal, 4 g Fett

1. Tag

Das habe ich heute gegessen/getrunken ...	... und zwar so oft (Punkte eintragen)	Anzahl der Punkte
Obst		
Gemüse · Salat · Kartoffeln		
Brot · Müsli · Nudeln · Reis		
Milch · Jogurt · Käse · Quark (Topfen)		
Fisch		
Wasser · ungesüßter Tee · verdünnter Fruchtsaft		
Limonade · Eistee		
Schokolade · Süßigkeiten		
Kuchen · Torte · Kekse · Mehlspeisen		
salzige Knabbereien		
Pommes frites · Pizza		
fette Wurst · Burger · Kebab		
Paniertes · fettes Fleisch		
		Smiley:
Das habe ich heute gemacht ...	**... und zwar so lange bzw. so oft**	
Bewegungschancen genutzt		Für jede Bewegung einen grünen Smiley, max. 3
Bewegte Pause eingelegt		
Bewegungsprogramm eingebaut		
Ausdauersportart		
Spielsportart		
Teamsportart		
Ausdauertraining		
Kräftigungstraining		
Geschicklichkeits-/Koordinationstraining		

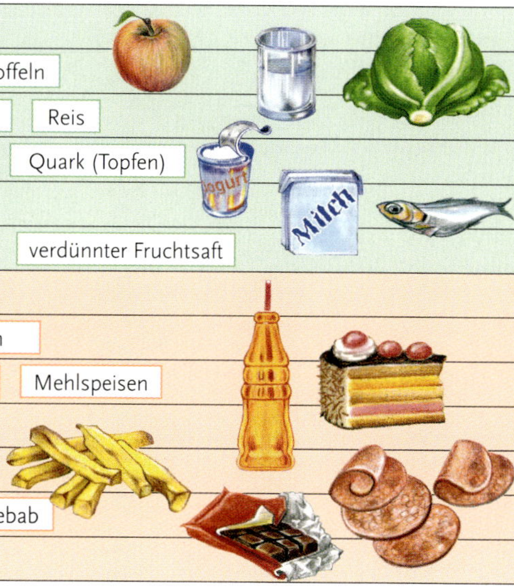

2. Tag

Das habe ich heute gegessen/getrunken ...	... und zwar so oft (Punkte eintragen)	Anzahl der Punkte
Obst		
Gemüse, Salat, Kartoffeln		
Brot, Müsli, Nudeln, Reis		
Milch, Jogurt, Käse, Quark (Topfen)		
Fisch		
Wasser, ungesüßter Tee, verdünnter Fruchtsaft		
Limonade, Eistee		
Schokolade, Süßigkeiten		
Kuchen, Torte, Kekse, Mehlspeisen		
salzige Knabbereien		
Pommes frites, Pizza		
fette Wurst, Burger, Kebab		
Paniertes, fettes Fleisch		
		Smiley:

Das habe ich heute gemacht ...	... und zwar so lange bzw. so oft	
Bewegungschancen genutzt		Für jede Bewegung einen grünen Smiley, max. 3
Bewegte Pause eingelegt		
Bewegungsprogramm eingebaut		
Ausdauersportart		
Spielsportart		
Teamsportart		
Ausdauertraining		
Kräftigungstraining		
Geschicklichkeits-/Koordinationstraining		

3. Tag

Das habe ich heute gegessen/getrunken ...	... und zwar so oft (Punkte eintragen)	Anzahl der Punkte
Obst		
Gemüse · Salat · Kartoffeln		
Brot · Müsli · Nudeln · Reis		
Milch · Jogurt · Käse · Quark (Topfen)		
Fisch		
Wasser · ungesüßter Tee · verdünnter Fruchtsaft		
Limonade · Eistee		
Schokolade · Süßigkeiten		
Kuchen · Torte · Kekse · Mehlspeisen		
salzige Knabbereien		
Pommes frites · Pizza		
fette Wurst · Burger · Kebab		
Paniertes · fettes Fleisch		
		Smiley:

Das habe ich heute gemacht ...	... und zwar so lange bzw. so oft	
Bewegungschancen genutzt		Für jede Bewegung einen grünen Smiley, max. 3
Bewegte Pause eingelegt		
Bewegungsprogramm eingebaut		
Ausdauersportart		
Spielsportart		
Teamsportart		
Ausdauertraining		
Kräftigungstraining		
Geschicklichkeits-/Koordinationstraining		

4. Tag

Das habe ich heute gegessen/getrunken ...	... und zwar so oft (Punkte eintragen)	Anzahl der Punkte
Obst		
Gemüse, Salat, Kartoffeln		
Brot, Müsli, Nudeln, Reis		
Milch, Jogurt, Käse, Quark (Topfen)		
Fisch		
Wasser, ungesüßter Tee, verdünnter Fruchtsaft		
Limonade, Eistee		
Schokolade, Süßigkeiten		
Kuchen, Torte, Kekse, Mehlspeisen		
salzige Knabbereien		
Pommes frites, Pizza		
fette Wurst, Burger, Kebab		
Paniertes, fettes Fleisch		
		Smiley:

Das habe ich heute gemacht ...	... und zwar so lange bzw. so oft	
Bewegungschancen genutzt		Für jede Bewegung einen grünen Smiley, max. 3
Bewegte Pause eingelegt		
Bewegungsprogramm eingebaut		
Ausdauersportart		
Spielsportart		
Teamsportart		
Ausdauertraining		
Kräftigungstraining		
Geschicklichkeits-/Koordinationstraining		

5. Tag

Das habe ich heute gegessen/getrunken ...	... und zwar so oft (Punkte eintragen)	Anzahl der Punkte
Obst		
Gemüse · Salat · Kartoffeln		
Brot · Müsli · Nudeln · Reis		
Milch · Jogurt · Käse · Quark (Topfen)		
Fisch		
Wasser · ungesüßter Tee · verdünnter Fruchtsaft		
Limonade · Eistee		
Schokolade · Süßigkeiten		
Kuchen · Torte · Kekse · Mehlspeisen		
salzige Knabbereien		
Pommes frites · Pizza		
fette Wurst · Burger · Kebab		
Paniertes · fettes Fleisch		
		Smiley:

Das habe ich heute gemacht ...	... und zwar so lange bzw. so oft	
Bewegungschancen genutzt		Für jede Bewegung einen grünen Smiley, max. 3
Bewegte Pause eingelegt		
Bewegungsprogramm eingebaut		
Ausdauersportart		
Spielsportart		
Teamsportart		
Ausdauertraining		
Kräftigungstraining		
Geschicklichkeits-/Koordinationstraining		

6. Tag

Das habe ich heute gegessen/getrunken ...	... und zwar so oft (Punkte eintragen)	Anzahl der Punkte
Obst		
Gemüse, Salat, Kartoffeln		
Brot, Müsli, Nudeln, Reis		
Milch, Jogurt, Käse, Quark (Topfen)		
Fisch		
Wasser, ungesüßter Tee, verdünnter Fruchtsaft		
Limonade, Eistee		
Schokolade, Süßigkeiten		
Kuchen, Torte, Kekse, Mehlspeisen		
salzige Knabbereien		
Pommes frites, Pizza		
fette Wurst, Burger, Kebab		
Paniertes, fettes Fleisch		
		Smiley:

Das habe ich heute gemacht ...	... und zwar so lange bzw. so oft	
Bewegungschancen genutzt		Für jede Bewegung einen grünen Smiley, max. 3
Bewegte Pause eingelegt		
Bewegungsprogramm eingebaut		
Ausdauersportart		
Spielsportart		
Teamsportart		
Ausdauertraining		
Kräftigungstraining		
Geschicklichkeits-/Koordinationstraining		

7. Tag

Das habe ich heute gegessen/getrunken …	… und zwar so oft (Punkte eintragen)	Anzahl der Punkte
Obst		
Gemüse · Salat · Kartoffeln		
Brot · Müsli · Nudeln · Reis		
Milch · Jogurt · Käse · Quark (Topfen)		
Fisch		
Wasser · ungesüßter Tee · verdünnter Fruchtsaft		
Limonade · Eistee		
Schokolade · Süßigkeiten		
Kuchen · Torte · Kekse · Mehlspeisen		
salzige Knabbereien		
Pommes frites · Pizza		
fette Wurst · Burger · Kebab		
Paniertes · fettes Fleisch		
		Smiley:
Das habe ich heute gemacht …	**… und zwar so lange bzw. so oft**	
Bewegungschancen genutzt		Für jede Bewegung einen grünen Smiley, max. 3
Bewegte Pause eingelegt		
Bewegungsprogramm eingebaut		
Ausdauersportart		
Spielsportart		
Teamsportart		
Ausdauertraining		
Kräftigungstraining		
Geschicklichkeits-/Koordinationstraining		

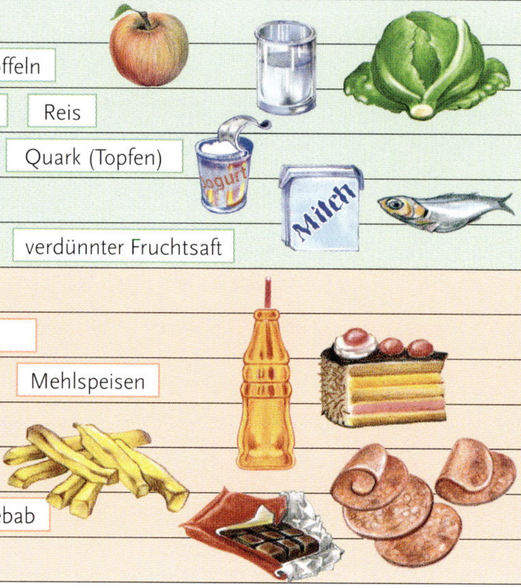

Wochenprotokoll

Tag	Essen	Bewegung
1. Tag		
2. Tag		
3. Tag		
4. Tag		
5. Tag		
6. Tag		
7. Tag		

Übertrage die Smileys (Essen jeweils entweder ein grünes oder rotes und Bewegung max. 3 grüne Smileys) von den ersten sieben Tagen in diese Wochenübersicht. Bilde die Wochensumme an grünen und roten Smileys (Essen und Bewegung) und ziehe die roten von den grünen ab (orange Smileys zählen nicht).

Schreib auch dein Gewicht am Ende dieser Woche auf.

Anzahl

minus

=

Meine Gewicht am Ende der Woche:

Wochenbeurteilung:
Hier darfst du ein großes grünes Smiley einkleben, wenn die Woche positiv war (wenn du mehr grüne als rote Smileys hast).

Einheit 6

Ist-Zustand: Bewegung

Kannst du dich noch erinnern, dass du zu Beginn den Ist-Zustand deines Bewegungsverhaltens ermittelt hast? Das sollst du heute wieder tun. Denn es hat sich bestimmt schon vieles verändert.

Unterstreiche wieder, welche Arten von Bewegung du gerne machst. Wenn du etwas oft und lange machst, dann machst du einen dicken Strich darunter, wenn du etwas seltener tust, einen dünnen Strich!

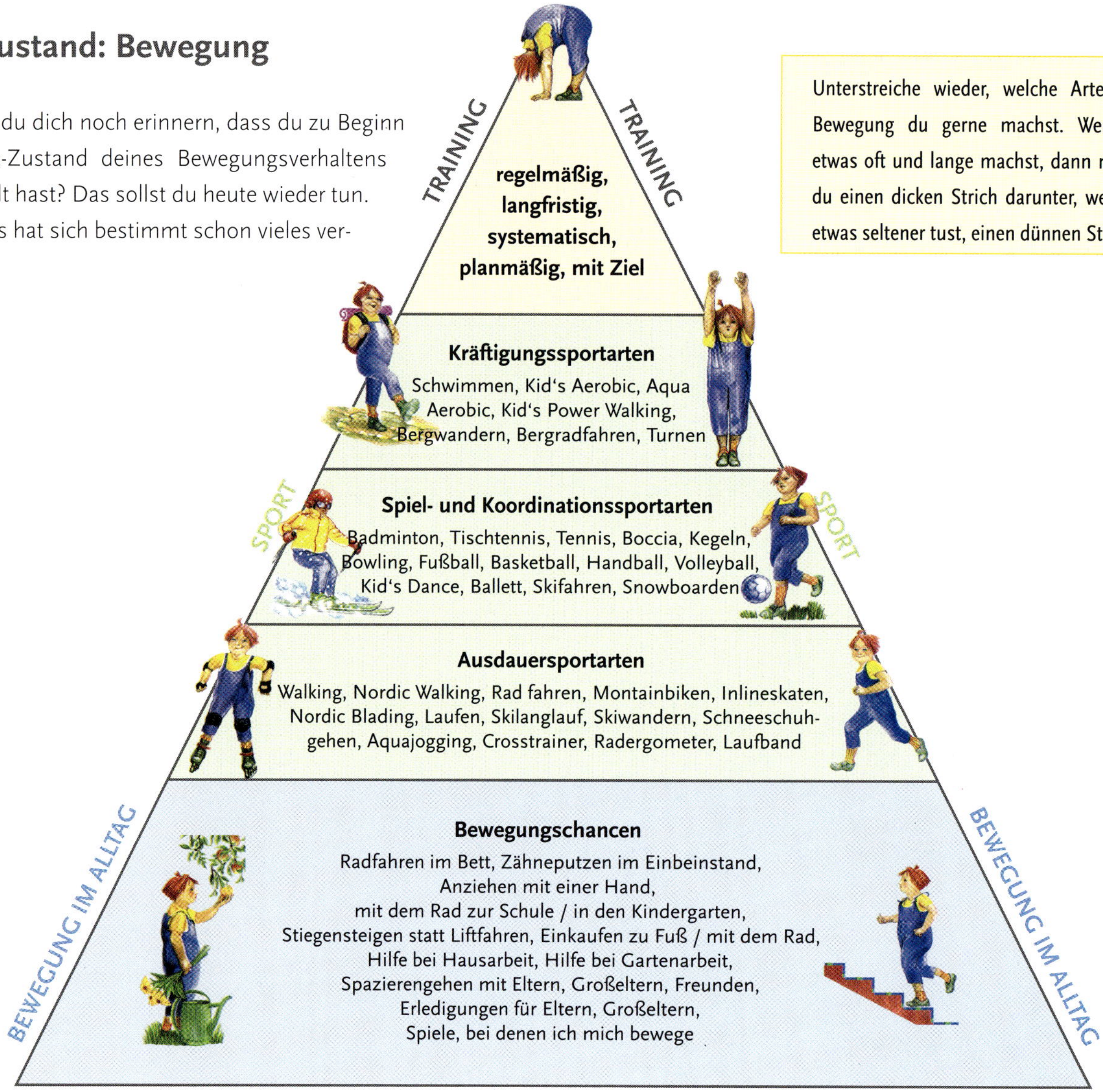

Sport

Wenn du an Sportarten denkst, welche fallen dir ein?

Hast du eine Lieblingssportart?

Welche Sportarten kannst du jetzt schon und übst du auch öfters aus?

Zeichne deine Lieblingssportart!

Sportarten

Sport macht Spaß. Wenn du gerne Sport betreibst, dann weißt du das aus eigener Erfahrung. Egal, ob Rad fahren, Fußball, Schwimmen, Wandern, Snowboarden oder ausgefallenere Sportarten wie Kids' Aerobic, das Wichtigste bei allen Sportarten ist, dass du Spaß dabei hast. Ganz nebenbei helfen sie dir auch, dein Wohlfühlgewicht zu erreichen.

Es gibt viele, viele verschiedene Sportarten. Wir stellen dir ab heute in jeder Einheit 5 Sportarten vor. Viele kennst du wahrscheinlich schon, manche sind vielleicht neu für dich. Wir wollen dir diese Sportarten schmackhaft machen. Probiere möglichst viele davon aus! Wenn Sportarten dabei sind, für die du dich besonders begeistern kannst, dann mache diese zu »deinem Sport«, den du von jetzt an regelmäßig ausübst. Vielleicht gibt es ja in deiner Umgebung sogar die Möglichkeit, manche davon in einem Verein auszuüben.

Walking: Das schnelle Gehen, bei dem du auch die Arme kräftig mitschwingen sollst, ist immer und überall möglich. Auch kannst du diesen Sport alleine, in der Gruppe oder auch mit deinem Hund durchführen. Walking ist DIE Ausdauersportart für den Anfang. Ganz viele deiner Muskeln sind dabei im Einsatz, deshalb verbrauchst du dabei auch sehr viel Energie und steigerst deine Kraft. Weil du im Gegensatz zum Laufen mit den Füßen am Boden bleibst, werden deine Gelenke auch nicht so stark belastet.

Nordic Walking: Mit dieser Sportart kannst du deinen ganzen Körper trainieren. Du kräftigst damit gleichzeitig Arm-, Rücken-, Bauch-, Gesäß-, Oberschenkel- und Wadenmuskeln. Wichtig bei Nordic Walking sind die Stöcke. Dadurch, dass du Stöcke verwendest, kannst du fast alle Muskeln aktivieren. Auch bei dieser Sportart werden die Gelenke der Beine und Hüften geschont. Gut ist es, wenn du dir die Technik vor dem Start erklären lässt.

Badminton: Der Ball ist leicht, der Schläger leicht zu führen und die Technik kannst du schnell lernen. Damit macht Badminton, häufig auch Federball genannt, in kurzer Zeit großen Spaß. Du kannst dieses Spiel in der Mannschaft oder auch nur zu zweit miteinander spielen. Vielleicht versucht ihr den Ball so lange wie möglich hin und her zu spielen, ohne dass er hinunterfällt. Ihr könnt auch mitzählen.

Tischtennis: Mit dieser Sportart kannst du vor allem deine Geschicklichkeit und Koordination trainieren. Du kannst du zweit, zu viert und, wenn du eine Seite des Tisches hochklappst, auch alleine spielen. Bei mehreren Kindern bietet sich ein »Ringerl« an. Dabei bleibt man während des Matches nicht auf seinem Platz stehen, sondern läuft nach jedem Ballkontakt um den Tisch herum auf die andere Seite. Fünf Fehler sind erlaubt, dann muss man ausscheiden. Zum Schluss bleiben zwei Spieler übrig, die dann in herkömmlicher Art das Match fertig spielen.

Schwimmen: Wenn du es richtig machst, werden bei dieser idealen Fitnesssportart deine Muskeln und deine Ausdauer hervorragend trainiert. Es gibt viele verschiedene Schwimmstile: Brust-, Rücken-, Delphinschwimmen und Kraulen. Richtig Schwimmen will allerdings gelernt sein: Beim Brustschwimmen z. B. sollte dein Körper annähernd waagrecht im Wasser liegen, auch dein Kopf wird dabei immer wieder untertauchen müssen.

Essen und Trinken beim Sport

Kennst du einen berühmten Sportler / eine berühmte Sportlerin? Fußballer/-in, Skifahrer/-in, Radfahrer oder Schwimmer/-in? Ganz egal, worin dein Idol gut ist, ganz bestimmt schaut er / sie genau darauf, was er / sie isst und trinkt. Denn mit der richtigen Ernährung kann er / sie seine / ihre Leistung verbessern!

Übrigens: Alles, was für dein Idol gut ist, hilft auch dir beim Sport!

Hier sind viele verschiedene Lebensmittel abgebildet. Male die Lebensmittel aus, von denen du glaubst, dass sie beim Sport vorteilhaft sind. Warum, glaubst du, können sie die Leistung verbessern?

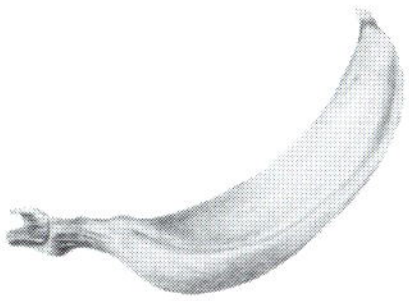

Banane

Pommes frites

Schokolade

Wasser

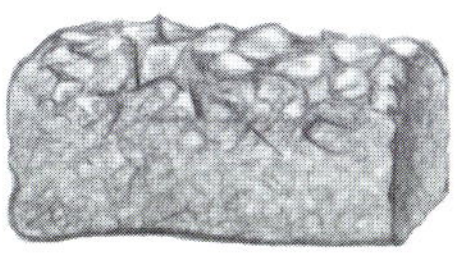

Vollkornbrot

Nudeln

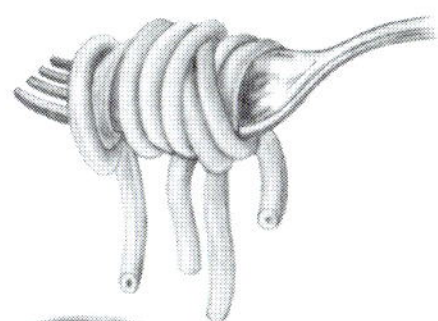

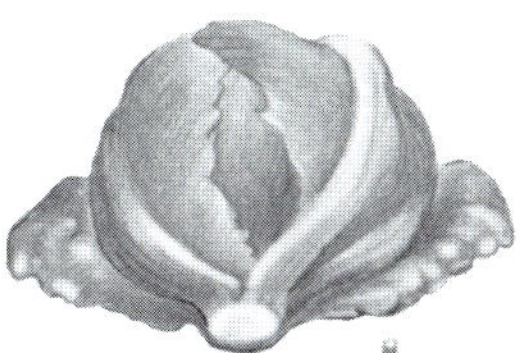

Salat

Cola-Getränk

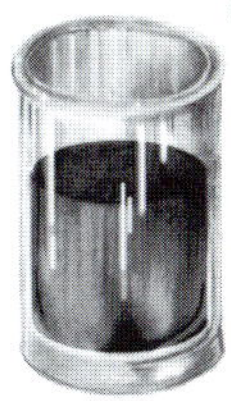

Limonade

Süßigkeiten

Fruchtsaft, verdünnt

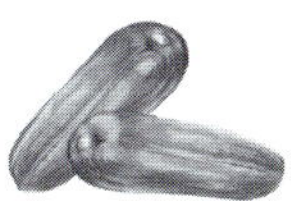

Trockenfrüchte

Fisch

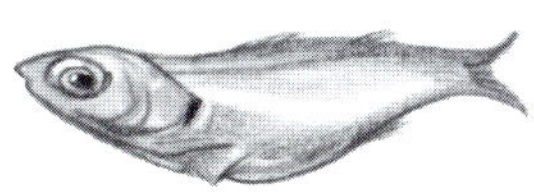

(Lösungen im Elternbuch)

Verhaltenstipps

- Ich suche mir von den vorgestellten Sportarten mindestens eine aus und probiere sie aus. Wenn sie mir Spaß macht, mache ich diese ab jetzt öfter.
- Wenn ich mich viel bewege, achte ich besonders darauf, was ich esse. Ich greife zu Lebensmitteln, die mich fit machen und meinem Körper zu Höchstleistungen verhelfen.

Wochenübersicht

Du kannst dein Ernährungs- und Bewegungsverhalten schon so gut einschätzen, dass es ausreicht, wenn du ab jetzt nur mehr das Wochenprotokoll ausfüllst. Setze dich jeden Abend hin und überlege, wie gut dein Tag verlaufen ist. Gib dir für das Essen einen grünen Smiley, wenn du glaubst, dass du alles gut gemacht hast, einen Smiley in orange, wenn es nicht so besonders gut aber auch nicht schlecht war, und einen roten, wenn du der Meinung bist, dieser Tag war gar nicht gut. In der Bewegungsspalte kannst du bis zu 3 grüne Smileys einkleben, wenn du z. B. zu Fuß zur Schule gegangen bist und die Stiegen statt dem Lift genommen hast und am Nachmittag noch mit dem Rad unterwegs warst.

Die Abrechnung am Ende der Woche funktioniert wie immer.

Wochenprotokoll

Tag	Essen	Bewegung
1. Tag		
2. Tag		
3. Tag		
4. Tag		
5. Tag		
6. Tag		
7. Tag		

Übertrage die Smileys (Essen jeweils entweder ein grünes oder rotes und Bewegung max. 3 grüne Smileys) von den ersten sieben Tagen in diese Wochenübersicht. Bilde die Wochensumme an grünen und roten Smileys (Essen und Bewegung) und ziehe die roten von den grünen ab (orange Smileys zählen nicht).

Schreib auch dein Gewicht am Ende dieser Woche auf.

Anzahl 

minus 

=

Meine Gewicht am Ende der Woche:

Wochenbeurteilung:
Hier darfst du ein großes grünes Smiley einkleben, wenn die Woche positiv war (wenn du mehr grüne als rote Smileys hast).

Einheit 7

Gründe fürs Essen

Es gibt viele Gründe, aus denen du isst. Hunger ist nur einer davon. Oft isst du auch aus Gewohnheit, beim Fernsehen oder weil du traurig bist, dir langweilig ist, du Kummer hast.

»Weil es mir gut schmeckt.«

»Weil es gesund ist.«

»Wenn ich traurig bin.«

»Wenn mir fad ist.«

»Weil meine Eltern wollen, dass ich das esse.«

Ringle in der Pyramide ein, aus welchen Gründen du verschiedene Lebensmittel isst.

»Beim Fernsehen oder Computerspielen.«

»Wenn ich Angst habe.«

»Wenn ich gestresst bin.«

»Wenn ich alleine bin.«

»Weil ich das immer esse.«

Versuche, im Gespräch mit deinen Eltern die Situationen zu beschreiben, in denen du vermehrt, vor allem Süßigkeiten, isst! Wie geht es dir vorher? Wie geht es dir nachher?

Alternativen zum Essen

Du hast jetzt mit dem Arbeitsblatt »Gründe fürs Essen« herausgefunden, warum du verschiedene Lebensmittel isst und warum du in manchen Situationen mehr isst. Du kennst also jetzt deine »gefährlichen Situationen«. Jetzt geht es darum, diese Gefahren zu »entschärfen«.

Überlege dir, was du in diesen Gefahrensituationen tun könntest statt etwas zu essen. Schreibe es zuerst hier auf und übertrage es dann auf ein Plakat.
Dieses kannst du z. B. auf den Kühlschrank kleben. Immer wenn du dann etwas essen möchtest, ohne hungrig zu sein, kannst du nachsehen, was du stattdessen tun könntest.

Ich esse oft mehr, wenn ...	**Das könnte ich stattdessen tun ...**

Spiel: Hungern und Sattsein

Versuche einmal, dich daran zu erinnern, wann du das letzte Mal richtig hungrig warst! Das ist schon länger her? Da geht es dir wie vielen von uns.

Versuch einmal folgendes Spiel. Am besten machst du dieses Spiel am Wochenende, wenn du viel Zeit hast und nicht in die Schule gehen musst.

Steh in der Früh auf und iss ganz normal dein Frühstück. Danach beginnt das Spiel. Iss jetzt so lange nichts, bis du merkst, dass dein Magen knurrt und du richtig hungrig wirst. Konzentriere dich auf dieses Gefühl und spüre ganz genau, wie es sich anfühlt, hungrig zu sein. Nimm dir dann zwei Stück Brot und einen Apfel, setze dich an den Tisch und iss ganz langsam das Brot und den Apfel. Spüre nach jedem Bissen, wie der Hunger langsam verschwindet. Lass dir Zeit, du kannst erst nach ca. 20 Minuten spüren, wie du satt wirst. Versuche auch dieses Gefühl, ganz bewusst zu spüren. Wenn du satt bist, höre auf zu essen und genieße dieses angenehme Gefühl.

Merke dir, wie es sich anfühlt, satt zu sein und versuche in Zukunft, immer dann mit dem Essen aufzuhören, wenn sich dieses Gefühl einstellt!

Sportarten

Diese Woche stellen wir dir wieder 5 Sportarten vor. Vielleicht ist etwas für dich dabei?

Rad fahren: Rad fahren gehört zu den beliebtesten Sportarten bei uns. Es ist ein hervorragendes Ausdauertraining für Anfänger, da du selbst bestimmen kannst, wie schnell du fährst und weil dein Körpergewicht nicht auf den Beinen lastet. Dein Energieverbrauch ist bei dieser Sportart aber geringer – du beanspruchst »nur« die Muskeln in deinen Beinen, der restliche Körper bewegt sich nicht. Dafür macht Rad fahren Spaß, besondern ein Familienausflug am Wochenende. Aber nicht auf den Helm vergessen.

Mountainbiken: »Über Stock und über Steine, aber brich' dir nicht die Beine ...«, dieses Lied ist wohl für Mountainbiker geschrieben worden. Rad fahren über Stock und Stein, am Hausberg oder im Gebirge, macht Spaß. Vorraussetzung ist allerdings die richtige Ausrüstung und schon etwas Kraft in den Beinen. Trainiert werden bei diesem Sport Kraft und Ausdauer. Wichtig ist beim Mountenbiken die richtige Schutz-Ausrüstung: Helm, Knie- und Ellbogenschützer sind Pflicht!

Tennis: Tennis ist schon eine größere Herausforderung als Badminton oder Tischtennis. Schläger und Ball sind relativ schwer, der Ball trifft mit großer Wucht auf den Schläger. Man braucht Kraft in den Armen und viel Kondition – während eines Matchs muss man oft laufen. Am Beginn wirst du wahrscheinlich ein paar Trainings-Tennisstunden brauchen. Diese Sportart fördert aber ganz sicher deine Fitness.

Boccia: Mit den großen und der einen kleinen Kugeln lässt sich immer und überall spielen: auf der Wiese im eigenen Garten, im Park, am Sportplatz, am Strand im Urlaub, sogar im Winter am Schnee. Die Spielkugeln sind leicht, und die Entfernung kann von dir bestimmt werden. Damit entstehen immer neue Spielsituationen, was besonders abwechslungsreich und lustig sein kann.

Kid's Aerobic: Was schon Mama und Papa in den 80er Jahren begeistert hat, ist auch für dich ein Riesenspaß. Zur passenden Musik wird mit Hilfe einer Fitnesstrainerin / eines Fitnesstrainers der Körper von Kopf bis Fuß bewegt. Kid's Aerobic ist ein hervorragendes »All-inclusive-Training« für deinen ganzen Körper.

Verhaltenstipps

- Wenn ich glaube, hungrig zu sein, finde ich heraus, ob ich wirklich hungrig bin oder aus einem anderen Grund essen möchte.
- Wenn ich nicht hungrig bin, sondern aus einem anderen Grund essen möchte, überlege ich mir, was ich statt etwas zu essen tun könnte.
- Ich esse langsam und höre beim Essen auf meinen Körper. Wenn ich spüre, dass ich satt bin, höre ich auf zu essen.
- Ich lasse nichts herumstehen, was mich zum Essen verführen könnte (z. B. Süßigkeiten, Knabbereien).
- Ich suche mir von den vorgestellten Sportarten wieder mindestens eine aus und probiere sie aus. Wenn sie mir Spaß macht, mache ich sie ab sofort öfter.

Wochenprotokoll

Tag	**Essen**	**Bewegung**
1. Tag		
2. Tag		
3. Tag		
4. Tag		
5. Tag		
6. Tag		
7. Tag		

Übertrage die Smileys (Essen jeweils entweder ein grünes oder rotes und Bewegung max. 3 grüne Smileys) von den ersten sieben Tagen in diese Wochenübersicht. Bilde die Wochensumme an grünen und roten Smileys (Essen und Bewegung) und ziehe die roten von den grünen ab (orange Smileys zählen nicht).

Schreib auch dein Gewicht am Ende dieser Woche auf.

Anzahl ☺

minus ☺

=

Meine Gewicht am Ende der Woche:

Wochenbeurteilung:
Hier darfst du ein großes grünes Smiley einkleben, wenn die Woche positiv war (wenn du mehr grüne als rote Smileys hast).

Ernährungspyramide

Zucker, Süßigkeiten und Mehlspeisen versüßen uns das Leben, sie machen aber leider nicht fit. Deshalb solltest du sie selten und in kleinen Mengen essen – dann aber dafür richtig genießen.

Weil du sie nur selten essen solltest, stehen alle süßen Sachen an der Spitze der Pyramide.

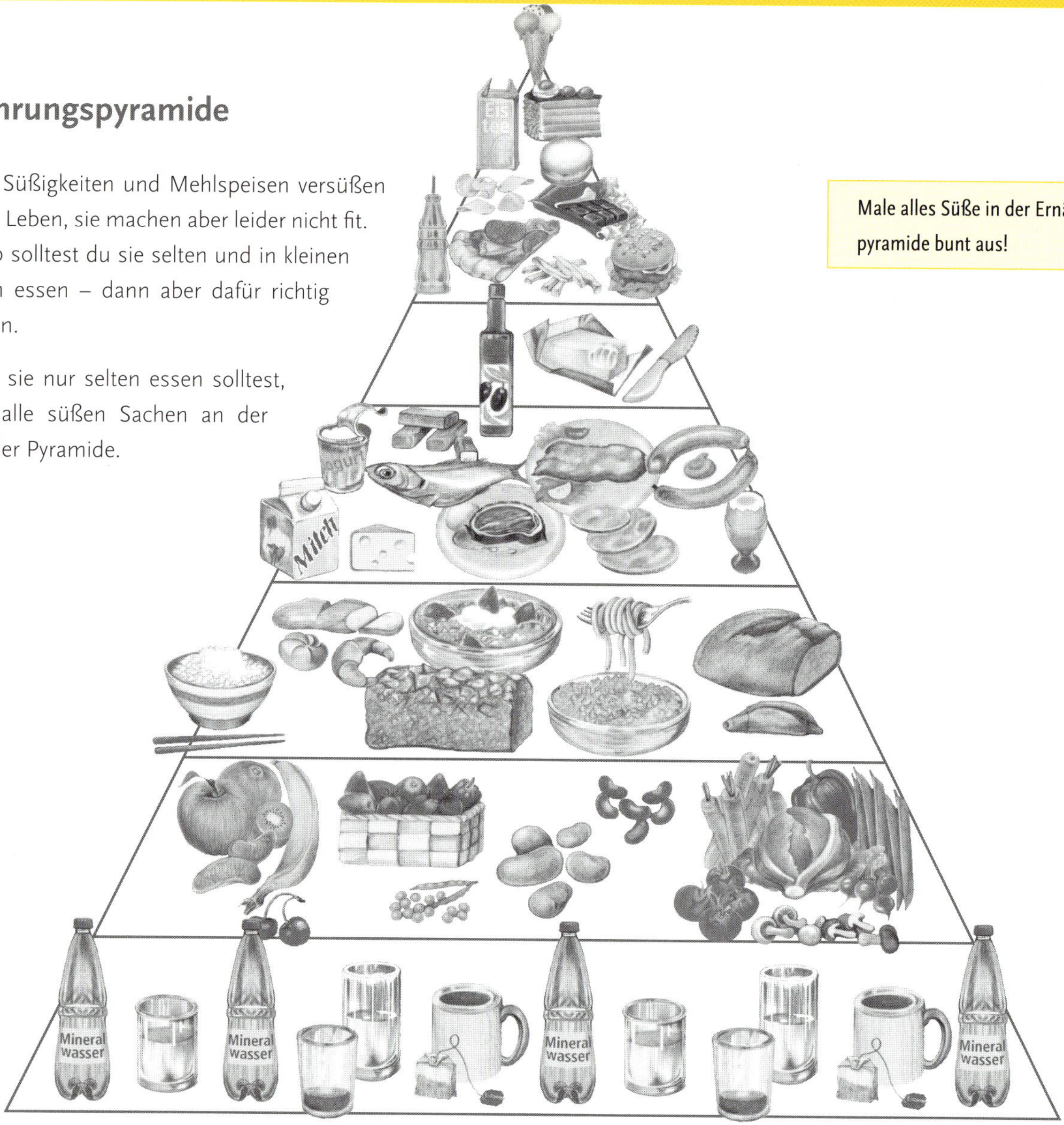

Male alles Süße in der Ernährungspyramide bunt aus!

Ampelliste

Hier kannst du eintragen, was du gerne naschst. Es gibt Süßes, das ins rote Feld gehört, aber auch solches, das ins grüne oder orange Feld gehört. Bei den Süßigkeiten im roten Feld überlegst du dir, was du stattdessen essen kannst. Deine Eltern haben in ihrem Buch eine ähnliche Tabelle mit Beispielen.

grün	orange	rot

Zuckerquiz

In vielen Lebensmitteln ist Zucker »versteckt«. Du siehst ihn nicht, du schmeckst ihn zwar, aber hast du dich schon einmal gefragt, wie viel Zucker wirklich in diesen Lebensmitteln ist?

Versuche zu erraten, wie viele Stück Würfelzucker in den abgebildeten Lebensmitteln auf der nächsten Seite versteckt sind!

Zucker-Quiz

Schätze den Zuckergehalt (in Stück Würfelzucker) der abgebildeten Lebensmittel, Getränke und Speisen!*

1 Stk.
Marmorkuchen

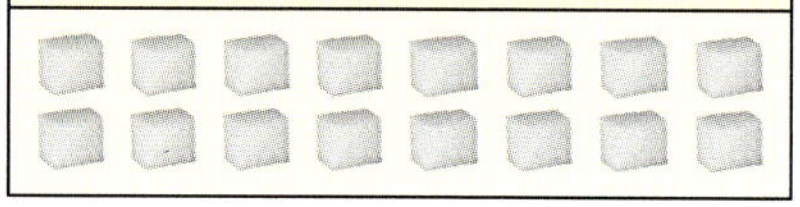

Geleefrüchte
(20 g)

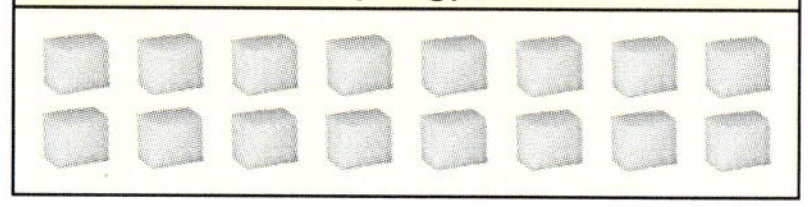

1 Tafel Schokolade
(100 g)

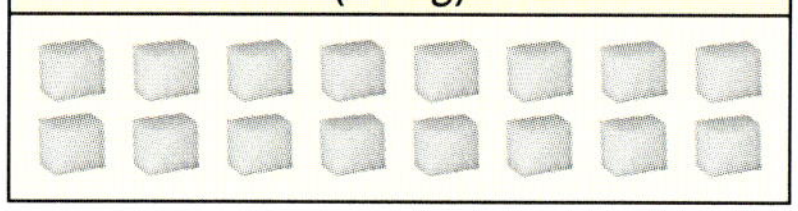

1 Kugel
Fruchteis (50 g)

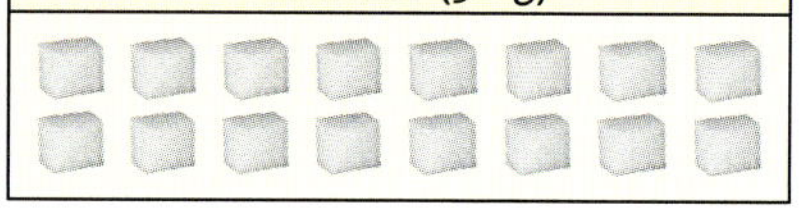

1 Dose
Cola-Getränk (0,33 l)

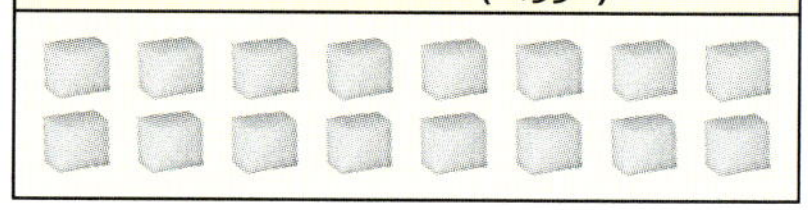

1 Becher
Fruchtjogurt (180 g)

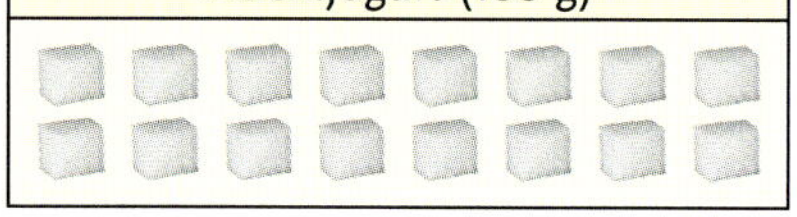

1 Krapfen (Berliner)

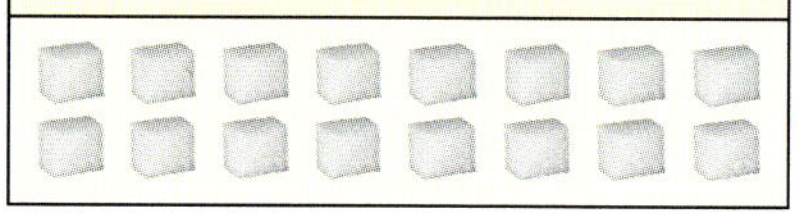

100 g
getrocknete Marillen (Aprikosen)

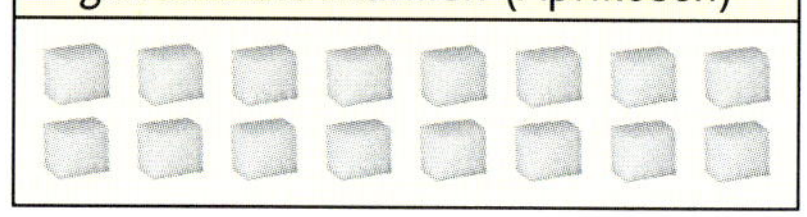

*Die Lösungen haben wieder deine Eltern in ihrem Buch.

Schokoladengenussspiel

Süßigkeiten schmecken gut. Oft essen wir sie allerdings, ohne sie richtig zu genießen. Wir verschlingen einen Schokoriegel, ohne zu schmecken, wie köstlich er ist. Du hast dir vorgenommen, weniger zu naschen – genieße deshalb umso bewusster!

Versuch das folgende Spiel (Am besten bittest du deine Eltern oder Geschwister, dir die Anleitung vorzulesen. Sie können natürlich auch mitmachen!):

Nimm dir ein Stück Schokolade und lege es vor dich hin.

Schließe die Augen und stell dir vor, du wärst im Schlaraffenland. Hier ist alles aus Schokolade: die Häuser, die Bäume, das Gras, die Autos, alles.

Lass die Augen geschlossen und rieche an deinem Stück Schokolade. Kannst du das Schlaraffenland riechen?

Jetzt nimm die Schokolade in den Mund. Leg sie auf die Zunge und lass sie ganz, ganz langsam schmelzen. Nicht durchbeißen! Solange sie schmilzt, versuche ganz bewusst zu genießen.

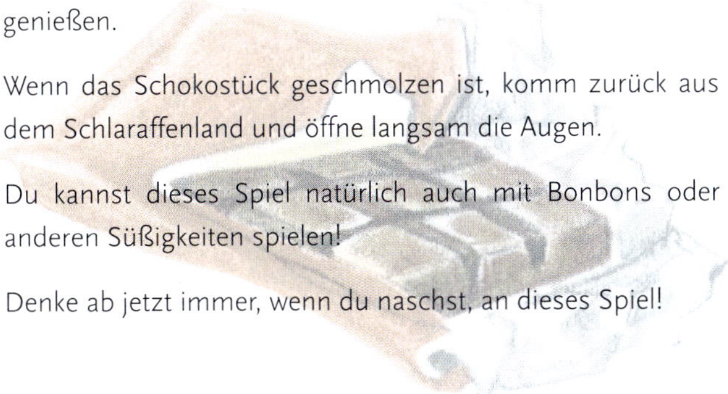

Wenn das Schokostück geschmolzen ist, komm zurück aus dem Schlaraffenland und öffne langsam die Augen.

Du kannst dieses Spiel natürlich auch mit Bonbons oder anderen Süßigkeiten spielen!

Denke ab jetzt immer, wenn du naschst, an dieses Spiel!

Sportarten

Auch diese Woche stellen wir dir wieder 5 Sportarten vor. Vielleicht ist etwas für dich dabei?

Inlineskaten: Dieser Sport auf Rollen ist ein beliebter Ausdauersport geworden. Optimal ist es, die Arme mitschwingen zu lassen. So trainierst du deine Rumpf- und Rückenmuskulatur. Vergewissere dich, dass du bremsen kannst. Skate immer nur auf erlaubten Wegen und immer mit Helm und Schützer (Knie, Ellenbogen, Handgelenk)!

Nordic Blading: Inlineskating für Fortgeschrittene. Wie beim Nordic Walking benutzt du auch hier Stöcke. Nordic Blading macht noch mehr Spaß, verbraucht mehr Energie und fördert auch die Koordination. Punkto Sicherheit gilt das Gleiche wie beim Inlineskaten: Zuerst das Bremsen lernen, nur auf erlaubten Wegen bladen und immer mit Helm, Knie-, Ellenbogen- und Handgelenkschutz!

Kegeln: Kegeln ist ein Sport für die ganze Familie. Gemeinsam mit Eltern, Freunden und Bekanten könnte ihr so lustige Sportstunden verbringen.

Bowling: Beim amerikanischen Bruder des Kegelns sind 10 Pins (= Kegeln) mit einer etwas größeren Kugel zu treffen. Hier gibt es eigene Kinder-Kugeln, die kleiner und leichter sind.

Aqua Aerobic: Dir macht Bewegung zur Musik und im Wasser sicherlich Spaß. Aqua Aerobic ist eine solche Kombination. Lauf- und Sprungübungen im brusthohen Wasser werden gemeinsam mit Armbewegungen durchgeführt. Durch den Wasserwiderstand und den Einsatz vieler Muskeln verbrauchst du sehr viel Energie, ohne die Belastung allzu stark zu merken.

Verhaltenstipps

- Ich suche mir einen Wochentag aus, an dem ich nasche. An diesem Tag genieße ich Süßigkeiten oder ich nasche jeden Tag, aber immer nur ganz wenig.
- Immer wenn ich nasche, denke ich an das Genussspiel. Ich esse meine Süßigkeiten dann ganz langsam und genieße sie.
- Bevor ich zu naschen beginne, überlege ich mir genau, was und wie viel ich mir nehme. Wenn ich das gegessen habe, hole ich mir nichts nach.
- Wenn ich nasche, dann gleich nach dem Mittag- oder Abendessen, nicht zwischendurch.
- Wenn ich Lust auf Süßes bekomme, nehme ich mir einen zuckerfreien Kaugummi.
- Wenn ich Appetit auf Süßes bekomme, trinke ich ein Glas Wasser.
- Wenn ich Lust auf Naschen bekomme, esse ich eine Banane.
- Nach dem Naschen kaue ich einen zuckerfreien Kaugummi.
- Wenn ich Lust auf Naschen bekomme, überlege ich mir, warum das so ist. Wenn mir langweilig ist oder wenn ich traurig bin, denke ich darüber nach, was ich dagegen tun könnte, ohne etwas zu naschen.
- Ich suche mir von den vorgestellten Sportarten wieder mindestens eine aus und probiere sie aus. Wenn sie mir Spaß macht, mache ich sie in Zukunft öfter.

Keks-Orangencreme-Türme

Du brauchst für 3 Türme:

1 unbehandelte Orange
200 g Magerquark (-topfen)
30 ml prickelndes Mineralwasser
1 Esslöffel Honig
9 Vollkornbutterkekse

Reibe ca. 1 Teelöffel voll von der Schale der Orange mit einer Raspel ab. Presse die Orange aus. Rühre Magerquark (-topfen) und Mineralwasser mit einer Gabel cremig, mische den Honig, einen Esslöffel Orangensaft und die abgeriebene Orangenschale dazu.

Gieße den restlichen Orangensaft in eine kleine Schüssel. Tauche die Kekse in Orangensaft und baue abwechselnd aus Keksen und Orangencreme kleine Türme, so wie du es auf dem Foto siehst.

Die angegebene Menge reicht für 3 Türme. Teile mit deinen Eltern, Geschwistern oder Freunden. Lasst euch diese süße Köstlichkeit gut schmecken.

Pro Turm: 135 kcal, 2 g Fett

Karotten-Nuss-Kuchen

Du benötigst für 12 Stück:

200 g Karotten
3 Eidotter
150 g Honig
200 g Haselnüsse, gerieben
1 Esslöffel Zitronensaft
1 Esslöffel Semmelbrösel
4 Eiklar
Beschichtete Kastenform oder Kastenform aus Silikon

Das ist ein Rezept für einen köstlichen, gesunden Kuchen. Probier ihn am besten einfach einmal aus. Lass dir dabei aber helfen, denn man muss Eier trennen und Eischnee schlagen. Wenn man das noch nie gemacht hat, gelingt es sonst vielleicht nicht gleich beim ersten Mal.

Heize das Backrohr auf 180 °C vor.

Reibe die Karotten mit einer feinen Raspel.

Rühre die Eidotter und den Honig mit einem Mixer ca. 2 Minuten schaumig. Mische dann die geriebenen Karotten, die Haselnüsse, Zitronensaft und Semmelbrösel dazu.

Schlage die Eiklar mit dem Mixer auf der höchsten Stufe zu steifem Schnee. Dazu benötigst du etwas Geduld, das dauert einige Minuten. Steif ist der Schnee, wenn du die Schüssel umdrehen kannst, ohne dass sich der Eischnee bewegt.

Mische nun vorsichtig mit einer Teigspachtel den steifen Eischnee zur Karotten-Nussmasse. Gib die Masse in die Kastenform, diese ins Backrohr und backe den Kuchen ca. 50 Minuten.

Pro Stück: 177 kcal, 12 g Fett

Wochenprotokoll

Tag	Essen	Bewegung
1. Tag		
2. Tag		
3. Tag		
4. Tag		
5. Tag		
6. Tag		
7. Tag		

Übertrage die Smileys (Essen jeweils entweder ein grünes oder rotes und Bewegung max. 3 grüne Smileys) von den ersten sieben Tagen in diese Wochenübersicht. Bilde die Wochensumme an grünen und roten Smileys (Essen und Bewegung) und ziehe die roten von den grünen ab (orange Smileys zählen nicht).

Schreib auch dein Gewicht am Ende dieser Woche auf.

Anzahl 

minus 

=

Meine Gewicht am Ende der Woche:

Wochenbeurteilung:
Hier darfst du ein großes grünes Smiley einkleben, wenn die Woche positiv war (wenn du mehr grüne als rote Smileys hast).

Ernährungspyramide

Wie Süßigkeiten gehören auch Knabbereien (z. B. Chips, gesalzene Nüsse und Cracker), Snacks (z. B. Leberkäsesemmel, Pommes Frites) und Fast Food (z. B. Pizzaschnitte, Burger) zu den Lebensmitteln, die du selten und in kleinen Mengen essen solltest. Sie enthalten nur wenige Fitmacher-Stoffe. Weil du sie nur selten essen solltest, stehen Knabbereien, Snacks und Fast Food an der Spitze der Pyramide.

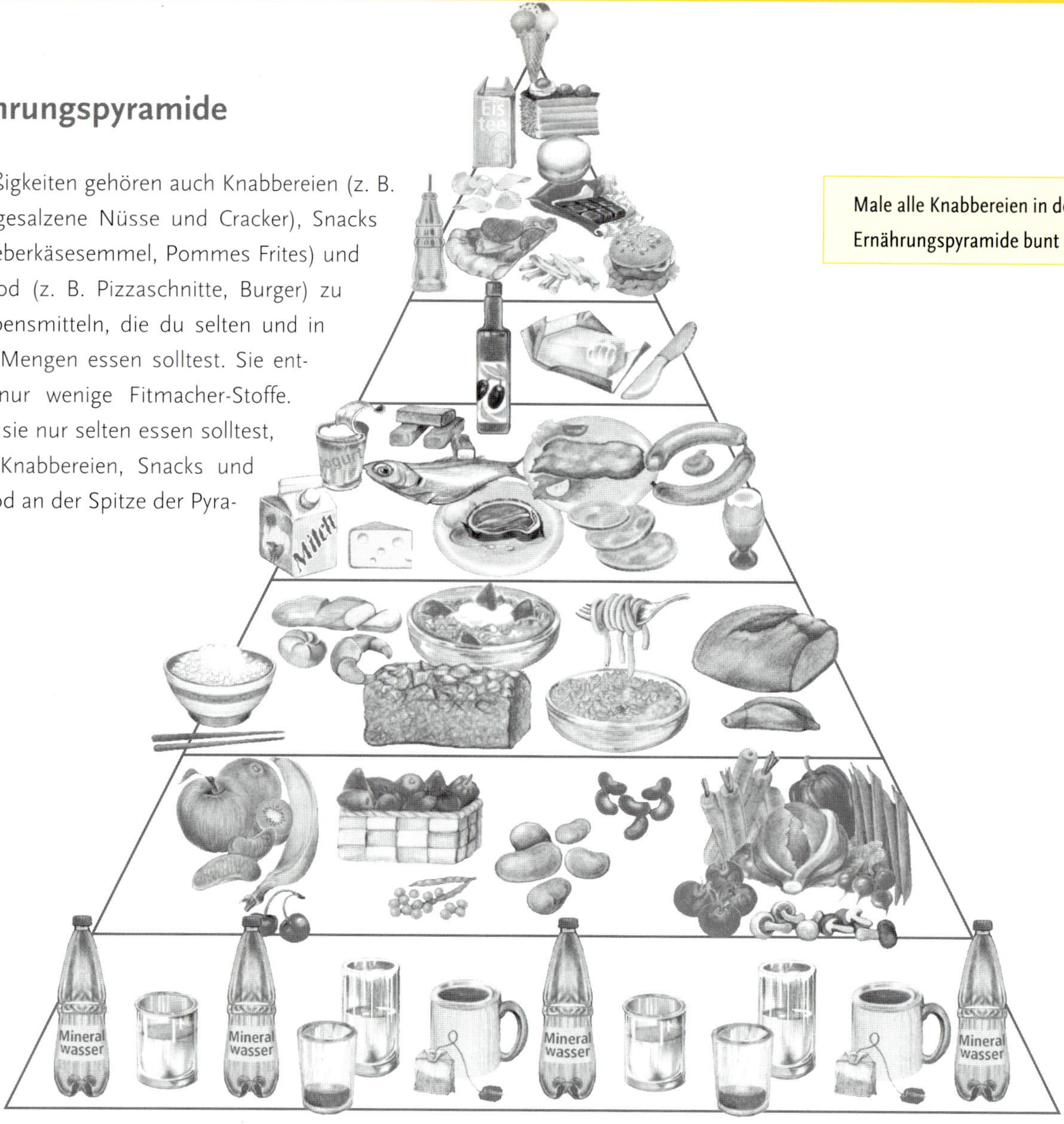

Male alle Knabbereien in der Ernährungspyramide bunt aus!

Ampelliste

Hier kannst du eintragen, welche Knabbereien, Snacks und Fast Food du gerne isst. Es gibt Knabbereien, die ins rote Feld gehören, aber auch solche, die ins grüne oder orange Feld gehören. Bei den Knabbereien im roten Feld überlegst du dir, was du stattdessen essen kanst. Deine Eltern haben in ihrem Buch eine ähnliche Tabelle mit Beispielen.

grün	orange	rot

Sportarten

Diese Woche stellen wir dir wieder 5 Sportarten vor. Vielleicht ist etwas für dich dabei?

Laufen: Laufen ist die Steigerung zum Walken, für fortgeschrittene Ausdauersportler. Im Gegensatz zum Walken, bei dem immer ein Fuß auf dem Boden bleibt, gibt es beim Laufen bei jedem Schritt eine kurze Flugphase. Bei der »Landung« kommt es zu hohen Belastungen von den Gelenken. Da beim Laufen ganz viele Muskeln im Einsatz sind, ist der Energieverbrauch besonders hoch.

Aquajogging: Laufen unter Wasser, so könnte man Aquajogging beschreiben. Mit einer Schwimmweste bekleidet, schwebt man aufrecht im Wasser und ahmt Laufbewegungen nach. Diese Form des Laufens ist sehr wenig anstrengend, deshalb für Einsteiger besonders gut geeignet. Eine tolle Sportart für kleine »Wasserratten«!

Fußball: Sicher bist du noch kein Weltmeister im Fußball, aber was nicht ist, kann ja noch werden. Lustiger ist es, auf kleineren Feldern zu spielen. Oft reicht auch schon die Wiese vorm Haus. Fußball im Sand wird Beach-Soccer genannt und ist, wegen des Sandes, ganz schön anstrengend.

Basketball: Das aus Amerika kommende Spiel wird mit einem großen Ball auf die hoch über den Köpfen hängenden Körbe gespielt. Ihr könnt bei euch zuhause die Körbe tiefer aufhängen. Mit Dribbeln, Passen und Werfen geht es bei diesem rasanten Spiel zur Sache.

Kids' Power Walking: Bei dieser Variante des Walkings brauchst du kleine Hanteln oder Wasserflaschen. Bei jedem Schritt bewegst du nun auch die Hände mit den Flaschen mit. So trainierst du neben Ausdauer auch noch Kraft.

Verhaltenstipps

- Ich esse nur auf meinem dafür vorgesehenen Platz und setze mich zum Essen nieder.
- Ich esse langsam und konzentriere mich auf den Geschmack.
- Wenn ich esse, dann lasse ich mich nicht ablenken. Ich lese nicht neben dem Essen und sehe auch nicht fern dabei.
- Ich nehme mir vor, beim Fernsehen oder Computerspielen nicht zu essen. Wenn doch, dann nehme ich mir etwas aus der grünen Liste.
- Wenn ich Appetit auf Chips, Pommes oder Hamburger bekomme, überlege ich mir, ob ich das jetzt wirklich essen möchte oder ob ich stattdessen auch etwas Gesünderes (Gemüsesticks, ein Stück Brot, einen Apfel) essen könnte.
- Ich probiere mindestens eine der vorgestellten Sportarten aus. Wenn mir eine davon besonders Spaß macht, werde ich sie ab jetzt regelmäßig betreiben.

Wochenprotokoll

Tag	Essen	Bewegung
1. Tag		
2. Tag		
3. Tag		
4. Tag		
5. Tag		
6. Tag		
7. Tag		

Übertrage die Smileys (Essen jeweils entweder ein grünes oder rotes und Bewegung max. 3 grüne Smileys) von den ersten sieben Tagen in diese Wochenübersicht. Bilde die Wochensumme an grünen und roten Smileys (Essen und Bewegung) und ziehe die roten von den grünen ab (orange Smileys zählen nicht).

Schreib auch dein Gewicht am Ende dieser Woche auf.

Anzahl ☺

minus ☺

=

Meine Gewicht am Ende der Woche:

Wochenbeurteilung:
Hier darfst du ein großes grünes Smiley einkleben, wenn die Woche positiv war (wenn du mehr grüne als rote Smileys hast).

Selbstwerttraining

Wirst du öfters von anderen Kindern gehänselt, weil du dicker bist als sie oder weil du nicht so schnell laufen kannst? Kränkt dich das? Rede mit deinen Eltern darüber, wie du dich fühlst, wenn andere gemein zu dir sind!

Es ist ganz wichtig, dass du weißt, dass du ein toller Mensch mit vielen Fähigkeiten bist. Du kannst vielleicht nicht so schnell laufen wie andere Kinder, dafür kannst du wunderschöne Geschichten erfinden, bist gut im Rechnen oder meistens fröhlich und lustig. Deine Figur ist nur die äußere Hülle!

Denk nach, was du alles gut kannst und was du an dir magst. Überlege, was die anderen an dir besonders schätzen. Kreuze es an oder schreibe es auf!

Ich mag an mir, dass ...

- ☐ ... ich fröhlich bin
- ☐ ... ich gerne Spaß mache
- ☐ ... ich mit meinen Klassenkameraden gut auskomme
- ☐ ... ich sportlich bin
- ☐ ... ich ______________________
- ☐ ... ich ______________________
- ☐ ... ich ______________________

Andere mögen an mir, dass

- ☐ ... ich fröhlich bin
- ☐ ... man mit mir viel Spaß haben kann
- ☐ ... ich hilfsbereit bin
- ☐ ... ich gut zuhören kann
- ☐ ... man sich auf mich verlassen kann
- ☐ ... ich sportlich bin
- ☐ ... ich ______________________
- ☐ ... ich ______________________

Sportarten

Diese Woche stellen wir dir wieder 6 Sportarten vor. Vielleicht ist etwas für dich dabei?

Skilanglauf: Skilanglauf ist ein ideales Ausdauertraining im Winter, du verbrauchst dabei sehr viel Energie und kannst auch noch die Natur genießen.

Skiwandern: Skiwandern ist Nordic Walking mit Langlaufski. Es ist viel einfacher zu erlernen als Langlaufen. Also ein ideales Winter-Ausdauertraining für Einsteiger!

Schneeschuhgehen: Grundausrüstung sind zwei brettähnliche Schneeschuhe unter winterfesten Schuhen, zwei Walking-Stöcke mit Schneeteller, warme Wanderkleidung und natürlich Schnee. Die Bein- und Armbewegung ist wie beim Nordic Walking. Schneeschuhgehen ist nicht nur ein ideales Ganzkörpertraining, es ist auch ein winterlicher Spaß für die ganze Familie.

Handball: Fünf Feldspieler und ein Tormann spielen gegen die gegnerische Mannschaft mit dem kleinen Handball. Starten, Sprinten, Stoppen, Springen und Werfen stehen am Spielprogramm. Viele Muskeln werden dabei trainiert.

Ball über die Schnur und Volleyball: Sechs Spieler stehen jeweils auf einer Spielseite, und nach maximal drei Ballkontakten im eigenen Feld muss der Ball über die Schnur oder das Netz im Feld der gegnerischen Mannschaft sein. Beach-Volleyball ist die Sandplatzvariante des Volleyballs. Ein Spielchen mit Eltern oder Freunden am Sandplatz daheim oder am Strandplatz im Urlaub ist schon eine tolle Sache!

Bergwandern: Was man beim Power Walking mit technischen Hilfsmitteln erreicht, erreicht man in der Natur ohne Hilfsmittel. Statt der langen Schritte beim Power Walking geht's beim Bergwandern bergauf.

Verhaltenstipps

- Immer wenn mich jemand hänselt, weil ich dicker bin oder nicht so schnell laufen kann, dann denke ich daran, was ich gut kann, worin ich sogar besser bin als die anderen.
- Ich ärgere mich nicht, wenn andere gemein zu mir sind, weil ich weiß, dass die anderen auch Fehler haben und ich manche Dinge besser kann als sie.
- Wenn ich mich doch ärgere oder mich schlecht fühle, schütte ich jemandem mein Herz aus.
- Ich probiere mindestens eine der vorgestellten Sportarten aus. Wenn eine dabei ist, die mir Spaß macht, mache ich sie in Zukunft häufiger.

Wochenprotokoll

Tag	**Essen**	**Bewegung**
1. Tag		
2. Tag		
3. Tag		
4. Tag		
5. Tag		
6. Tag		
7. Tag		

Übertrage die Smileys (Essen jeweils entweder ein grünes oder rotes und Bewegung max. 3 grüne Smileys) von den ersten sieben Tagen in diese Wochenübersicht. Bilde die Wochensumme an grünen und roten Smileys (Essen und Bewegung) und ziehe die roten von den grünen ab (orange Smileys zählen nicht).

Schreib auch dein Gewicht am Ende dieser Woche auf.

Anzahl ☺

minus ☺

=

Meine Gewicht am Ende der Woche:

Wochenbeurteilung:
Hier darfst du ein großes grünes Smiley einkleben, wenn die Woche positiv war (wenn du mehr grüne als rote Smileys hast).

Einheit 11

Ernährungspyramide

Das Fett macht es uns nicht leicht. Einerseits ist das richtige Fett ein echter Fitmacher. Das richtige Fett findest du im Fisch, in Pflanzenölen und in ungesalzenen Nüssen. Leider macht aber auch das richtige Fett dick, wenn man zu viel davon isst. Das Fett in der Wurst, im Schlagobers (Schlagsahne), in Kuchen, Torten und Süßigkeiten ist leider gar kein Fitmacher, deshalb sollte man diese Dinge selten und in kleinen Mengen essen, das weißt du schon.

In der Ernährungspyramide finden wir Fett in Form von Pflanzenöl, Streichfett (z. B. Butter) und versteckt in vielen anderen Lebensmitteln.

Male alle Lebensmittel in der Ernährungspyramide bunt aus, in denen du viel Fett vermutest!

Ampelliste

Hier kannst du in die rote Spalte wieder eintragen, was du gerne isst, wovon du aber weißt, dass es fett ist. In die orange Spalte schreibe die mittelmäßigen, in die grüne Spalte die fettarmen günstigen Lebensmittel hinein, die du vielleicht auch gerne isst.

grün	orange	rot

Fettquiz

In vielen Lebensmitteln sieht man das Fett nicht, es ist »versteckt«. Versuche zu erraten, wie viel Fett in den abgebildeten Lebensmitteln versteckt ist. Ein Fettpunkt ist ein Gramm Fett, das entspricht einem Tropfen Öl. Du solltest möglichst wenig Fettpunkte pro Tag erreichen.

Fett-Quiz

Schätze wieviel Fettpunkte die Lebensmittel und Speisen haben!*

100 g
Salami

❍ 33 ❍ 44 ❍ 55

100 g
Schinken gekocht

❍ 4 ❍ 9 ❍ 12

1 Croissant
(100 g)

❍ 15 ❍ 25 ❍ 35

1 Hamburger

❍ 10 ❍ 20 ❍ 30

1 Tafel Schokolade
(100 g)

❍ 22 ❍ 32 ❍ 42

1 Portion Tiramisu
(250 g)

❍ 6 ❍ 16 ❍ 36

1 Portion
Wiener Schnitzel

❍ 15 ❍ 25 ❍ 35

1 Portion Pommes frites
(120 g)

❍ 5 ❍ 15 ❍ 25

1 Pkg. Kartoffelchips
(175 g)

❍ 20 ❍ 40 ❍ 60

*Die Lösungen haben deine Eltern in ihrem Buch.

Sportarten

Diese Woche stellen wir dir wieder 5 Sportarten vor. Vielleicht ist etwas für dich dabei?

Crosstrainer: Der Crosstrainer ist ein Indoor-Trainingsgerät (z. B. fürs Wohnzimmer). Die Füße werden auf Platten gestellt und die Hände fassen die Stangen. Nun erfolgt eine Bewegung wie beim Gehen: rechter Fuß noch vorne, linke Hand nach vorne. Durch die Bewegung von Armen und Beinen werden fast alle Muskeln trainiert. Der Energieverbrauch ist auch sehr hoch. Viele dieser Geräte lassen sich auf verschiedene Größen einstellen – und werden damit zum Trainingsgerät für die ganze Familie.

Stepper: Mit diesem Gerät wird die Bewegung des Treppensteigens nachgeahmt, dass ein hervorragendes Ausdauer- und Kraftausdauertraining darstellt und bei dem es auch zu einem hohen Energieverbrauch kommt. Die Bewegung ist leicht zu erlernen.

Kids' Dance: Eigentlich ist jede Bewegung zu Musik, die zum Rhythmus passt, schon die richtige Lösung der Bewegungsaufgabe. Die Musikrichtung kann ganz nach deinem Geschmack gewählt werden: Hip Hop, Rap, Pop und Heavy Metal, alles, was Spaß macht, ist erlaubt! Ein kleiner Tipp: Die Lautstärke sollte mit den Eltern abgestimmt werden!

Ballett: Mit Musik, Tanz, Körpersprache, Mimik – bei Aufführungen auch mit Kostümen und Bühnenbild – wird mit Ballett eine Geschichte erzählt. Ballett trainiert vor allem die Koordination und schafft Bewusstsein für die körperliche Ausdrucksfähigkeit.

Bergrad fahren: Rad fahren wird – wenn's nur bergauf geht – zum Kräftigungssport. Der Kraftaufwand fürs Treten steigt, damit tritt der Krafttrainingseffekt vor den Ausdauertrainingseffekt. Bergrad fahren ist sehr anstrengend und damit nur für Fortgeschrittene geeignet.

Verhaltenstipps

- Für mein Marmelade- oder Honigbrot versuche ich, statt Butter oder Margarine Magerquark (-topfen) zum Bestreichen zu verwenden.
- Wenn ich etwas essen möchte, von dem ich glaube, dass es sehr fett ist, überlege ich, ob es einen Ersatz dafür gibt, der weniger fett ist.
- Ich versuche, Lebensmittel, die viele ungünstige Fette enthalten, seltener zu essen.
- Ich probiere von den neuen Sportarten wieder mindestens eine aus. Wenn sie mir Spaß macht, mache ich sie ab jetzt öfter.

Wochenprotokoll

Tag	Essen	Bewegung
1. Tag		
2. Tag		
3. Tag		
4. Tag		
5. Tag		
6. Tag		
7. Tag		

Übertrage die Smileys (Essen jeweils entweder ein grünes oder rotes und Bewegung max. 3 grüne Smileys) von den ersten sieben Tagen in diese Wochenübersicht. Bilde die Wochensumme an grünen und roten Smileys (Essen und Bewegung) und ziehe die roten von den grünen ab (orange Smileys zählen nicht).

Schreib auch dein Gewicht am Ende dieser Woche auf.

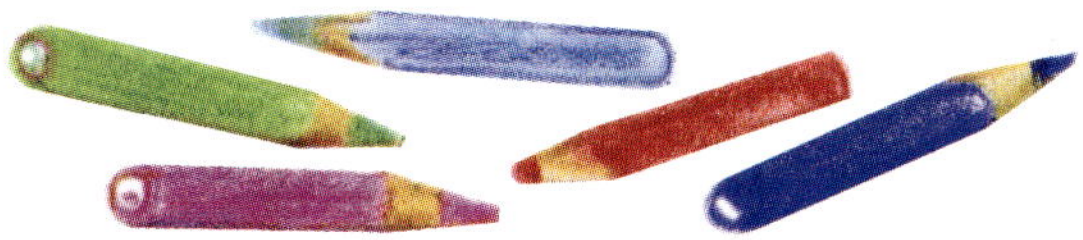

Anzahl ☺

minus ☺

=

Meine Gewicht am Ende der Woche:

Wochenbeurteilung:
Hier darfst du ein großes grünes Smiley einkleben, wenn die Woche positiv war (wenn du mehr grüne als rote Smileys hast).

Ernährungspyramide

Obst und Gemüse sind die wichtigsten Fitmacher in deiner Ernährung, sie sind voller Stoffe, die dein Körper braucht, um fit und munter zu sein. Frisches Obst und Gemüse kannst und sollst du oft essen. Am besten 5 Portionen pro Tag. Eine Portion ist so viel, wie in deine Hand passt. Weil Obst und Gemüse so wichtig für dich sind, stehen sie in der Pyramide weit unten.

Male in der Lebensmittelpyramide Obst und Gemüse bunt aus!

Ampelliste

Die meisten Obst- und Gemüsesorten gehören in die grüne Spalte. Es gibt aber auch Varianten, die nicht mehr so viele Fitmacherstoffe oder auch viel Zucker enthalten (z. B. Kompott aus der Dose). Überlege, in welche Spalten das Obst und Gemüse gehört, das du gerne isst. Bei Obst und Gemüse im roten Feld überlegst du dir, was du stattdessen essen kannst. Deine Eltern haben eine ähnliche Tabelle in ihrem Buch.

grün	orange	rot

Geschmacksspiele

Es gibt eine so große Vielfalt an Obst- und Gemüsesorten, dass du viele davon vielleicht gar nicht kennst. Stell dir vor, was dir da möglicherweise entgeht!

Um deinen Geschmackssinn zu trainieren, haben wir zwei Spiele für dich vorbereitet:

Für das **erste Spiel** musst du folgende Vorbereitungen treffen:

- Begleite deine Eltern beim Lebensmitteleinkauf. Nimm ein Blatt Papier und einen Stift mit. Sieh dich in der Obst- und Gemüseabteilung genau um. Halte Ausschau nach Sorten, die du nicht kennst. Bitte deine Eltern, dir 3 oder 4 unbekannte Obst- und ebenso viele unbekannte Gemüsesorten zu kaufen. Achte darauf, dass es Sorten sind, die man auch roh essen kann. Frag nach, wenn du nicht sicher bist. Schreib dir auf, wie sie heißen, oder bitte deine Eltern, das für dich zu tun.
- Zu Hause richtest du das Obst und Gemüse zum Kosten her. Mach kleine Stücke, die man mit den Fingern essen kann. Leg jede Sorte auf einen kleinen Teller. Schreib Kärtchen mit den Namen der unbekannten Obst- und Gemüsesorten und stelle sie vor die Teller.
- Jetzt kann das eigentliche Spiel beginnen. Deine Familie und Freunde können natürlich mitspielen! Koste jede Obst- und Gemüsesorte. Kaue sie ganz langsam und entdecke den Geschmack. Schmeckt es süß, sauer, bitter, scharf? Schmeckt es dir gut? Versuche, dir die Geschmäcker zu merken.

Für das **zweite Spiel** benötigst du einen Spielpartner und ein Tuch. Verwendet die vorher angerichteten Obst- und Gemüsestücke. Lass dir von deinem Spielpartner die Augen mit dem Tuch verbinden. Dein Spielpartner soll dir nun durcheinander die einzelnen Obst- und Gemüsesorten zum Kosten geben. Kannst du dich an die Geschmäcker erinnern? Erkennst du die Sorten?

Sportarten

Diese Woche stellen wir dir die letzten 5 Sportarten vor. Vielleicht ist etwas für dich dabei?

Radergometer: Der Radergometer ist der Klassiker unter den Fitnessgeräten für zuhause. Er ist ein ausgezeichnetes Trainingsgerät für Anfänger, Fortgeschrittene und auch Spitzensportler. Nur ganz wenige Radergometer lassen sich auf die Größe von Kindern einstellen. Bitte deine Eltern beim Kauf darauf zu achten.

Laufband: Am Laufband kann man unabhängig von der Tageszeit und von der Witterung zwei Sportarten trainieren: Walking und Laufen. Du kannst die Geschwindigkeit selber wählen und auch den Steigungswinkel. Somit kannst du langsam gehen, joggen oder laufen, im Flachen oder mit Steigung.

Das Laufband ist ein empfehlenswertes Trainingsgerät, aber gute Laufbänder sind teuer und sie benötigen auch viel Platz. Da jedoch am Laufband keine besonderen Größeneinstellungen nötig sind, kann wirklich die ganze Familie darauf trainieren. So werden auch die Geschwister, Papa, Mama, Opa und Oma fit.

Skifahren: Bei dieser traditionellen Wintersportart werden Kraft und Koordination hervorragend trainiert. Der Skilauf hat für Jung und Alt, vom Anfänger über den Fitnessportler bis hin zum Leistungssportler vieles zu bieten. Wichtig ist, dass die Bewegung in der Winterlandschaft am Schnee Spaß macht und mit der entsprechenden Ausrüstung auch sicher gestaltet wird.

Snowboarden: Der Snowboardsport hat sich längst aus dem Schatten des alpinen Skisports abgehoben und ist als ein angesagter Trendsport auf den Pisten geworden. Dabei wird die Koordination optimal gefordert, und auch der Spaß kommt nicht zu kurz.

Turnen: Zahlreiche Vereine laden vor allem Kinder zum Geräteturnen ein. Die Vorteile davon sind: Turnen kräftigt die Muskeln und trainiert Koordination und Geschicklichkeit. In einer Gruppe macht es besonders Spaß. Außerdem kann man oft im Turnverein die Geräte und Übungen ausprobieren, für die beim Schulturnen zu wenig Zeit bleibt.

Verhaltenstipps

- Ich versuche, jeden Tag 5 Portionen Obst und Gemüse zu essen.
- Ich esse zu jeder Mahlzeit Obst oder Gemüse.
- Zum Frühstück gebe ich frisches Obst in mein Müsli.
- Ich nehme mir in die Schule ein Stück Obst und etwas Gemüse (z. B. Radieschen, geschnittene Kohlrabi, Karottenchips) zum Knabbern mit.
- Gemüse oder Salat sind fixe Bestandteile meines Mittagessens.
- Wenn ich am Nachmittag Lust auf etwas zu knabbern habe, nehme ich mir eine Karotte oder ein anderes Stück Gemüse.
- Von den vorgestellten Sportarten probiere ich mindestens eine aus. Wenn sie mir Spaß macht, nehme ich mir vor, sie in Zukunft öfter auszuüben.

Erdbeerschüssel

Du benötigst für 4 Portionen:

2 Vollkornstrudelblätter
1/4 l Milch
1/2 Pkg. Vanillepuddingpulver
1 Esslöffel Zucker
20 Stk. Erdbeeren
1 kleines Stück Schokolade

Schneide die Strudelblätter in 4 Teile und lege 4 kleine Backförmchen damit aus. Bestreiche die Blätter mit etwas Milch und lass sie im Rohr bei 180 °C, ca. 5 Minuten lang, leicht bräunen.

Bereite den Pudding laut Packungsbeilage zu (lass dir dabei helfen). Fülle nun den Pudding in die Strudelnester und gib 5 Erdbeeren darauf. (Vergiss nicht, die Erdbeeren zu waschen!)

Mit geschmolzener Schokolade kannst du nun die Erdbeeren verzieren.

Pro Portion: 135 kcal, 4 g Fett

Wochenprotokoll

Tag	Essen	Bewegung
1. Tag		
2. Tag		
3. Tag		
4. Tag		
5. Tag		
6. Tag		
7. Tag		

Übertrage die Smileys (Essen jeweils entweder ein grünes oder rotes und Bewegung max. 3 grüne Smileys) von den ersten sieben Tagen in diese Wochenübersicht. Bilde die Wochensumme an grünen und roten Smileys (Essen und Bewegung) und ziehe die roten von den grünen ab (orange Smileys zählen nicht).

Schreib auch dein Gewicht am Ende dieser Woche auf.

Anzahl 🙂

minus 🙂

=

Meine Gewicht am Ende der Woche:

Wochenbeurteilung:
Hier darfst du ein großes grünes Smiley einkleben, wenn die Woche positiv war (wenn du mehr grüne als rote Smileys hast).

Einheit 13

Ernährungspyramide

Brot, Gebäck, Müsli, Reis und Nudeln sind Lebensmittel, die aus Getreide (z. B. Weizen, Dinkel, Hafer) hergestellt werden. Sie sind, wie auch Obst und Gemüse, wahre Fitmacher, vor allem für Leute wie dich, die sich viel bewegen. Diese Lebensmittel sollten täglich mehrmals auf deinem Speiseplan stehen.

Vollkornprodukte enthalten besonders viele Fitmacher-Stoffe. Wenn du Vollkornprodukte isst, achte darauf, genug zu trinken, damit sie das Wasser aufnehmen und und dich lange sattmachen können.

Male in der Lebensmittelpyramide alle Getreideprodukte bunt aus!

Ampelliste

Manche Lebensmittel, die aus Getreide bestehen, enthalten auch viel Zucker und Fett (z. B. Kuchen) und sind deshalb nicht so gut für dich. Überlege, welche Getreideprodukte du gerne und oft isst, in welche Spalte sie gehören und ob es bessere Möglichkeiten als Alternativen für die rote Spalte gäbe.

grün	orange	rot

Bewegung

Bevor du ins Training einsteigst, ermittle noch einmal den derzeitigen Ist-Zustand deines Bewegungsverhaltens. Kannst du dich erinnern? Das hast du schon zwei Mal gemacht!

Es hat sich bestimmt wieder einiges verändert. Unterstreiche, welche Arten von Bewegung du gerne machst.
Wenn du etwas oft und lange machst, dann mach einen dicken Strich darunter, wenn du etwas seltener tust, einen dünnen Strich! Vergleiche mit den früheren beiden Malen! Du machst schon viel mehr Bewegung, oder?

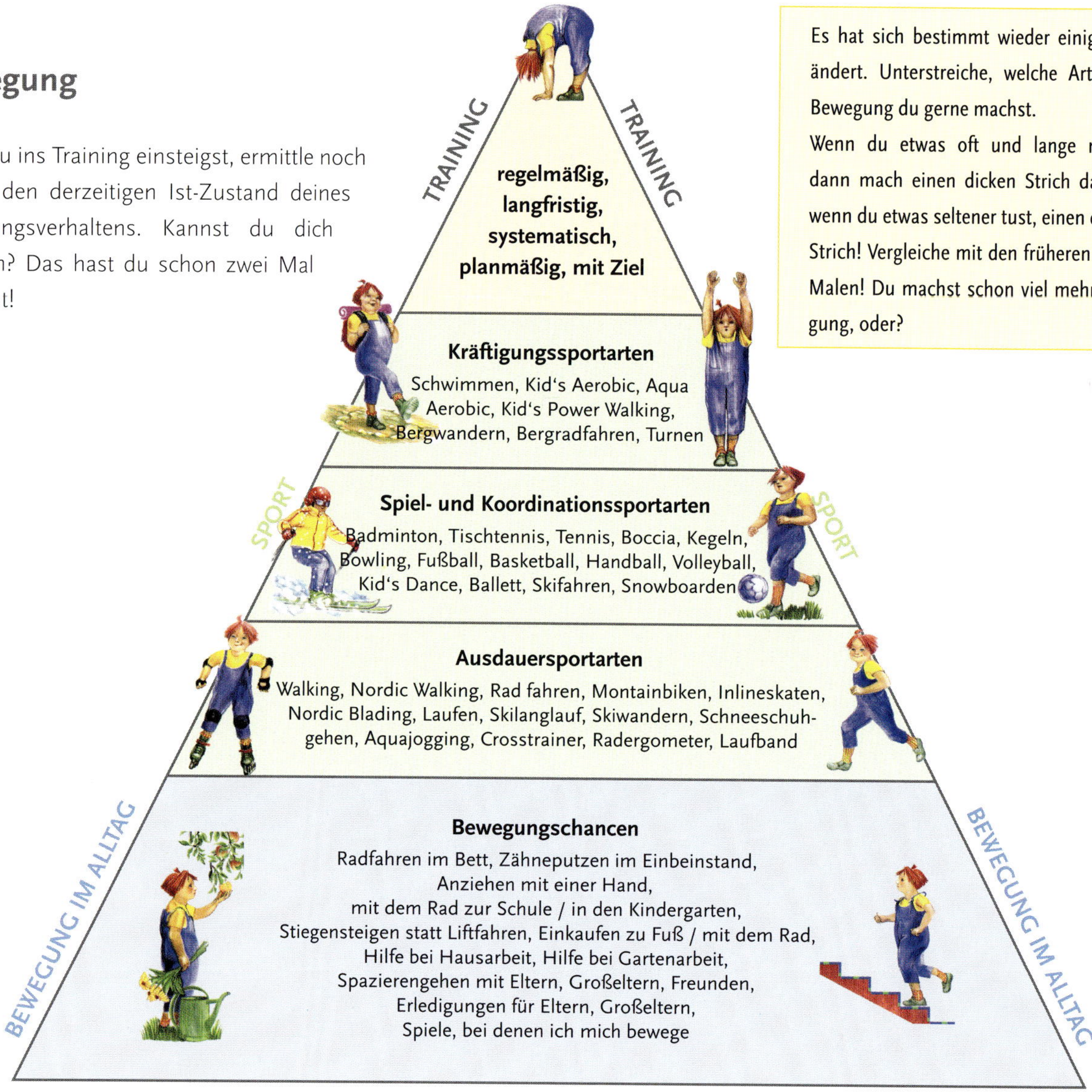

Training

Ab heute gibt es wieder etwas Neues in Sachen Bewegung. Wir erklimmen die 3. Ebene der Bewegungspyramide. Nachdem du jetzt schon viel mehr Bewegung in deinen Alltag eingebaut hast und auch Sport betreibst, steigen wir jetzt ins »richtige« Training ein, wie deine Vorbilder aus dem Sport im Fernsehen.

Training ist eigentlich das gleiche wie Sport, mit einem kleinen Unterschied: Du sollst es regelmäßig und langfristig machen. Dafür wirst du reich belohnt: mit mehr Fitness, mehr Kondition, stärkeren Muskeln und Geschicklichkeit.

Im Buch deiner Eltern steht ganz genau, worauf es ankommt. Sie haben auch einen Trainingsplan für dich, damit du genau weißt, wie du es richtig machst.

Training – Ausdauertraining

Wir starten das Training mit so genanntem Ausdauertraining. Hier werden dein Herz und deine Lunge gekräftigt und deine Kondition verbessert. Du wirst sehen, bald kommst du beim Stiegensteigen nicht mehr außer Atem.
Das Pferd ist dein Begleiter. Du solltest diese Woche zwei Mal alle Übungen »Ausdauernd wie ein Pferd« (siehe Plakat) machen.
Du kannst stattdessen aber auch eine Ausdauersportart (z. B. Walking, Nordic Walking, Inlineskaten) wählen, die dir besonders gut gefällt. Deine Eltern werden dir bei deiner Entscheidung helfen.

Verhaltenstipps

- Ich versuche, möglichst viele Getreideprodukte aus der grünen und eher wenige aus der roten Spalte zu essen.
- Bei Brot und Gebäck versuche ich, Vollkornbrot zu essen.
- Ich beginne den Tag mit Müsli oder Vollkornbrot bzw. -toast.
- Ich koste Gerichte aus Getreidesorten, die ich bisher nicht gekannt habe (z. B. Hirselaibchen, Grünkernauflauf).

Müslikugeln

Du brauchst für ca. 16 Kugeln:

100 g Haferflocken
100 g gehackte Haselnüsse
100 ml warme Magermilch
100 g Kokosraspeln
1 Esslöffel Leinsamen
2 Esslöffel Honig

Die Müslikugeln sind Getreide einmal in einer ganz anderen Form. Sie sind eine tolle Zwischenmahlzeit, gehören aber trotzdem zu den Süßigkeiten. Müslikugeln kannst du essen, statt etwas anderes zu naschen.

Heize das Backrohr auf 170 °C vor.

Vermische alle Zutaten in einer größeren Schüssel. Lass die Mischung ca. 30 Minuten ziehen. Forme aus der Masse 16 walnussgroße Kugeln. Leg diese auf ein Backblech, das du mit Backpapier belegt hast und schiebe die Kugeln für 25 Minuten ins Rohr.

Pro Kugel: 111 kcal, 8 g Fett

Wochenprotokoll

Tag	**Essen**	**Bewegung**
1. Tag		
2. Tag		
3. Tag		
4. Tag		
5. Tag		
6. Tag		
7. Tag		

Übertrage die Smileys (Essen jeweils entweder ein grünes oder rotes und Bewegung max. 3 grüne Smileys) von den ersten sieben Tagen in diese Wochenübersicht. Bilde die Wochensumme an grünen und roten Smileys (Essen und Bewegung) und ziehe die roten von den grünen ab (orange Smileys zählen nicht).

Schreib auch dein Gewicht am Ende dieser Woche auf.

Anzahl

minus

=

Meine Gewicht am Ende der Woche:

Wochenbeurteilung:
Hier darfst du ein großes grünes Smiley einkleben, wenn die Woche positiv war (wenn du mehr grüne als rote Smileys hast).

Ernährungspyramide

Fisch, fettarmes Fleisch, fettarme Wurst, Milch, Jogurt, Käse, Bohnen, Linsen, Eier und Nüsse sind die Lebensmittel, die viel Eiweiß enthalten. Eiweiß benötigst du vor allem dafür, dass deine Muskeln stark bleiben und noch stärker werden.

Male in der Lebensmittelpyramide alle eiweißreichen Lebensmittel bunt aus!

Ampelliste

Manche eiweißreichen Lebensmittel sind weniger für dich geeignet, weil sie auch sehr fett sind. Überlege dir auch bei den eiweißreichen Lebensmitteln deine Ampelliste. Deine Eltern haben in ihrem Buch wieder viele Vorschläge.

grün	orange	rot

Kräftigungstraining

Das Ausdauertraining geht weiter, dieses Mal kommt Kräftigungstraining dazu. Kräftigungstraining stärkt deine Muskeln, damit du stark wirst wie ein Bär! Starke Muskeln helfen dir auch beim Abnehmen, weil sie wie ein starker Motor dauernd Energie verbrennen. Muskeln sind sozusagen »Kalorienvernichtungsmaschinen«. Das Tolle daran ist, dass sie dies auch sind, wenn du dich gar nicht bewegst. Deshalb sollst du mit dem Kräftigungstraining deine Muskeln stärken.

Dabei hilft dir der Bär. Führe einmal pro Woche entweder alle Übungen von »Stark wie ein Bär« (siehe Plakat) aus, oder nur die Übungen 5 – 20, das sind die Kräftigungsübungen. Deine Eltern haben deinen Trainingsplan wieder in ihrem Buch.

Verhaltenstipps

- Ich esse mindestens ein Mal pro Woche Fisch.
- Ich koste Fisch natur oder aus der Folie statt Fischstäbchen.
- Wenn ich Wurst esse, nehme ich magere Sorten wie Schinken, Schinkenwurst oder Putenwurst.
- Ich versuche, nur höchstens 3-mal pro Woche Fleisch und Wurst zu essen.

Kräuterfisch aus der Folie

Du brauchst für 2 Portionen:

300 g Kartoffeln · 1 Zucchini
2 Fischfilets (z. B. Seelachs, Kabeljau) mit jeweils 100 g
2 Esslöffel Zitronensaft
Salz, Pfeffer
viele frische Kräuter
Alufolie
Salz, Pfeffer
1 Teelöffel Olivenöl

Koche die Kartoffeln in einem Topf. Frage deine Eltern, wie lange deine Kartoffeln kochen müssen. Lass sie auskühlen und schäle sie. Schneide sie in Scheiben. Schneide auch die Zucchini in Scheiben.

Während die Kartoffeln kochen, kannst du den Fisch »verpacken«. Heize zuerst das Backrohr auf 180 °C vor. Lege jeweils ein Fischfilet auf ein großes Stück Alufolie, würze es mit Zitronensaft, Salz und Pfeffer und gib viele frische gehackte Kräuter dazu.
Verschließe die Alufolie zu dichten Päckchen. Lege diese Päckchen auf ein Backblech und schiebe sie ins Rohr. Lass den Fisch ca. 20 Minuten garen.

Lass eine beschichtete Pfanne heiß werden, gib das Olivenöl hinein und brate die Kartoffel- und Zucchinischeiben darin kurz an. Würze mit Salz und Pfeffer.

Wenn die Fische fertig sind, lass dir helfen, die Päckchen aus dem Rohr zu nehmen, sie sind sehr heiß! Du kannst die Fischfilets entweder auspacken und anrichten oder die geschlossenen Päckchen auf einem Teller mit dem Gemüse servieren! Auf jeden Fall verströmen die geöffneten Päckchen durch die Kräuter einen herrlichen Duft! Mahlzeit!

Pro Portion: 243 kcal, 4 g Fett

Wochenprotokoll

Tag	**Essen**	**Bewegung**
1. Tag		
2. Tag		
3. Tag		
4. Tag		
5. Tag		
6. Tag		
7. Tag		

Übertrage die Smileys (Essen jeweils entweder ein grünes oder rotes und Bewegung max. 3 grüne Smileys) von den ersten sieben Tagen in diese Wochenübersicht. Bilde die Wochensumme an grünen und roten Smileys (Essen und Bewegung) und ziehe die roten von den grünen ab (orange Smileys zählen nicht).

Schreib auch dein Gewicht am Ende dieser Woche auf.

Anzahl ☺ (grün)	
minus ☺ (rot)	
=	

Meine Gewicht am Ende der Woche:

Wochenbeurteilung:
Hier darfst du ein großes grünes Smiley einkleben, wenn die Woche positiv war (wenn du mehr grüne als rote Smileys hast).

Einheit 15

Leistungskurve

Hast du schon einmal bemerkt, dass du nicht den ganzen Tag über gleich fit und munter bist?

Wann kannst du dich besonders gut konzentrieren, wann bist du eher müde und schlaff und wann fühlst du dich sehr gut?

Hier kannst du deine Tageskurve einzeichnen. Wenn du dich gut fühlst, mache einen Punkt ganz oben, wenn du müde bist oder dich schlecht fühlst einen Punkt weiter unten.
Am Ende des Tages verbindest du die Punkte und betrachtest deine Leistungskurve. Hat deine Leistungskurve auch etwas damit zu tun, was du isst? Was glaubst du?

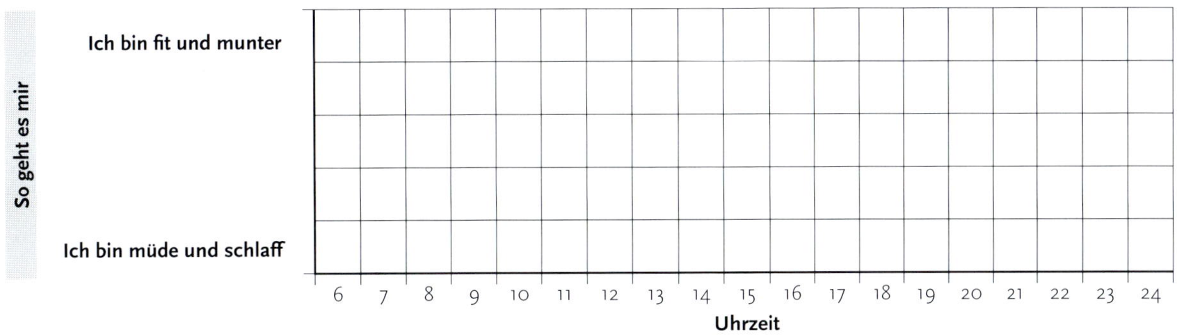

Mein optimaler Tagesspeiseplan

Hier kannst du mit deinen Eltern einen für dich tollen Speiseplan für einen Tag erstellen. Deine Eltern haben in ihrem Buch eine Anleitung, wie ein besonders guter Speiseplan aussehen könnte.

Du hast sicher bestimmte Lebensmittel, die du gerne isst. Versucht gemeinsam, den goldenen Mittelweg zu finden und einen Speiseplan auszuarbeiten, der für dich gut ist und auch deine Lieblingslebensmittel enthält.

Mahlzeit	Uhrzeit	Speise
Frühstück		
Vormittag		
Mittag		
Nachmittag		
Abend		

Koordinationstraining

Du trainierst mittlerweile schon deine Ausdauer und deine Muskeln. Jetzt kommt als letztes noch ein weiterer Trainingsschwerpunkt dazu: die Koordination. Koordination wird die Zusammenarbeit von Gehirn und Muskeln genannt. Damit sich die Muskeln bewegen, muss das Gehirn entsprechende Befehle aussenden, die über die Nerven weitergeleitet werden. Diese Befehlsweitergabe kann gut oder schlecht funktionieren. Bei jemandem, der sehr ungeschickt ist, funktioniert sie schlecht. Man kann die Koordination aber ebenfalls trainieren, das wollen wir ab heute tun. Du wirst sehen, Koordinationstraining macht besonders großen Spaß!

Bei diesem Training unterstützt dich die Katze. Mach ein Mal pro Woche die Übungen von »Geschickt wie die Katze« (siehe Plakat). Im Buch deiner Eltern ist der Trainingsplan.

Verhaltenstipps

- Ich esse 5 kleine Mahlzeiten pro Tag.
- Wir gestalten in der Familie gemeinsam den Speiseplan.

Wochenprotokoll

Tag	Essen	Bewegung
1. Tag		
2. Tag		
3. Tag		
4. Tag		
5. Tag		
6. Tag		
7. Tag		

Übertrage die Smileys (Essen jeweils entweder ein grünes oder rotes und Bewegung max. 3 grüne Smileys) von den ersten sieben Tagen in diese Wochenübersicht. Bilde die Wochensumme an grünen und roten Smileys (Essen und Bewegung) und ziehe die roten von den grünen ab (orange Smileys zählen nicht).

Schreib auch dein Gewicht am Ende dieser Woche auf.

Anzahl ☺

minus ☺

=

Meine Gewicht am Ende der Woche:

Wochenbeurteilung:
Hier darfst du ein großes grünes Smiley einkleben, wenn die Woche positiv war (wenn du mehr grüne als rote Smileys hast).

Selbstkontrolltraining

Es gibt immer wieder Situationen, in denen du zum Essen »verführt« wirst, obwohl du gar nicht hungrig bist. Wenn du das weißt, kannst du deine Selbstkontrolle trainieren. Du hast hier einige Möglichkeiten, die im Buch deiner Eltern genauer beschrieben sind:

- Gedankenstopp: »Habe ich Hunger und Lust auf ein Bonbon, weil mir langweilig ist?
- Ablenken: »Ich habe Lust auf ein Bonbon, weil mir langweilig ist. Da wäre es doch viel besser, Oma zu besuchen.«
- Nein-Sagen: »Nein, danke, ich möchte kein Bonbon!«
- Einen besseren Ersatz suchen: »Nein, ich möchte kein Bonbon, aber kann ich bitte einen Kaugummi haben?«
- Bewegung als Ausgleich: »Ich esse fünf Bonbons, dafür gehe ich danach zu Fuß zu meinem Freund.«

Überlege dir, was du in folgenden schwierigen Situationen denken oder sagen könntest. Du kannst es in die rechte Spalte schreiben.

Schwierige Situation	Das könntest du denken oder sagen
Du bekommst am Nachmittag große Lust auf Schokolade.	
Du gehst am Nachhauseweg an einem Lebensmittelgeschäft vorbei und bekommst Lust auf Süßigkeiten.	
Am Nachmittag gibt es Limonade.	
Oma legt mir beim Geburtstagsfest ein 2. Stück Kuchen auf den Teller.	

Rollenspiele zum Selbstkontrolltraining

Spiele mit deinen Eltern Rollenspiele. Einer von euch ist derjenige, der den anderen zum Essen »verführen« möchte, der andere soll versuchen, sich nicht verführen zu lassen. Tauscht die Rollen!

Folgende »Verführungen« könnt ihr verwenden, ihr könnt euch aber auch eigene einfallen lassen.

»Ich weiß, dass Marmorkuchen dein Lieblingskuchen isst. Komm, ich gebe dir ein Stück!«

»Bei uns gibt es heute Hamburger zum Abendessen. Bleib da, iss mit uns!«

»Ich habe extra für dich diese Kekse gekauft. Lass sie dir gut schmecken!«

»Man sieht dir an, dass du schon abgenommen hast. Da kannst du ja wohl jetzt diesen Schokoriegel essen, den ich dir mitgebracht habe!«

Training

Dein Training ist jetzt voll im Gang. Pferd, Bär und Katze begleiten dich und deine Eltern haben den genauen Trainingsplan.

Verhaltenstipps

- Wann immer sich die Möglichkeit bietet, übe ich meine Selbstkontrolle: den Gedankenstopp, das Ablenken, das Nein-Sagen, das Suchen nach einem geeigneten Ersatz und Bewegung als Ausgleich.
- Ich fertige einige Stopp-Schilder an und klebe sie an »gefährliche Orte« (z. B. Kühlschrank, Naschlade).
- Ich esse über den Tag verteilt 5 kleine Mahlzeiten. Damit bekomme ich keinen Heißhunger und das Nein-Sagen fällt mir leichter.

Wochenprotokoll

Tag	Essen	Bewegung
1. Tag		
2. Tag		
3. Tag		
4. Tag		
5. Tag		
6. Tag		
7. Tag		

Übertrage die Smileys (Essen jeweils entweder ein grünes oder rotes und Bewegung max. 3 grüne Smileys) von den ersten sieben Tagen in diese Wochenübersicht. Bilde die Wochensumme an grünen und roten Smileys (Essen und Bewegung) und ziehe die roten von den grünen ab (orange Smileys zählen nicht).

Schreib auch dein Gewicht am Ende dieser Woche auf.

Anzahl 😊

minus 😊

=

Meine Gewicht am Ende der Woche:

Wochenbeurteilung:
Hier darfst du ein großes grünes Smiley einkleben, wenn die Woche positiv war (wenn du mehr grüne als rote Smileys hast).

Einheit 17

Ernährungspyramide

Milch, Jogurt, Buttermilch, Quark (Topfen) und Käse benötigst du, damit deine Knochen und Zähne stark bleiben.

Male in der Lebensmittelpyramide alle Milch und Milchprodukte bunt aus!

Ampelliste

Manche Milchprodukte enthalten viel Fett oder Zucker. Sie sind deshalb weniger gut geeignet. Welche Milchprodukte isst du gerne? In welche Spalte würdest du sie einordnen? Fallen dir bessere Möglichkeiten ein?

grün	orange	rot

Training

Dein Training mit Pferd, Bär und Katze geht munter weiter. Den genauen Trainingsplan haben wieder deine Eltern in ihrem Buch.

Verhaltenstipps

- Ich versuche, zwei Portionen Milch, Jogurt, Buttermilch, Quark (Topfen) oder Käse pro Tag zu essen.
- Wann immer es möglich ist, greife ich bewusst zu Magermilch, fettarmem Jogurt und Käse mit weniger Fett.

Schokocreme mit Fruchtspieß

Für 4 Portionen brauchst du:

1 Kiwi · 250 ml Magermilch
1/2 Pkg. Puddingpulver Schokoladengeschmack
1 Esslöffel Zucker · 1 Rippe Bitterschokolade
250 g Quark (Topfen) · 60 ml Mineralwasser
2 Stk. Erdbeeren · 3 Stk. Brombeeren · 1 Bananenscheibe
1 kleines Stück Aprikose (Marille) · 1 kleines Stück Ananas

Püriere die Kiwi mit einem Stabmixer und fülle die Masse in 4 Cocktailgläser.

Für die Schokocreme musst du aus Milch, Puddingpulver und Zucker nach Packungsanleitung einen Pudding zubereiten und überkühlen lassen. Bitte deine Eltern um Hilfe.

In der Zwischenzeit kannst du die Bitterschokolade im Wasserbad schmelzen lassen.

Quark (Topfen) mit Mineralwasser gut verrühren und gemeinsam mit der Schokolade unter den Pudding rühren.

Gib nun die Schokocreme auf das Kiwipüree. Steck die Fruchtstücke auf einen Holzspieß und leg sie über die Schokocreme.

Pro Portion: 145 kcal, 1 g Fett

Wochenprotokoll

Tag	Essen	Bewegung
1. Tag		
2. Tag		
3. Tag		
4. Tag		
5. Tag		
6. Tag		
7. Tag		

Übertrage die Smileys (Essen jeweils entweder ein grünes oder rotes und Bewegung max. 3 grüne Smileys) von den ersten sieben Tagen in diese Wochenübersicht. Bilde die Wochensumme an grünen und roten Smileys (Essen und Bewegung) und ziehe die roten von den grünen ab (orange Smileys zählen nicht).

Schreib auch dein Gewicht am Ende dieser Woche auf.

Anzahl ☺

minus ☺

=

Meine Gewicht am Ende der Woche:

Wochenbeurteilung:
Hier darfst du ein großes grünes Smiley einkleben, wenn die Woche positiv war (wenn du mehr grüne als rote Smileys hast).

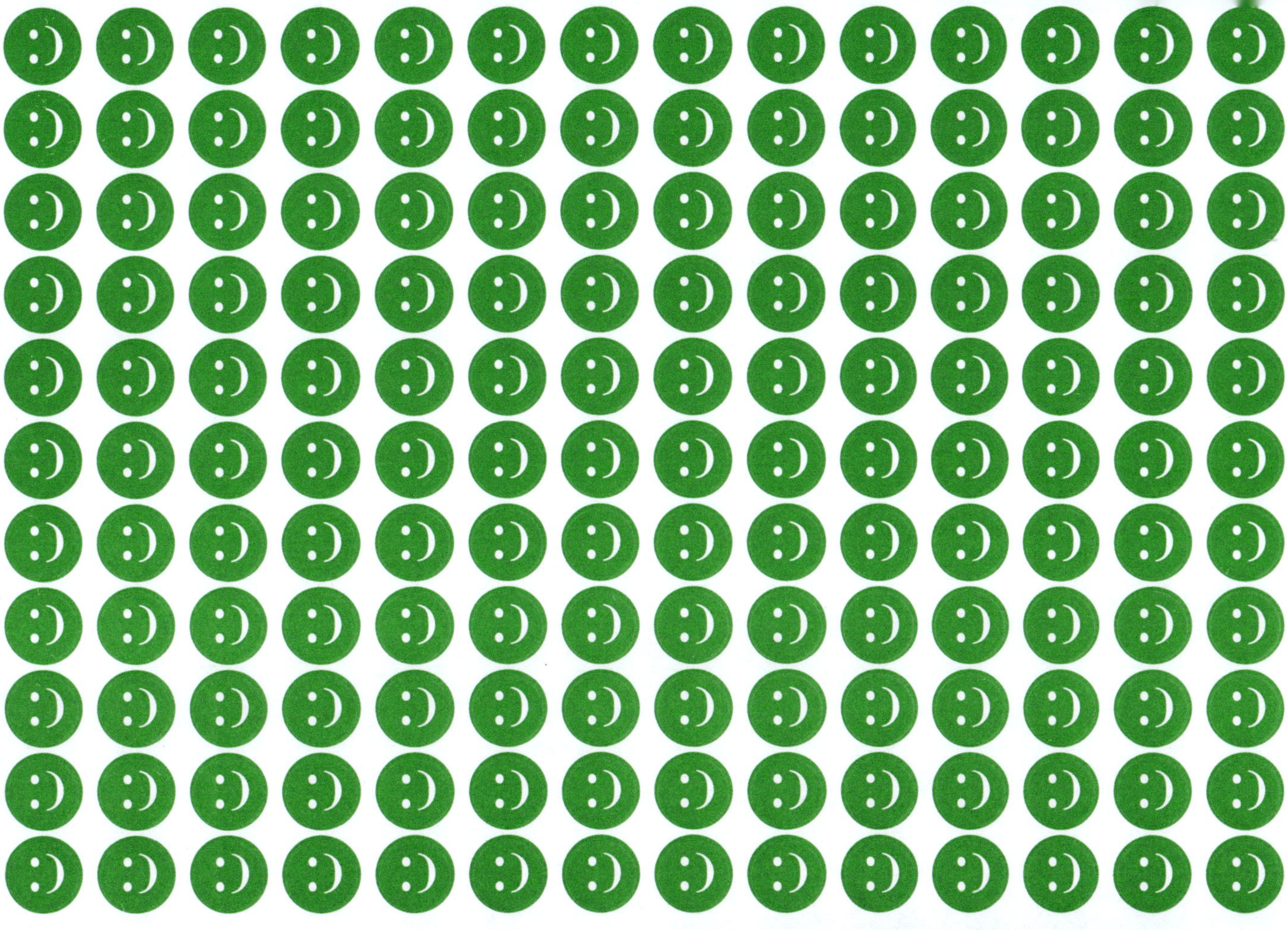

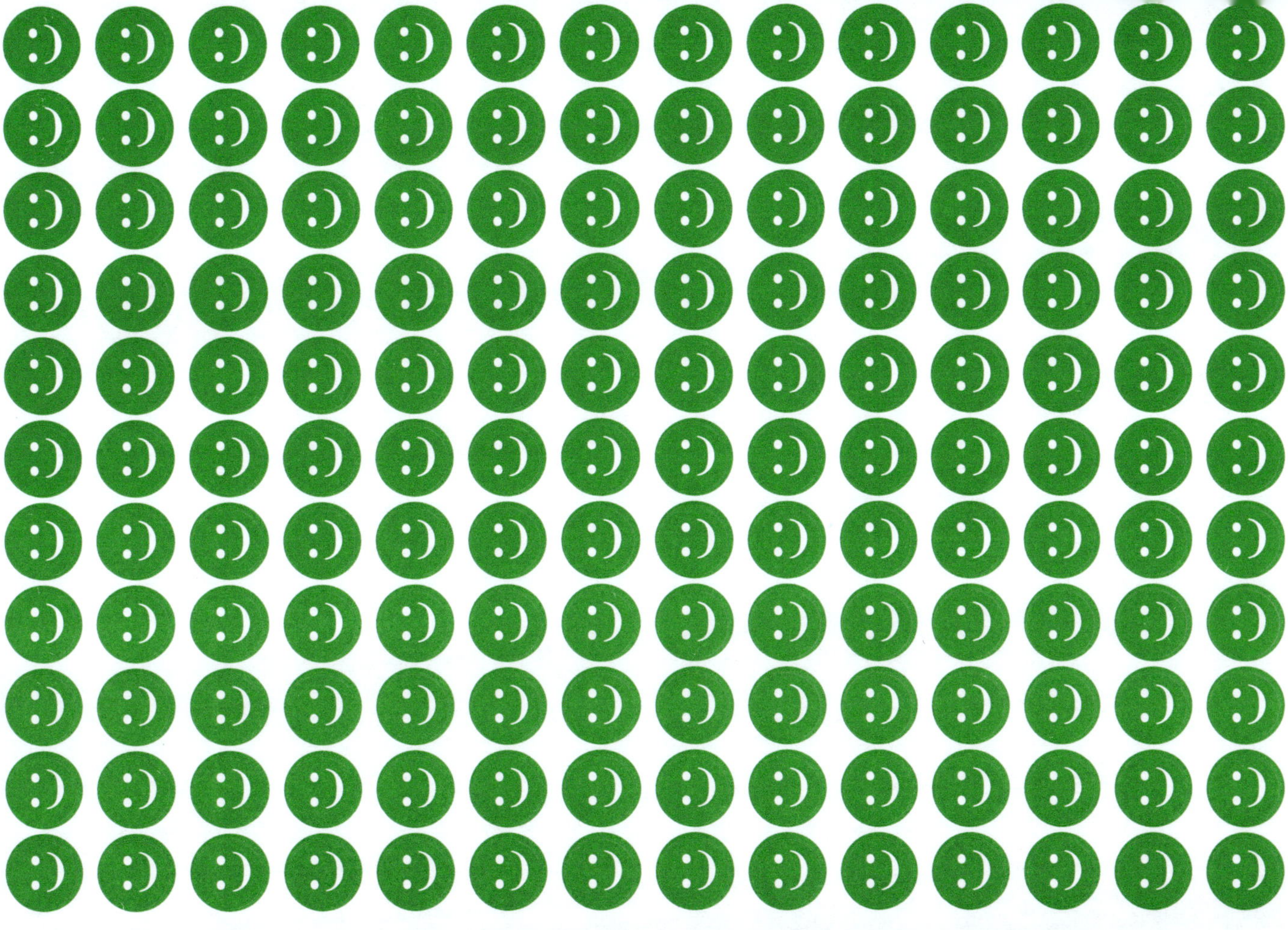

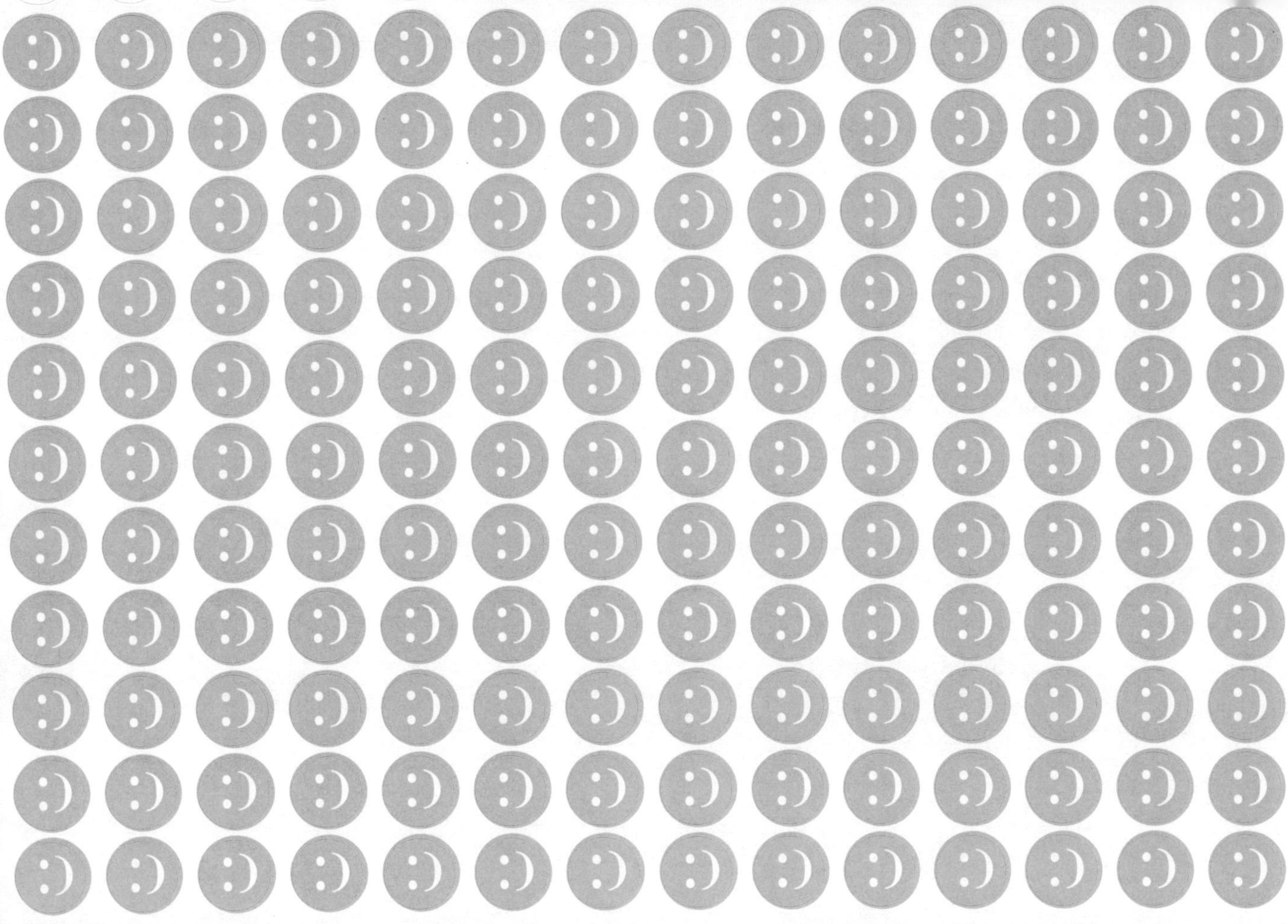

Einheit 18

Was ist für mich schwierig?

Du hast schon sehr viele schöne Erfolge gehabt. Du isst bestimmt andere Dinge als früher und wahrscheinlich bewegst du dich jetzt viel mehr als zu Beginn deiner Reise. Aber Achtung! Auf dem Weg lauern immer wieder Gefahren: Süßigkeitengeschäft auf dem Nachhauseweg, der Weihnachtsbaum, der mit Schokolade geschmückt ist, ...

Wenn du nämlich weißt, wo Gefahren lauern, hast du einen entscheidenden Vorteil: Sie stürzen nicht plötzlich und unerwartet auf dich und du kannst dich schon vorher gegen sie wappnen!

Erinnere dich auch an das Training zur Selbstkontrolle in Einheit 16 (Nein-Sagen, andere Möglichkeiten suchen, Bewegung als Ausgleich)!

Welche Gefahrensituationen fallen dir noch ein? Schreib sie auf! Überlege dir, wie du die Gefahrensituationen, die du aufgeschrieben hast, entschärfen kannst, welche »Waffen« du dagegen hast!

Gefahrensituation	Meine »Waffen«

So kann ich mich schützen

Auch wenn du noch so gut gewappnet bist, es wird ganz bestimmt vorkommen, dass du einmal scheiterst, einen Misserfolg hast; dass du dir zum Beispiel ganz fest vornimmst, keine Torte zu essen und dann doch nicht widerstehen kannst.

Lass dich von solchen Rückschlägen aber nicht entmutigen! Im Gegenteil, du kannst sie dir zunutze machen und daraus lernen! Überlege dir als erstes, wie es zu dem Rückfall gekommen ist. Hast du zu wenig deutlich »Nein« gesagt? Ist dir kein guter Ersatz eingefallen? War deine Lust auf Schokolade so groß, dass du nicht widerstehen konntest?

Denke darüber nach, was du beim nächsten Mal anders machen könntest! Könntest du dich in Zukunft besser auf Gefahrensituationen vorbereiten? Davor schon Rad fahren gehen und dann ein Stück Kuchen genießen? Oder deutlicher »Nein« sagen, damit du auch wirklich ernst genommen wirst? Schreib deine Überlegungen auf!

Training

Dein Training mit Pferd, Bär und Katze geht weiter. Den genauen Trainingsplan haben deine Eltern in ihrem Buch.

Mein Rückfall (Was? Wann? In welcher Situation?)	Wie ist es dazu gekommen?	Was kann ich beim nächsten Mal anders machen?

Verhaltenstipps

- Wenn ich weiß, dass ich bald in eine Risikosituation komme, bereite ich mich darauf vor: Ich überlege mir schon vorher, was ich in der Situation tun und sagen könnte.
- Sollte ich einmal einen Rückfall erleiden, denke ich sofort an die vielen Erfolge, die ich schon hatte.
- Nach einem Misserfolg überlege ich mir, wie er zustande gekommen ist und was ich das nächste Mal anders machen könnte.
- Ich lasse mich von einem Misserfolg nicht entmutigen! Ich weiß, dass ich nur aufstehen muss und meine Reise zum Wohlfühlgewicht fortsetzen kann.

Wochenprotokoll

Tag	Essen	Bewegung
1. Tag		
2. Tag		
3. Tag		
4. Tag		
5. Tag		
6. Tag		
7. Tag		

Übertrage die Smileys (Essen jeweils entweder ein grünes oder rotes und Bewegung max. 3 grüne Smileys) von den ersten sieben Tagen in diese Wochenübersicht. Bilde die Wochensumme an grünen und roten Smileys (Essen und Bewegung) und ziehe die roten von den grünen ab (orange Smileys zählen nicht).

Schreib auch dein Gewicht am Ende dieser Woche auf.

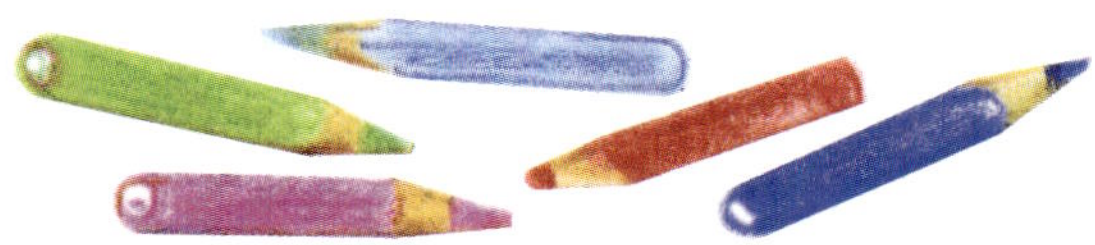

Anzahl 😊 (grün)

minus 😊 (rot)

=

Meine Gewicht am Ende der Woche:

Wochenbeurteilung:
Hier darfst du ein großes grünes Smiley einkleben, wenn die Woche positiv war (wenn du mehr grüne als rote Smileys hast).

Einheit 19

Vergleich des Ernährungs- und Bewegungsverhaltens, zu Beginn und jetzt

Kannst du dich noch an den Beginn deiner Reise erinnern? Du hast damals drei Bögen ausgefüllt, mit denen du deinen damaligen Ist-Zustand dargestellt hast. Du hast eingekreist, welche Lebensmittel und Speisen du damals gerne und oft gegessen hast, aus welchen Gründen und mit welchen Gefühlen du viele Dinge gegessen hast und welche Bewegung du ganz zu Beginn gemacht hast.

Kreise in der Ernährungspyramide ein, was du gerne und oft isst. Mach den Kreis umso größer, je mehr du von dem jeweiligen Lebensmittel oder der Speise isst!

Bis jetzt hat sich sicher sehr viel verändert. Du hast ja sehr viel gelernt und ganz viel von dem Gelernten in die Tat umgesetzt. Damit du ganz genau erkennen kannst, was sich alles verbessert hat, sollst du jetzt die drei Bögen noch einmal ausfüllen.

Kreise nun auf diesem Blatt ein, aus welchen Gründen du Sachen isst, die du gerne und oft verspeist, und welche Gefühle du dabei hast.

»Weil es mir gut schmeckt.«

»Weil es gesund ist.«

»Wenn ich traurig bin.«

»Wenn mir fad ist.«

»Weil meine Eltern wollen, dass ich das esse.«

»Beim Fernsehen oder Computerspielen.«

»Wenn ich Angst habe.«

»Wenn ich gestresst bin.«

»Wenn ich alleine bin.«

»Weil ich das immer esse.«

Unterstreiche, welche Arten von Bewegung du gerne machst. Wenn du etwas oft und lange machst, dann mach einen dicken Strich darunter, wenn du etwas seltener tust, einen dünnen Strich!

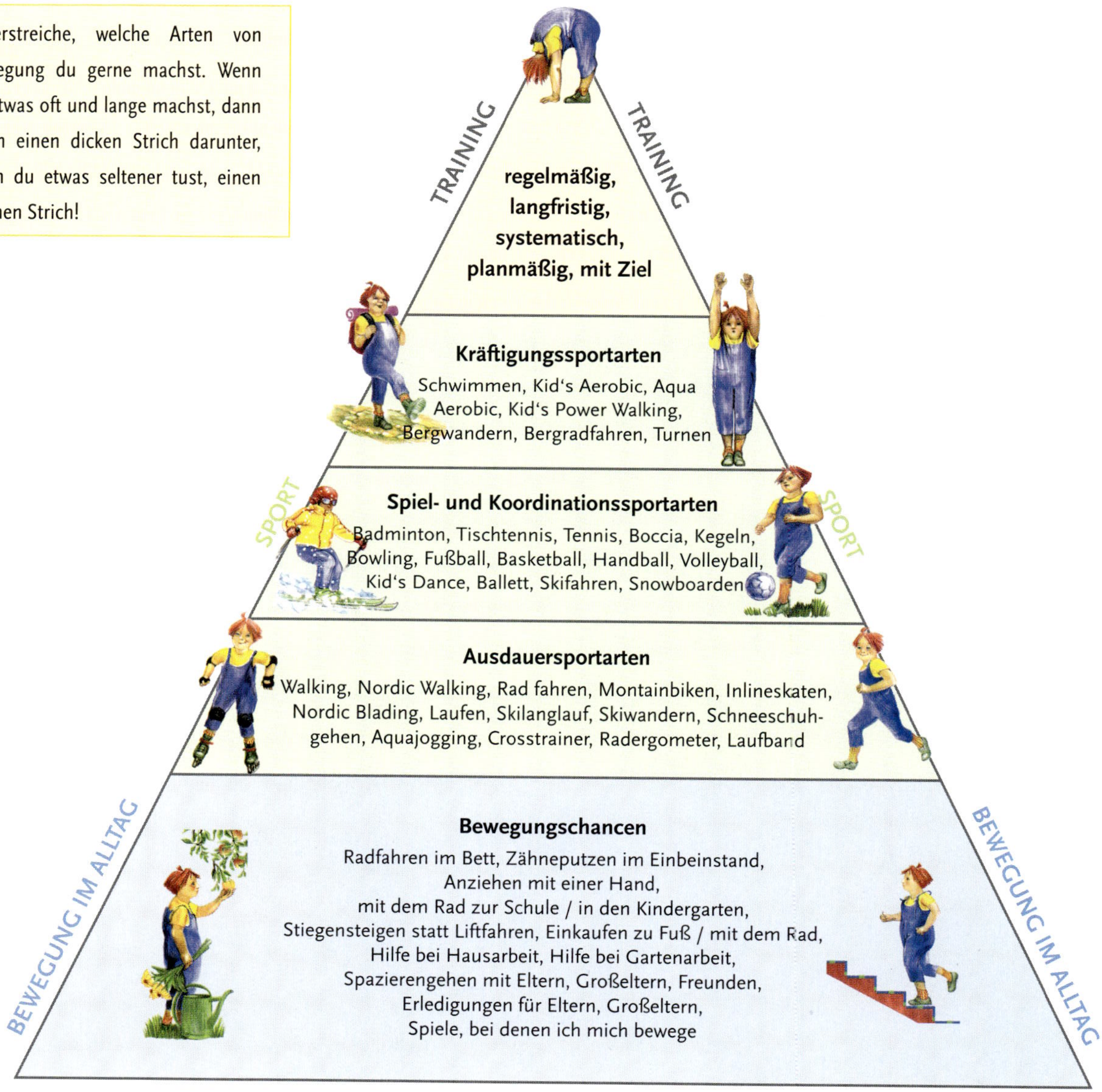

Training

Auch wenn das Programm jetzt fertig ist, das Training geht weiter. Hör nicht auf zu trainieren, es wäre schade um die Erfolge, die du schon erreicht hast! Den genauen Trainingsplan für diese Woche haben deine Eltern in ihrem Buch, du kannst anhand dieses Plans auch nach dem Programm weitertrainieren.

Verhaltenstipps

- Ich freue mich über die vielen tollen Veränderungen, die ich auf meiner Reise umsetzen konnte!
- Den Weg, den ich eingeschlagen habe, will ich unbedingt weiter gehen. Ich versuche, die Verbesserungen beim Essen und bei der Bewegung beizubehalten.
- Wenn ich in Zukunft Schwierigkeiten habe, lese ich in meinem Reiseführer (also in diesem Buch) nach, oder ich frage meine Eltern um Rat.

Einheit 20

Was hat sich verbessert?

Mache eine Gedankenreise. Denke an die zurückliegenden Wochen, in denen du deine Reise zu deinem Wohlfühlgewicht gemacht hast. Denke daran, wie es ganz zu Beginn war. Wie hast du dich damals gefühlt? Wie fühlst du dich heute? Was hat sich verändert? Was ist besser geworden?

> **Hier kannst du ankreuzen und aufschreiben, was sich verändert hat. Wenn es dir einmal schwer fällt, deine Reise fortzusetzen, kannst du hier nachlesen und dir Kraft holen.**

Das alles hat sich verbessert:

- ❏ Ich komme nicht mehr so schnell außer Atem, wenn ich schnell gehe, Stiegen steige, ...
- ❏ Ich werde nicht mehr gehänselt.
- ❏ Ich gefalle mir jetzt besser.
- ❏ Ich kann endlich Kleidung tragen, die mir besonders gut gefällt.
- ❏ Ich bin stolz auf mich, weil ich so viel geschafft habe.
- ❏ Ich esse viele Dinge jetzt gerne, die ich früher nicht so besonders mochte.
- ❏ Ich nutze jetzt viele Bewegungschancen.
- ❏ Ich bin richtig sportlich geworden.

Wie soll es weitergehen? Brief an mich selbst

Du weißt schon, dass deine Reise heute nicht zu Ende ist, sondern dass du dich weiterhin bemühen musst, um dein Wohlfühlgewicht zu erreichen oder zu halten.

Denke darüber nach, was du noch alles erreichen möchtest. Nimm ein Blatt Papier und schreib einen Brief an dich selbst, in den du ganz genau hineinschreibst, welche Ziele du noch vor Augen hast.

Du könntest z. B. schreiben: »Ich möchte jeden Tag 5-mal Obst und Gemüse essen.« oder »Ich möchte mir vor dem Urlaub eine Hose in Größe ____ kaufen.« oder »Ich möchte in einem Monat so viel Kondition haben, dass ich ohne Pause eine Stunde durchgehend Rad fahren kann.«

Wenn du fertig bist, gib diesen Brief deinen Eltern. Sie werden ihn für dich aufbewahren und ihn dir in 2 Monaten geben. Dann kannst du nachsehen, ob du deine Ziele erreicht hast.

Training

Auch wenn das Programm jetzt fertig ist, das Training geht weiter. Hör nicht auf zu trainieren, es wäre schade um die Erfolge, die du schon erreicht hast! Den genauen Trainingsplan für diese Woche haben deine Eltern in ihrem Buch, du kannst anhand dieses Plans auch nach dem Programm weitertrainieren.

Verhaltenstipps

- Ich weiß, dass meine Reise zu meinem Wohlfühlgewicht mit dem Ende des Programms nicht zu Ende ist. Ich versuche, das Gelernte auch weiterhin umzusetzen.
- Ich mache jeden Tag Bewegung im Alltag und auch eine Sportart oder Training.
- Ich versuche, möglichst viele Lebensmittel und Speisen aus den grünen Spalten zu essen.
- Wenn ich Lust auf Essen verspüre, überlege ich, ob ich wirklich Hunger habe oder aus einem anderen Grund essen möchte. Dann erinnere ich mich an die Übungen zur Selbstkontrolle.
- Wenn es mir einmal nicht so gut geht, denke ich daran, was ich schon alles geschafft habe.
- Wenn ich einen Rückfall erleide, versuche ich, gleich wieder in mein neu erlerntes Verhalten zurückzufinden.
- Wenn ich Probleme habe, spreche ich mit jemandem darüber, statt sie mit Essen »hinunterzuschlucken«.

Urkunde

____

(Name des Kindes)

hat höchst erfolgreich an Schlank ohne Diät für Kinder teilgenommen

und dabei großen Fleiß und enormes Durchhaltevermögen bewiesen.

Besonders gut kann er / sie jetzt:

____

____

____

(erworbene besondere Fähigkeiten eintragen)

____

(Datum und Unterschrift der Eltern)

Kiefer · Schwarz · Rathmanner · Tulzer · Kinzl · Kunze · Schoberberger

Schlank ohne Diät für Kinder

Bildnachweis: Illustrationen: Maria Martina Schmitt
Rezeptbilder: Peter Bàrci
Bewegungsbilder: Fotostudio Wilke

ISBN 5 bis 8 Jahre: ISBN 10: 3-7088-0369-8
ISBN 13: 978-3-7088-0369-2

ISBN 9 bis 14 Jahre: ISBN 10: 3-7088-0370-1
ISBN 13: 978-3-7088-0370-8

© Firmensitz: Kneipp-Verlag GmbH, Kunigundenweg 10, A-8700 Leoben

Autoren: Univ.-Doz. Dr. Ingrid Kiefer
Mag. Dr. Werner Schwarz
Mag. Theres Rathmanner
Univ.-Doz. Dr. Gerald Tulzer
Univ.-Prof. Dr. Johann Kinzl
Univ.-Prof. Dr. Michael Kunze
Univ.-Prof. Dr. Rudolf Schoberberger

Lektorat: Mag. (FH) Martina Raffler, Kneipp-Verlag

Layout, technische Bearbeitung: Martin Jurkowitsch, Kneipp-Verlag

Druck: Theiss GmbH, A-9431 St. Stefan

1. Auflage Leoben, August 2006

ohne Diät
Schlank für Kinder

Programmbuch für Eltern

Inhalt

Vorwort

Freizeit- und Konsumgewohnheiten unterliegen ständigen Veränderungen. Nicht immer steht das im Einklang mit unserer Gesundheit und dem psychischen Wohlbefinden. Seit einigen Jahren beobachten Wissenschaftler, dass durch ungünstiges Ernährungsverhalten und mitunter durch ein Zuwenig an körperlicher Bewegung bei einer zunehmenden Anzahl der Bevölkerung ein gesundheitsriskanter Lebensstil entstanden ist. Gesundheitsverhalten einerseits oder Risikoverhalten andererseits entsteht oft schon im Kindes- und Jugendalter und wird im Erwachsenenalter beibehalten.

Vor allem durch ungesunde Ernährung und zu wenig Bewegung wird heute in der industrialisierten Welt jedes vierte Kind als zu dick eingestuft. Setzt sich allerdings der Trend der letzten Jahre fort, wird im Jahr 2010 nahezu die Hälfte aller Kinder übergewichtig sein.

Kinder verbringen ihre Freizeit heute eher vor dem Bildschirm als mit sportlichen Aktivitäten und sind mit diversen elektronischen Spielen oder Fernsehen beschäftigt. Eine amerikanische Studie fand heraus, dass eine Stunde vor dem TV-Gerät die Kinder zur Aufnahme von 167 zusätzlichen Kalorien in Form von Fast Food oder Süßigkeiten verführt. Der bei dieser Art von Freizeitgestaltung entstehende Mangel an körperlicher Betätigung hat zusätzlich negative Einflüsse, vor allem auf das psychische Wohlbefinden. Derart negative Gefühle lösen oft wieder Essverhalten aus, mit der Hoffnung, dass es einem dann etwas »besser geht«. Ein Kreislauf ist entstanden, der sehr leicht dazu beiträgt, dass Kinder übergewichtig werden.

Auf diese und ähnliche Aspekte nimmt das Schlank-ohne-Diät-Programm für Kinder Rücksicht. Es geht nicht darum, dem Kind ein »gesundes Essverhalten« aufzuzwingen oder es zur körperlichen Aktivität zu nötigen. Vielmehr sollen durch das Erkennen von ungünstigen Ernährungs- und Bewegungsgewohnheiten die Kinder selbst motiviert werden, sich schrittweise zu verändern. Die dazu notwendigen Unterlagen stehen mit dem vorliegenden Buch und dem dazugehörigen Praxisbuch zur Verfügung. Ohne die Hilfe von Eltern oder anderer wichtiger Bezugspersonen und ohne Unterstützung von Experten, die gerade am Beginn der Schlank-ohne-Diät-Methode Eltern und Kinder in wichtige Prinzipien des Programms einführen können, wird es nur schwer gelingen.

Wie auch beim gleichlautenden Erwachsenensystem handelt es sich um ein Lernprogramm. Das Bearbeiten verschiedener Schwerpunkte und die zum Teil schriftliche Kontrolle des eigenen Handelns werden allmählich dazu führen, dass Kinder daran Freude gewinnen, sich günstiger zu ernähren und mehr zu bewegen. Die dabei erzielten Erfolge – sei es, dass man nur Gewicht halten oder abnehmen möchte – spornen dazu an, das »Erlernte« aufrechtzuerhalten, auch wenn die »aktive Phase« des Programms bereits beendet ist. Schlank ohne Diät hört also nicht nach einer bestimmten Zeit wieder auf, sondern wird gelernt, um es auch in Zukunft umzusetzen. Und das ohne Zwang von außen oder selbstauferlegtem Druck.

Zu Maßnahmen zur Gesundheitsförderung kann man niemanden – und schon gar nicht Kinder – zwingen. Daher ist es notwenig, sich den individuellen Bedürfnissen der Betroffenen anzupassen. Man wird also gut beraten sein, den angegebenen Ablauf und Umfang des Schlank-ohne-Diät-Programms für Kinder als Vorschlag zu betrachten, der mitunter auf einzelne Kinder oder Kindergruppen angepasst werden kann. So können Kinder durchaus auch erfolgreich sein, wenn sie nicht die Möglichkeit haben, das Programm im ganzen Umfang zu durchlaufen oder die einzelnen Einheiten nicht in einem »Durchgang« sondern mit auch längeren »Pausen« absolvieren.

In jedem Fall spielen aber jene Personen, die das betroffene Kind beim Programm unterstützen, meist die Eltern, eine ganz wichtige Rolle. Nicht nur, dass einzelne Einheiten ohne Hilfe der Eltern gar nicht durchzuführen wären, die Bezugspersonen haben auch die wichtige Aufgabe, Motivationsarbeit zu leisten. Gerade Kinder brauchen Lob und Belohnung, wenn Ziele erreicht wurden – und das Verständnis, dass bei weniger gutem Fortschritt im Schlank-ohne-Diät-Programm nicht gleich getadelt wird.

Schlank ohne Diät für Kinder ist ein wissenschaftlich fundiertes, auf Verhaltensmodifikation basierendes Gewichtsreduktionsprogramm. Kindern gelingt es damit, auf spielerische Art und Weise abzunehmen oder ihr Gewicht zu halten, ohne auf etwas ausdrücklich verzichten zu müssen bzw. zu Verhaltensweisen gezwungen zu sein, die ihnen keine Freude machen. Dadurch wird es gelingen, diesen, durch Schlank ohne Diät etwas veränderten Lebensstil auch im Erwachsenenalter beizubehalten und dazu beizutragen, Gesundheit und Wohlbefinden auch im späteren Leben zu fördern.

Univ.-Prof. Dr. Rudolf Schoberberger

Was ist Schlank ohne Diät für Kinder?

Einstellung, Ernährung, Bewegung und Verhalten sind die vier Komponenten, auf denen dieses Gewichtsreduktionsprogramm basiert. Konzipiert ist dieses Programm für Kinder und Jugendliche der Altersstufen 5 – 8 sowie 9 – 14 Jahre.

Einleitung

Übergewicht und Fettsucht (Adipositas) betreffen längst nicht mehr nur Erwachsene, sondern in zunehmendem Ausmaß auch Kinder und Jugendliche. Neben den psychischen Problemen, wie vermindertes Selbstwertgefühl und Hänseleien durch andere Kinder, stellt Übergewicht auch schon in dieser Altersgruppe ein medizinisches Problem dar.

Es ist notwendig und auch besonders sinnvoll, die Therapie des Übergewichts bereits bei Kindern zu beginnen. Zum einen deshalb, weil mehr als drei Viertel aller übergewichtigen Kinder auch im Erwachsenenalter übergewichtig bleiben und »Alterserkrankungen« wie Typ-2-Diabetes und Herz-Kreislauf-Erkrankungen auch schon bei jungen Übergewichtigen beobachtet werden.

Zum anderen sind Kinder äußerst wissbegierig und aufnahmefähig für Informationen rund um Ernährung. Grundsätzlich ist es auch einfacher, Übergewicht zu verhindern, als bestehendes Übergewicht mühsam zu behandeln – nach dem Prinzip »je früher, desto besser«. Das Ernährungsverhalten ist schwierig zu beeinflussen, besonders wenn es sich schon durch Gewohnheiten verfestigt hat. Der Mensch ist kein Instinktwesen und nicht genetisch festgelegt, er ist eher durch Gewohnheiten »festgelegt«. Aus diesem Grund ist es wichtig, so früh wie möglich, mit Hilfe von Schlank ohne Diät für Kinder, den Kindern und Jugendlichen zu einer erfolgreichen Gewichtsreduktion zu verhelfen.

Was ist Schlank ohne Diät?

Schlank ohne Diät für Kinder ist ein wissenschaftliches, interdisziplinäres Gewichtsreduktionsprogramm, das auf neuesten Erkenntnissen aus Medizin, Ernährungswissenschaft, Sportwissenschaft und Gesundheitspsychologie aufbaut und 4 wesentliche Komponenten enthält:

Einstellung

Ernährung | Bewegung

Verhalten

Das neue Schlank ohne Diät für Kinder wurde in Zusammenarbeit mit führenden Experten entwickelt. Das Programm können Eltern mit ihren Kindern durchführen, aber auch spezielle Schlank-ohne-Diät-Kindertherapeut/-innen in Form von Einzel- oder Gruppenberatung. Informationen dazu finden Sie unter www.sod.at sowie unter www.schlankohnediaet.com.

Das Buch richtet sich an die Betreuungspersonen und beinhaltet eine Reihe von wichtigen Informationen. So werden die möglichen Ursachen für die Entstehung des Übergewichtes, aber auch die körperlichen und seelischen Auswirkungen beschrieben. Zusätzlich gibt es wichtige Ernährungs- und Bewegungsinformationen und ein spezielles Kapitel über Essstörungen.

Im zweiten Teil gibt es dann eine genaue Anleitung für 20 Einheiten, was und wie mit den Kindern erarbeitet, erklärt und spielerisch gelernt werden soll. Für die Kinder gibt es dazu eine spezielles Arbeitsheft.

Das Programm ist für Kinder und Jugendliche der Altersstufen 5 – 8 sowie 9 – 14 Jahre konzipiert. Auf altersangepasste Art und Weise werden spielerisch Ernährungsinformationen vermittelt, Verhaltensmuster erörtert und neue erarbeitet. Auch auf die emotionale Situation wird eingegangen.

In kleinen realistischen Schritten lernt Ihr Kind einen neuen Lebensstil. Jugendliche über 14 Jahre können durchaus das Programm »Schlank ohne Diät« (siehe Seite 167) durchführen.

Das Programm basiert auf den wissenschaftlichen Ansprüchen einer professionellen Therapie auf drei Ebenen: der kognitiven, der emotionalen sowie der aktionalen Ebene.

1. Kognitive Ebene = Wissensvermittlung

In 20 Einheiten werden Informationen sowohl für die Eltern/Betreuer von übergewichtigen Kindern als auch für die Kinder zu den Themen Entstehung von Übergewicht, Ernährung, Bewegung und vieles mehr vermittelt.

Beispiele:

Obst: Gesundheitliche Bedeutung des Obstkonsums, 5 Mal am Tag Obst und Gemüse, Zubereitungsarten, Einordnen von Obst in die Lebensmittelpyramide. **Süßigkeiten, Mehlspeisen, Knabberein:** Ernährungsinformationen: reich an Zucker, meist auch Fett, geringe Nährstoffdichte.

2. Emotionale Ebene

Bewusstes Erleben von beispielsweise Geschmack, Sättigung, mit Essen verbundenen Gefühlen; Motivation; Zieldefinition; Stärkung des Selbstwertgefühls; richtiger Umgang mit Lebensmitteln (Ablehnen).

Beispiele:

Obst: Genusstraining: langsames Essen verschiedener Obstsorten, bewusste Wahrnehmung des Geschmacks, vor allem der Geschmackskomponente süß. **Süßigkeiten, Mehlspeisen, Knabbereien:** Schokoladegenussübung (ein Stück Schokolade langsam im Mund schmelzen lassen), Erarbeitung von Alternativen (Ersatz von Süßem als Belohnung, als Trost, ...).

3. Aktionale Ebene

Praktische Übungen, Spiele, Kochtraining.

Beispiele:

Obst: Müsli zubereiten. **Süßigkeiten, Mehlspeisen, Knabbereien:** Zubereitung von fettreduzierten Süßspeisen (z. B. Pudding, Quarkcreme (Topfencreme),...).

Wichtig für das Programm Schlank ohne Diät für Kinder ist, dass die Kinder das eigene Ess- und Bewegungsverhalten analysieren, darauf aufbauend Schritt für Schritt das Eine oder Andere verändern und Woche für Woche kontrollieren, ob die Umstellung auch einen günstigen Einfluss auf das Körpergewicht und Wohlbefinden hat.

Kinder sollen nach Festhalten ihrer »Ausgangslage« bei einzelnen Mahlzeiten beurteilen, ob sie sich im Sinne einer vernünftigen Ernährungsumstellung »besser«, »schlechter« oder »so wie früher« verhalten haben. Wenngleich dabei die Eltern oder eine Betreuungsperson bei der Beurteilung helfen können, soll doch die Eigenverantwortung des Kindes gehoben werden. »Gut- und Schlechtpunkte« werden nach einer Woche addiert und mit dem Körpergewicht verglichen. Anders als bei den Erwachsenen muss jedoch nicht in jedem Fall eine Gewichtsreduktion das Ziel sein.

Besonderes Augenmerk wird auch auf die Bewegungsaktivitäten gelegt und Verhaltensregeln unterstützen die Übernahme neuer Ess- und Lebensstilgewohnheiten. Die Motivation zur Bewegung erfolgt auf vielfältige Art und Weise, so lernen Kindern viele Bewegungsaktivitäten kennen und bekommen genaue Anleitungen wie sie einzelne Übungen durchführen können. Außerdem werden sie motiviert, ihre Bewegungsaktivitäten im Alltag zu erhöhen und so ihren Energieverbrauch zu steigern.

Die Werte, Übungen und Trainingspläne in den gelben Kästen sind für Kinder von 5 – 8 Jahren, die grünen Kästen für Kinder von 9 – 14 Jahren.

Was ist Übergewicht?

Beobachtet man heute bewusst Kinder und Jugendliche auf Spielplätzen, im Schwimmbad oder in der Schule, so fällt auf, dass es eine »erhebliche« Anzahl von dicken Kindern gibt. Man hat auch den Eindruck, dass die Anzahl übergewichtiger Kinder in den letzten Jahren zugenommen hat. Diese Beobachtungen werden durch seriöse Untersuchungen leider bestätigt.

Die Häufigkeit von Überwicht hat in den letzten 20 Jahren deutlich zugenommen und gegenwärtig geht man davon aus, dass bei uns etwa 15 – 18 % der Kinder und Jugendlichen zu dick sind. Wenn man jetzt jemanden fragt, ob er sich als normal- oder übergewichtig einschätzt, so stellt man rasch fest, dass dies oft sehr subjektiv empfunden wird. Wir alle wissen aber: Übergewicht ist nicht gleich Übergewicht – da gibt es noch erhebliche Unterschiede.

Vor allem aus den USA, aber zunehmend häufiger auch bei uns, kennen wir extrem übergewichtige Menschen mit teils enormem Gewicht. Es besteht kein Zweifel, dass in diesen Fällen das Übergewicht zu einer schweren Erkrankung geworden ist, die behandelt gehört. Man nennt dies Fettsucht oder Adipositas. Es ist schwierig, die Grenze zwischen Übergewicht und Adipositas zu ziehen. Aus diesem Grund hat man zur exakten Definition eine Formel, bestehend aus Körpergewicht und Körpergröße entwickelt: den sogenannten Body-Mass-Index, auch kurz BMI genannt.

BMI (kg/m²) =
Körpergewicht (kg) / Größe x Größe (m)

Diese beiden Werte können einfach und gut gemessen werden. Übergewicht und die Extremform Fettsucht oder Adipositas liegen vor, wenn das Verhältnis zwischen Größe und Gewicht bestimmte Richtwerte übersteigt.

Für Erwachsene gilt:
BMI > 25 = Übergewicht
BMI > 30 = Fettsucht oder Adipositas

Wann ist mein Kind zu dick?

Gilt dies auch für Kinder? – Die Antwort ist: NEIN, denn Kinder sind keine kleinen Erwachsenen. Sie habe ganz eigene, typische Eigenschaften und Bedürfnisse. Sie wachsen und entwickeln sich, sie haben dadurch einen wesentlich höheren Bedarf an Energie, vor allem aber an Nährstoffen. In der normalen Entwicklung vervielfachen Kinder ihr Körpergewicht und verdoppeln ihre Länge innerhalb weniger Jahre. Man kann sich vorstellen, welche wichtige Rolle in dieser Lebensphase die Ernährung spielt. Auch die Körperzusammensetzung ändert sich ständig. Daher können die für Erwachsene entwickelten BMI-Werte auch nicht auf Kinder und Jugendliche angewendet werden. Hier ist man auf so genannte **Perzentil-Kurven** angewiesen.

Diese Kurven legen altersbezogene Ober- und Untergrenzen für den BMI fest und sind für Knaben und Mädchen aus unseren Breiten entwickelt worden. Damit kann geschlechtsabhängig für jedes Lebensalter bestimmt werden, auf welcher Perzentile der errechnete BMI liegt.

Für Kinder und Jugendliche gilt:

BMI > 90. Perzentile =	**Übergewicht**
BMI > 97. Perzentile =	**Fettsucht oder Adipositas**
BMI > 99,5. Perzentile =	**extreme Fettsucht oder Adipositas**

Mit dem BMI haben wir also eine einfache Methode zur Hand, mit der man nicht nur bestimmen kann, ob Übergewicht vorliegt, sondern auch das Ausmaß des Übergewichts.

Das Erkennen bzw. die Klassifizierung von Adipositas ist deshalb von großer Bedeutung, weil betroffene Kinder und Jugendliche ein hohes Risiko für Folgeerkrankungen haben. Übergewicht bei Kindern wird oft nicht ernst genommen und verharmlost, weil man aufgrund des noch bevorste-

Perzentilkurven für den Body-Mass-Index (BMI)

nach K. Kromeyer, M. Waibitsch, D. Kunze et al.: Monatsschr. Kinderheilk. 149 (2001)

Arbeitsgemeinschaft Adipositas im Kindes- und Jugendalter der Deutschen Adipositas Gesellschaft
www.a-g-a.de

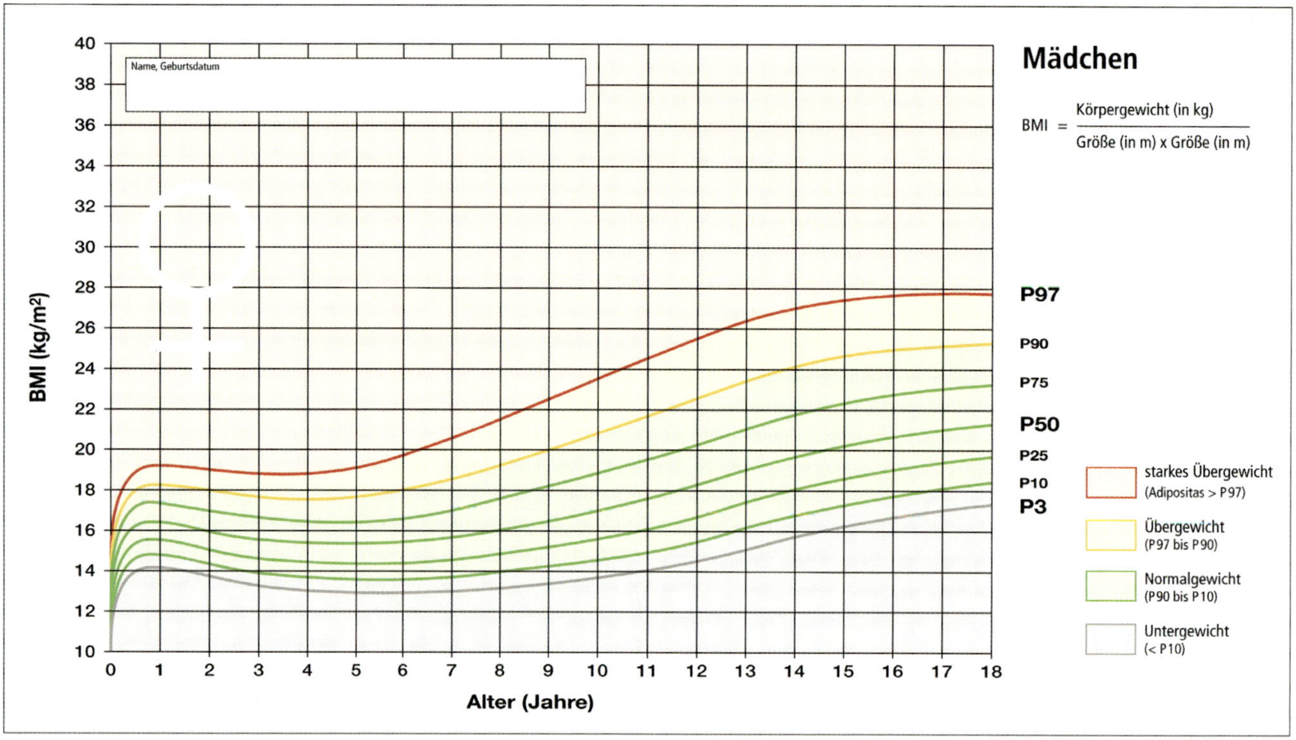

henden Längenwachstums davon ausgeht, dass Bauch und Speckfalten dann wohl schon verschwinden werden. Gelegentlich stimmt das auch, aber leider bleibt in einem doch sehr hohen Prozentsatz das Übergewicht auch bis ins Erwachsenenalter erhalten. Untersuchungen sprechen davon, dass von 60 – 70 % der übergewichtigen Jugendlichen auch übergewichtige Erwachsene werden und damit Kandidaten für früh auftretende Folgeerkrankungen. Natürlich gilt: je höher das Übergewicht, desto wahrscheinlicher, dass es bleibt.

Übergewicht soll schon frühzeitig erkannt werden.

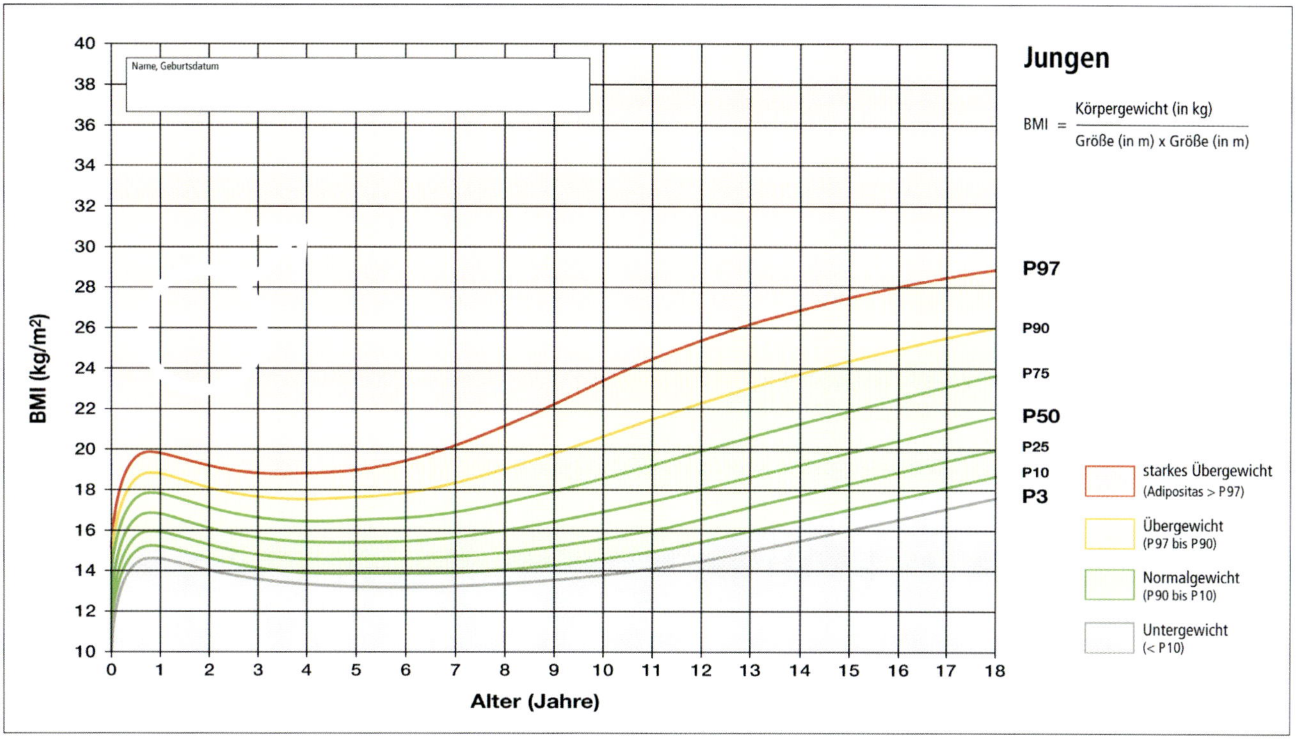

Quelle: aid infodienst Verbraucherschutz, Ernährung, Landwirtschaft e. V. · Friedrich-Ebert-Straße 3 · 53177 Bonn · Internet: http://www.aid.de · E-Mail: aid@aid.de

Wie entsteht Übergewicht?

So komplex und schwierig die Zusammenhänge bei der Entstehung von Übergewicht auch sein mögen, eines ist klar: Übergewicht kann nur durch ein **Missverhältnis zwischen Energieaufnahme und Energieverbrauch** entstehen.

Nur dann, wenn dem Körper mehr Energie zugeführt wird als er benötigt, wird diese überschüssige Energie in Körperfett umgewandelt und in den Fettdepots gespeichert, mit der Folge von Übergewicht bis hin zur Fettsucht. Dieser Umstand trifft auf alle Menschen jeden Alters gleichermaßen zu, wobei Kinder und Jugendliche, wie schon erwähnt, sicher besondere Bedürfnisse haben.

Es ist in der heutigen Zeit des Nahrungsmittelüberangebots (in den Industriestaaten) kein Problem dem Körper genügend Energie zu Verfügung zu stellen. Das Problem ist eher eine steigende Energiezufuhr bei gleichzeitig sinkendem Energieverbrauch.

Zuviel Energie durch die Nahrung und zuwenig Energieverbrauch durch Bewegung sind für das Übergewicht verantwortlich.

Gene

Ist »Dicksein« angeboren oder vererbt? Wir alle kennen Bilder von Familien, in welchen die Mitglieder aller Generationen übergewichtig sind. Es gibt Menschen, die offenbar große Mengen essen können ohne auch nur ein Gramm Fett anzulegen, während sich bei anderen jede überzählige Kalorie sofort in Fett verwandelt.

Untersuchungen zeigten: Wenn ein Elternteil übergewichtig ist, so beträgt das Risiko für das Kind auch übergewichtig zu werden 40 %. Sind beide Elternteile von Übergewicht betroffen, so wird das Kind mit 80 %-iger Wahrscheinlichkeit betroffen sein.

Heute besteht kein Zweifel mehr, dass die Vererbung – unsere Gene – einen wesentlichen Anteil an der Entstehung von Übergewicht hat. Gene steuern unser Verhalten und sämtliche Stoffwechselvorgänge. Hunger- und Sättigungsgefühl werden ebenso beeinflusst wie die Aufnahme der Nahrung im Darm, die Verwertung der einzelnen Nährstoffteile und der Energieverbrauch aller Organe und des ganzen Körpers.

Der Forschung ist es gelungen zahlreiche Gene zu identifizieren, die in diesem Bereich Einfluss haben und mit deren Hilfe sich in Zukunft auch ein Risiko bezüglich Übergewicht bestimmen lassen wird. Nur in seltenen Fällen liegt ein gröberer genetischer Defekt vor, welcher zur Ausbildung eines »Syndroms« (darunter versteht man das krankhafte Auftreten von mehreren typischen Symptomen) führt, bei dem Übergewicht nahezu unvermeidbar ist.

Auch Erkrankungen der »Drüsen« (hier meint man vor allem die hormonproduzierenden Drüsen) als Ursache von Übergewicht sind extrem selten.

Es ist also eine Tatsache, dass die Vererbung bei der Entstehung von Überwicht eine starke Rolle spielt. Wenn man will, kann man das auch als eine Ungerechtigkeit der Natur betrachten, denn jeder Mensch kommt mit seinen eigenen unverwechselbaren Genen auf die Welt und die bestimmen auch sein Verhalten und seinen Stoffwechsel. Obwohl oder gerade weil wir unsere Gene (noch) nicht beeinflussen oder ändern können, ist diese Erkenntnis sehr wichtig, denn wir müssen uns damit abfinden, ob wir zu dem einen oder anderen Typ gehören und uns auf die beeinflussbaren Faktoren konzentrieren und dann ist es für alle Beteiligten besser nachzuvollziehen, dass auch kleinere Gewichtsabnahmen schon einen großen Erfolg darstellen können.

Umweltfaktoren

Bewegung und Ernährungsgewohnheiten

Bei körperlicher Aktivität wird bekanntermaßen Energie verbraucht. Dieser Verbrauch ist variabel und kann eben durch das Ausmaß der Betätigung beeinflusst werden. So erfolgt zum Beispiel durch regelmäßige sportliche Aktivität eine Steigerung des Energiebedarfs, was sich positiv auf das Verhältnis zwischen Energiezufuhr und -bedarf auswirkt.

Ein Mangel an körperlicher Betätigung spielt bei der Entstehung von Übergewicht eine große Rolle sowie in der Folge Übergewicht oft sportliche Aktivität erschwert oder nahezu unmöglich macht. Das wiederum begünstigt eine weitere Gewichtzunahme. Das Fortschreiten dieser Entwicklung ist dann ja leider absehbar – Adipositas mit Folgeerkrankungen, Jugendliche mit schweren körperlichen und psychischen Belastungen und Beeinträchtigungen.

Regelmäßig und richtig betriebene körperliche Betätigung und Sport wirken sich mehrfach günstig aus. Es kommt zu einer direkten Fettverbrennung, einer Steigerung der Stoffwechsellage und durch den Muskelaufbau langfristig zu einem erhöhten Grundumsatz. Auch werden Appetitregulation und Nahrungsmittelauswahl günstig beeinflusst. Demgegenüber führt vermehrt vor dem Fernseher bzw. Computer verbrachte Zeit zu einer Reduktion von körperlicher Aktivität, damit langfristig zu einer Senkung des Grundumsatzes und durch paralleles Essen (Snacks etc.) und konsumierte Werbung zu einer schlechten Nahrungsmittelauswahl. Kinder mit einem höheren Fernsehkonsum weisen eine höhere Zufuhr an Energie- und Fett auf, sie verzehren mehr Snacks und weniger Obst und Gemüse.

Offensichtlich hat sich das Ernährungsverhalten in den letzten 20 Jahren erheblich verändert. Werbung, industriell gefertigte Nahrung, Fast Food, Soft Drinks und geänderter Lebensstil haben insgesamt zu einer Erhöhung der Energiezufuhr beigetragen. Besonders bedeutend in der Entstehung von Übergewicht sind Nahrungsmittel mit einer hohen Energiedichte. Diese sind vor allem reich an Fett. Kinder nehmen aber deutlich stärker zu, wenn sie sehr häufig süße Getränke konsumieren.

Eine schlechte Nahrungsmittelauswahl begünstigt die Entstehung von Übergewicht.

Risikofaktoren für Gewichtsprobleme im Kindesalter:

- starkes Überwicht der Eltern
- Bewegungsmangel
- hoher Fernsehkonsum
- hoher Kalorien-, Fett- und Zuckerkonsum
- starke Gewichtszunahme in den ersten Monaten bzw. ersten 2 Lebensjahren

Folgeerkrankungen

Übergewicht im Kindesalter ist vor allem deswegen gefährlich, weil dies schon die Vorstufe zur Adipositas (= Fettsucht) darstellt. Aufgrund zahlreicher Begleit- und Folgeerkrankungen wird Adipositas von der Weltgesundheitsorganisation (WHO) seit mehreren Jahren als eigenes Krankheitsbild angesehen.

Stark übergewichtige Menschen sind häufiger krank, sterben früher und leiden unter einer erheblichen Einschränkung ihrer Lebensqualität. Durch vermehrte Körpermasse ist die körperliche Funktionsfähigkeit eingeschränkt.

Bei den Betroffenen treten oft schwere psychische Probleme auf. Durch damit in engem Zusammenhang stehende Krankheiten gehen Lebenszeit und Lebensqualität verloren!

Körper und Seele leiden an jedem überschüssigem Kilo!

Nehmen wir einmal ein Beispiel eines 14-jährigen Jungen, der bei einer Körpergröße von 170 cm gut 120 kg auf die Waage bringt.

Bei moderner modischer Kleidung mag sein Übergewicht äußerlich nicht so schlimm erscheinen. Insgesamt macht er keineswegs einen kranken Eindruck.

Unterziehen wir ihn aber einmal einer etwas genaueren Untersuchung. Der BMI errechnet sich mit 41,5 kg/m^2 und liegt damit weit im Bereich der Adipositas. Die weitere Untersuchung ergibt einen etwas erhöhten Blutdruck, erhöhte Blutfette, einen erhöhten Nüchtern-Blutzucker sowie einige orthopädische Probleme. Alle diese Befunde haben gemeinsam: Sie sind Hinweise auf chronische Erkrankungen, die üblicherweise erst im fortgeschrittenen Erwachsenenalter beobachtet werden. Sie verursachen kurzfristig keine körperlichen Beschwerden oder Schmerzen – sie bleiben daher meist lange unentdeckt.

Bluthochdruck

Bluthochdruck ist aufgrund seiner Langzeitschäden eine der häufigsten und gefährlichsten Erkrankungen in der westlichen Welt. Er führt zu irreparablen Schäden bei Blutgefäßen, in deren Folge Schlaganfälle und Herzinfarkte auftreten. Dies sind leider nur allzu oft die ersten Symptome, die von den Betroffenen wahrgenommen werden, denn ein Bluthochdruck verursacht (meist) keine Schmerzen. Daher ist es von größter Wichtigkeit diese Erkrankung so früh wie möglich zu erkennen, oder – viel besser noch – ihr vorzubeugen und sie zu verhindern. Bevor diese furchtbaren Folgen auftreten, muss ein Bluthochdruck viele Jahre bzw. Jahrzehnte bestehen. Liegt ein solcher Bluthochdruck schon im Kindesalter vor, so kann man sich ausrechnen, wann diese unvermeidbaren Folgen eintreten werden: nämlich schon im frühen Erwachsenenalter.

Ist ein erhöhter Blutdruck im Kindesalter äußerst selten, (< als 1 %) so haben Untersuchungen gezeigt, dass bei Übergewicht 9 Mal sooft erhöhte Werte gemessen werden wie bei Normalgewicht. Liegt eine Adipositas vor, so wird im Schnitt bei jedem 4. Kind ein Bluthochdruck diagnostiziert. Alarmierend ist aber die Tatsache, dass übergewichtige und adipöse Kinder ein etwa 9 – 10-fach erhöhtes Risiko tragen auch im Erwachsenenalter einen Bluthochdruck zu behalten. Eine Blutdruckmessung bei Kindern und Jugendlichen ist wichtig, aber nicht ganz einfach durchzuführen, da hier leicht Fehler gemacht werden können. Wieder einmal gilt: Ein Kind ist kein kleiner Erwachsener und leider können weder Blutdruckmessgeräte noch Normalwerte für Erwachsene angewendet werden.

Von größter Wichtigkeit ist daher:

- Die korrekte Wahl der Blutdruckmanschette: Hier gibt es für jede Körpergröße eigene Manschetten – zu große Manschetten führen zu falschen niedrigen Werten.
- Perzentilenkurven zur richtigen Beurteilung der gemessenen Werte: Ein für einen Erwachsenen normaler Wert kann bei einem Kind viel zu hoch sein und Bluthochdruck bedeuten.
- Die richtigen Untersuchungsbedingungen: Nervosität und Aufregung ergeben häufig falsche Werte – hier kann eine Langzeit-Blutdruckmessung (ein Gerät das mitgetragen werden kann und über 24 Stunden alle 15 – 30 Minuten misst) notwendig werden.

Als unmittelbare Ursache des Hochdrucks haben Forscher den bei Adipösen erhöhten Insulinspiegel identifiziert. Die gute Nachricht ist, dass eindeutig gezeigt werden konnte, dass regelmäßige körperliche Aktivität und Gewichtsabnahme den Blutdruck dauerhaft senken können und Blutgefäßschäden, die noch nicht allzu weit fortgeschritten sind, sich sogar wieder rückgebildet haben.

Erhöhte Blutfette

Ebenso wie Bluthochdruck wegen mangelnder Beschwerden lange Zeit nicht diagnostiziert wird, werden erhöhte Blutfette meist sehr spät erkannt, weil man sich subjektiv gesund und nicht beeinträchtigt fühlt.

Die Parameter, die hier bestimmt werden, sind: Triglyceride und Cholesterin. Cholesterin hat im Körper lebenswichtige Aufgaben. Es ist ein wichtiger Bestandteil von Zellwänden und Nervengewebe und die Vorstufe von Gallensäuren und Hormonen.

Es wird die Höhe des Gesamt-Cholesterins bestimmt, fast wichtiger ist aber die Unterscheidung zwischen LDL-Cholesterin und HDL-Cholesterin.

Diese Bezeichnungen kommen aus dem Englischen und differenzieren Cholesterin nach physikalischer Dichte:

LDL – low density lipoprotein – Cholesterin mit geringer Dichte und HDL – high density lipoprotein – Cholesterin mit hoher Dichte.

- LDL – auch als »böses« Cholesterin bezeichnet – wirkt schädigend auf die Gefäßwände. Es sollte daher so niedrig wie möglich gehalten werden.
- HDL – das »gute« Cholesterin – übt dagegen eine Schutzfunktion aus. Hier ist also ein möglichst hoher Wert anzustreben.

Für Kinder und Jugendliche gültige Normalwerte sind:

Gesamt-Cholesterin	< 160 mg/dl
LDL-Cholesterin	< 100 mg/dl
HDL-Cholesterin	> 40 mg/dl
Triglyceride	< 150 mg/dl

Besteht im Kindesalter ein Übergewicht, so ist die Wahrscheinlichkeit von erhöhten Blutfetten fast 3 Mal so hoch wie bei Normalgewichtigen. Allerdings muss auch klar gesagt werden, dass neben Übergewicht auch die Vererbung hier eine große Rolle spielt. Dieses genetische Risiko können wir allerdings nicht ändern. Vor allem der HDL-Spiegel (das »gute« Cholesterin) kann durch Ernährung, Bewegung und Körpergewicht gut beeinflusst werden.

Studien bei Erwachsenen haben eindeutig gezeigt, dass zwischen Übergewicht, erhöhten Blutfetten und Herz-Kreislauf-Erkrankungen ein Zusammenhang besteht. Speziell die Wand und die Funktion der Blutgefäße werden beeinträchtigt, wodurch in der Folge auch das Herz vermehrt belastet wird. Durchblutungsstörungen, Herzschwäche bis hin zum Herzinfarkt können die Folge sein.

Erhöhter Blutzucker – Typ-2-Diabetes

Beim Diabetes mellitus Typ 2 ist der Blutzuckerspiegel erhöht und der Körper kann Kohlenhydrate, wie Zucker, trotz hohem Insulinspiegel nur ungenügend verwerten. Typ-2-Diabetes wurde daher früher auch als »nicht insulinabhängiger Diabetes« oder Altersdiabetes bezeichnet, da er in der Regel nur bei älteren Menschen auftrat. Heute findet sich diese Form des Diabetes zunehmend auch bei übergewichtigen Kindern und Jugendlichen. Typ-2-Diabetes beginnt schleichend und wird oft erst sehr spät erkannt. Eine Vorstufe des Typ-2-Diabetes ist die so genannte pathologische Glukosetoleranz: Der Körper kann Kohlenhydrate nicht richtig verwerten. Eine solche gestörte Glukosetoleranz kann bei bis zu 20 % der übergewichtigen Kindern und Jugendlichen beobachtet werden. Fatal sind hier vor allem die Komplikationen die mit zunehmender Dauer von Diabetes häufiger auftreten. Dazu zählen vor allem Gefäßveränderungen im Bereich der großen aber auch der kleinen Blutgefäße, die zu Durchblutungsproblemen bei Extremitäten, Herz, Augen, Nieren etc. führen. Bedeutende Veränderungen können sogar schon bei der Diagnosestellung (auch im Kindes- und Jugendalter) vorliegen. Die einzig sinnvolle Behandlung besteht hier in der Reduktion des Körpergewichts, Steigerung der körperlichen Aktivität und Verbesserung der Ernährung. Die Kombination von pathologischer Glukosetoleranz mit Übergewicht, hohem Blutdruck, hohen Blutfettwerten und erhöhten Harnsäurewerten wird als »Metabolisches Syndrom« bezeichnet.

Liegt der BMI über der 97. Perzentile, so kann ein metabolisches Syndrom in bis zu 28 % der Fälle nachgewiesen werden. Bei einem BMI zwischen der 85. und 95. Perzentile beträgt die Häufigkeit »nur mehr« ca 6 %, unterhalb der 85. Perzentile 0,1 %.

Je höher das Übergewicht, desto höher das Risiko für Begleit- und Folgeerkrankungen.

Abnehmen oder Gewicht halten?

Kinder ab 6 Jahre sollten, wenn ihr Body-Mass-Index zwischen der 90. und 97. Perzentile liegt und sie noch keine Begleiterkrankungen aufweisen, ihr Körpergewicht halten.

Nur wenn bereits Begleiterkrankungen vorliegen (z. B. Bluthochdruck, erhöhte Blutzucker- oder Blutfettwerte, orthopädische Erkrankungen) oder der Body-Mass-Index über der 97. Perzentile liegt, ist das Ziel auch beim Kind das Körpergewicht langsam zu reduzieren.

Bei Kindern sollte man bedenken, anders als beim Erwachsenen, dass Körpergewicht und Körperlänge großen Änderungen unterworfen sind. Auch die Körperzusammensetzung ändert sich altersabhängig sehr stark.

Vom Säugling bis zum Jugendlichen lassen sich mehrere Wachstumsphasen unterscheiden.

Die erste Wachstumsphase ist die stärkste. Sie findet unmittelbar nach der Geburt bis zum Ende des 2. Lebensjahres statt. Die Säuglinge sehen nicht nur »rundlich« und »gesund« aus, sondern haben auch tatsächlich viel Fett unter der Haut. Dies ist völlig normal und auch kein Grund zur Besorgnis, da sie ihren »Säuglingsspeck« in den nächsten Jahren von sich aus verlieren.

Zwischen dem 4. und 7. Lebensjahr erleben die Kinder ihre »erste Streckung«, ein Längenwachstum, bei dem die Gewichtszunahme meist deutlich zurückbleibt. Die Kinder werden dünn und schlank.

Die Gefahr besteht nun darin, dass besorgte Eltern und/oder Großeltern ihr zu dünnes Kind zu übermäßigem Essen animieren. Damit kann das Kind in dieser Zeit möglicherweise verlernen, sich nach Hunger und Sättigung zu richten und sich mehr durch äußere Umstände zum Essen verleiten zu lassen. Nicht weil das Kind Hunger hat, isst es brav auf, sondern weil es weiß, dass es damit der Mutter eine besondere Freude macht. Im Erwachsenenalter wird es diesen Personen besonders schwer fallen, angebotene Nahrungsmittel abzulehnen, auch dann, wenn sie eigentlich satt sind.

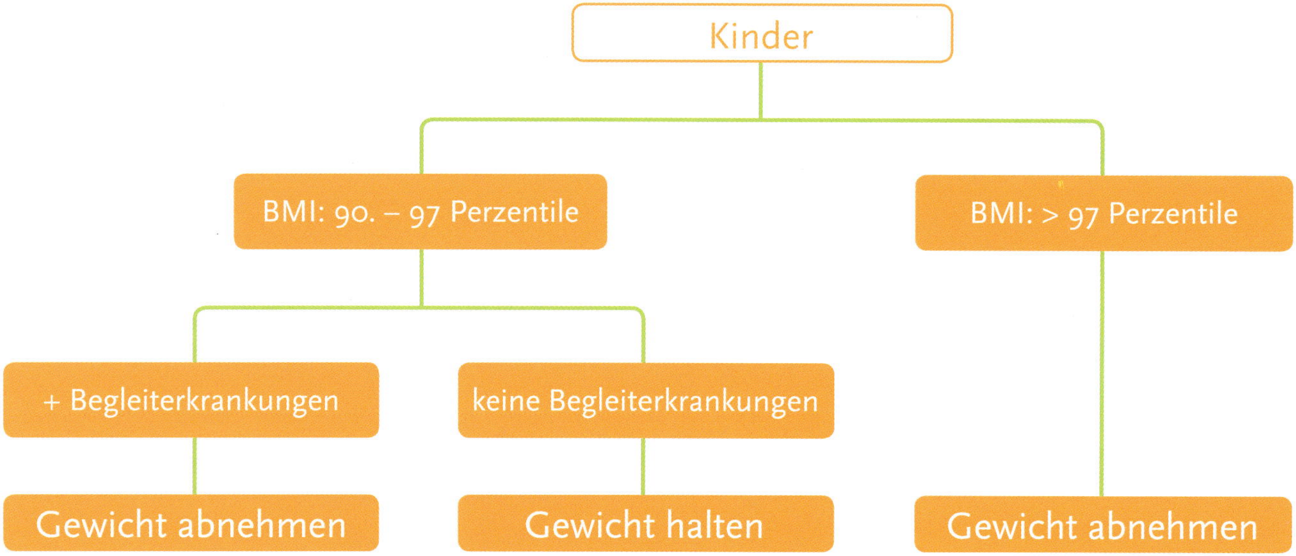

Eltern, die ihr Kind für besorgniserregend schlank halten und froh sind, wenn ihr Sprössling etwas konsumiert, geraten leicht in Versuchung, Nahrungsmittel als Belohnung oder Seelentröster einzusetzen. Später werden daraus so genannte »Belohnungsesser« oder »Kummeresser«. Es werden also Verhaltensweisen gelernt, Gewohnheiten erworben, bei denen der Nahrungsaufnahme eine ganz andere Funktion zukommt, als dem Körper Energie und Nährstoffe zuzuführen. Wenn man sich nun einmal zum »Stressesser« entwickelt hat, wird zukünftig jede Form von Stress mit Essen bewältigt und damit steigt auch die Gefahr, dass sich Übergewicht entwickelt.

Ein zweiter Wachstumsschub, die »zweite Streckung«, setzt dann meist so um das 10. Lebensjahr ein; bei Mädchen früher als bei Knaben. Wieder »schießen« die Kinder in die Höhe, ohne dass das Körpergewicht Schritt halten kann. Bisher normalgewichtige Kinder sehen nun zeitweilig mager und schlecht ernährt aus. Auch in dieser Phase sollte man vorsichtig sein, dass diese Kinder sich keine besonders ungünstigen Ernährungsgewohnheiten aneignen.

Für übergewichtige Kinder besteht aber bis zum zweiten Wachstumsschub die Chance, ohne wirklich abnehmen zu müssen, wieder normalgewichtig zu werden. Sie können in ihr Gewicht »hineinwachsen«. Nur sehr schwer übergewichtige Kinder und Übergewichtige mit Begleiterkrankungen sowie Jugendlich mit abgeschlossenen Längenwachstum sollten Gewicht abnehmen.

Körperfett-Entwicklung

So wie der Körper des Kinders unterschiedliche Wachstumsphasen hat, findet man dies auch beim Fettgewebe. Bis zum Ende des 1. Lebensjahres steigt der Körperfettanteil des Säuglings von durchschnittlich 0,7 kg bei der Geburt auf ca. 2,8 kg. Babys besitzen einen typischen »Babyspeck« (= 1. Fülle), dieser verringert sich im 2. Lebensjahr wieder. Charakteristisch ist auch eine Vergrößerung des Körperfettanteils zwischen dem 8. und 10. Lebensjahr (= 2. Fülle), also in der Phase der frühen Pubertät. Knaben verlieren diese zweite Fülle meist im Zuge des zweiten Wachstumschubs, während Mädchen dieses Fett behalten und noch bis zum Erwachsenenalter vermehren.

Anzahl der Fettzellen

Jedes Kind kommt mit einer bestimmen Anzahl an Fettzellen auf die Welt. Mit der Zunahme an Körperfett bei der 1. und 2. Fülle nimmt aber auch ihre Zahl weiter zu. Ist man früher davon ausgegangen, dass danach nur mehr eine Vergrößerung der Fettzellen stattfinden könnte, weiß man aber heute, dass bei massiver Gewichtszunahme, in jedem Lebensalter, die Fettzellzahl weiter zunehmen kann.

Mit jeder Zunahme des Körpergewichtes nimmt vorerst das Volumen der Fettzelle zu. Erreichen diese eine kritische Größe, senden sie Signale an die Vorstufen von Fettzellen, die im Fettgeweben zwischen den Fettzellen vorhanden sind. Aus diesen spezifischen Vorläuferzellen entwickeln sich dann »richtige« Fettzellen.

Die Zahl der Fettzellen nimmt vor allem im 1. Lebensjahr, vor der Pubertät und dann bei massiver Gewichtszunahme in allen Lebensphasen zu.

Ist das Kind übergewichtig, besteht auch ein großes Risiko, dass es im Erwachsenenalter Gewichtsprobleme hat, wobei das Alter eine entscheidende Rolle zu spielen scheint:

- Aus Kindern, die zwischen 4 und 10 Jahren schwer übergewichtig sind, werden zu ca. 30 % schwer übergewichtige Erwachsene
- Aus Jugendlichen, die zwischen 11 und 17 Jahren schwer übergewichtig sind, wird jeder Zweite auch als Erwachsene schwer übergewichtig werden.

Gewohnheiten, Motivation und Widerstand

Unser Ess- und Ernährungsverhalten ist durch viele Gewohnheiten gekennzeichnet, was sowohl die Art unserer Vorlieben als auch die Nahrungsmenge betrifft.

Gewohnheiten sind Verhaltensweisen, die schon frühzeitig erlernt werden, im Verlaufe der Entwicklung zunehmend verfestigt werden und meist automatisch ablaufen. Sie haben eine starke innere Kraft und deshalb führt ein Ankämpfen dagegen zum Auftreten und zur Zunahme innerer Spannung.

Veränderungen lösen bei vielen Menschen Unruhe, Verunsicherung, Angst usw. aus, weil die Aufgabe von vertrauten Gewohnheiten das Gefühl eines Verlustes bewirken, auch wenn sich die alten Verhaltensmuster als nicht effektiv, eventuell sogar als schädlich erwiesen haben.

Üblicherweise besteht der Zweck eines großen Teils unseres Handelns darin, Lust zu vergrößern und unangenehme Gefühle zu vermindern.

Um Gewohnheiten zu verändern, braucht es meist

- einen hohen Aufwand, d. h. es müssen viele Energien dafür verwendet werden, wie z. B. die Umstellung des familiären Koch- und Ernährungsverhaltens;
- eine starke Unzufriedenheit mit dem Aussehen;
- einen massiven Auslöser, d. h. leider ist oft eine Verhaltensänderung (z. B. weniger essen) nur dann das kleinere Übel, wenn sich der Übergewichtige zunehmend eingeengt fühlt (z. B. Krankheiten, Beschwerden wie Atemnot bei Alltags- oder sportlichen Aktivitäten);
- ein andauerndes Ankämpfen gegen alte Verhaltensmuster, die – wie erwähnt – vor allem in Zeiten von Belastung schlechter kontrolliert werden können.

Was motiviert zur Veränderung?

Motivation ist nicht einfach »ein Wollen«, sondern das Ausmaß an Veränderungsbereitschaft, welche nicht nur zwischen den Individuen unterschiedlich ist, sondern auch bei der einzelnen Person großen Schwankungen unterworfen ist. Die Motivation einer Person, sich zu ändern, hängt auch nicht nur von der inneren Bereitschaft des Einzelnen ab, sondern kann auch durch eine Vielzahl äußerer Bedingungen (z. B. Verhalten der Eltern, Freunde) beeinflusst werden. Veränderungen laufen üblicherweise nicht linear in eine gewünschte Richtung, sondern sind immer wieder durch Stillstand und auch durch Rückschritte gekennzeichnet. Rückfälle können dabei als ein Stadium der Veränderung gesehen werden.

Um etwas zu verändern, muss jemand mit Gewichtsproblemen zunächst überhaupt die Notwendigkeit einer Veränderung erkennen und sich die klassische Motivationsfrage stellen »Warum?«.

Weitere Fragen, die sich der Übergewichtige vor Beginn einer Veränderung stellen und beantworten muss, sind unter anderem:

- Welche Gründe liegen für eine Gewichtsabnahme vor?
- Wie lange werde ich bereit sein, das Ziel zu verfolgen?
- Kann ich mir eine dauerhafte Veränderung meines Essverhaltens und der körperlichen Aktivität vorstellen?
- Sind schon bisher Gewichtreduktionsversuche durchgeführt worden? Wenn ja, woran sind sie gescheitert?
- Welches subjektive Erklärungsmodell habe ich für mein Übergewicht?
- Welche Unterstützung durch welche Personen kann ich erwarten? Welche Hindernisse können auftreten?
- Welche Ressourcen weise ich auf? Welche Grenzen?
- Welche Auswirkungen hat eine Gewichtsabnahme für mich (z. B. körperlich, seelisch, sozial)?
- Wie viel und was bin ich bereit zu investieren, um mein Ziel zu erreichen?
- Welche Lebensbereiche muss ich ändern? Welche Lebensbereiche sind einer Veränderung zugänglich, welche nicht?

Solange bestimmte Verhaltensweisen, wie z. B. »Ich esse zu viel und auch das Falsche« und »Ich bewege mich zu wenig«, nicht als problematisch erkannt werden, besteht auch keine wesentliche Bereitschaft, etwas zu verändern.

In diesem »Stadium der Absichtslosigkeit« denkt der Übergewichtige noch nicht über die Notwendigkeit und Möglichkeit einer Veränderung nach und besitzt kein Problembewusstsein. Viel Information und Rückmeldung an das übergewichtige Kind und an die Eltern, z. B. von Seiten des Schularztes, sind deshalb notwendig, um ein eigenes Problembewusstsein und damit die Möglichkeit zur Veränderung entwickeln zu können.

Jemandem in dieser Phase der Absichtslosigkeit zu einer Veränderung zu raten, ist eher kontraproduktiv (»Das Richtige zum falschen Zeitpunkt ist falsch!«). In diesem Stadium sollen die Bemühungen in die Richtung gehen, Gründe zu finden, sich zu ändern, aber auch Gründe, um alles beim Alten zu lassen.

Die Tatsache, dass die meisten stark Übergewichtigen zu viel essen, besonders zu fettreiche Kost, bei zu wenig Bewegung, ist wohl richtig, und sie könnte zur Annahme führen, dass eigentlich nichts leichter sein kann, als diese beiden Fehlverhaltensweisen zu verändern, nämlich weniger, vor allem vom Falschen, zu essen und sich mehr zu bewegen. Die Erfahrung zeigt aber, dass es nur einer geringen Zahl Übergewichtiger und Adipöser gelingt, Gewicht in ausreichender Menge und vor allem langfristig abzunehmen.

Die meisten Menschen zeigen einen Widerstand gegen Veränderungen und gegen die Aufgabe ihres gewohnten vertrauten Verhaltens. Es ist der Versuch, der alte Mensch zu bleiben, alles beim Alten zu lassen. Es ist eine alltägliche Erfahrung, dass ein Mensch sich gegen den Verlust des von ihm Wichtigen wehrt. Jeder, der schon einmal ernsthaft versucht hat, sich selber zu verändern, weiß, wie schwer es ist, Altvertrautes aufzugeben – so auch für Ihr Kind.

Ein weiteres Problem ist sicherlich, dass der Gesundheitsaspekt für Kinder und Jugendliche eher eine geringe Rolle spielt, weil Gesundheit etwas Selbstverständliches ist und die Folgen, z. B. Diabetes, geringere Lebenserwartung, gestörtes Essverhalten, meist erst in der Zukunft und nicht in der Gegenwart liegen.

Ein zusätzliches Problem liegt darin, dass erfolgreiche Behandlungen des Übergewichts nicht um eine langfristige Veränderung des Essverhaltens und der körperlichen Aktivität herum kommen, dass aber der Erreichung dieses Zieles bekanntlich sehr viele Hindernisse entgegenstehen. Besonders der Notwendigkeit, sich selbst oder wenigstens einige vertraute Verhaltensweisen verändern zu müssen, werden massive Widerstände entgegengesetzt.

Auch deshalb sollte der Beginn einer Ernährungsumstellung eher nicht in Zeiten von Belastungen erfolgen, in denen das Sicherheitsgefühl ohnehin beeinträchtigt ist. Ein Problem liegt auch darin, dass die für die Selbstregulation, d. h. für willentliche Prozesse zur Verfügung stehenden Ressourcen begrenzt sind. Diese Selbstregulation ist bei Übergewichtigen besonders in Zeiten von Belastungen in Gefahr, also in Zeiten, die eine besonders hohe Selbstkontrolle erfordern, weil unerwünschte Neigungen und Verhaltensweisen (z. B. Essanfälle) kontrolliert werden sollten.

Es entspricht nicht der Realität, dass ein jeder Übergewichtiger auch tatsächlich etwas verändern will. Die Bereitschaft, Schritte zur Veränderung des Essverhaltens und zur Gewichtsabnahme zu setzen, ist meist Ausdruck eines hohen Leidensdrucks oder Drucks von außen, und eher seltener der ausdrückliche Wunsch des Übergewichtigen, in seiner Lebensgestaltung etwas zu verändern, um etwas zu erreichen, was ihm im Leben wichtig ist.

Der Übergewichtige steht aber einer Veränderung meist ambivalent gegenüber, d. h. es besteht ein starkes Schwanken zwischen dem Wunsch, sich zu ändern, und dem Wunsch, so zu bleiben. Dieser Zwiespalt ist auch dadurch bedingt, dass der Adipöse eigentlich zwischen zwei Übeln wählen muss, nämlich zwischen dem »Übel der Fettleibigkeit« mit den damit verbundenen Beschwerden, Krankheiten, Kränkungen usw. und dem »Übel der Veränderung«, was häufig mit der Aufgabe lieb gewonnener Gewohnheiten und Verzicht gleich gesetzt wird. In diesem Stadium ist es sinnvoll und notwendig, die Vorteile und Nachteile sowohl des »So-bleiben-wie-Du-bist« als auch der Veränderung abzuwägen.

Dabei ist es Aufgabe des sozialen Umfeldes, einen Anstoß in Richtung Veränderung zu geben, um für den Übergewichtigen akzeptable, realistische, effektive und konkrete Veränderungsstrategien zu finden und diese auch umzusetzen.

Gerade Personen mit Gewichtsproblemen, die viele – meist nur kurzfristig erfolgreiche – Gewichtsabnahmeversuche hinter sich haben, wägen zunehmend die Vorteile einer Gewichtsabnahme gegen den Aufwand ab, den sie dafür leisten müssen, um abzunehmen. Diese »Kosten-Nutzen-Rechnung« fällt mit zunehmendem Gewicht immer negativer aus, weil der zu leistende Aufwand immer größer und längerfristig notwendig wird. Fast proportional mit der Anzahl der fehlgeschlagenen Gewichtsabnahmeversuche sinkt die Bereitschaft, sich den schließlich und endlich doch frustrierenden Bemühungen der Veränderungen und des Verzichts auszusetzen. Deshalb sollte in der Behandlung großer Wert darauf gelegt werden, dass die Selbstwirksamkeit gestärkt wird. Unter Selbstwirksamkeit versteht man die Eigenstärke, das Gefühl, kompetent zu sein; sie schafft aktive Hoffnung und den Glauben, im Rahmen des Möglichen etwas für die eigene Gesundheit tun zu können, und hilft, eine passiv-abwartende Haltung zu vermeiden. Grundsätzlich gilt, dass nichts mehr motiviert als Erfolg, wobei es aber wichtig ist, dass der Erfolg bei der Gewichtsabnahme und bei der Veränderung des Essverhaltens den eigenen Fähigkeiten und Anstrengungen zugeschrieben wird. Der Glaube an das eigene Können lässt Handlungen in Angriff nehmen und erfolgreich zu Ende führen. Voraussetzung für die Förderung der Selbstwirksamkeit ist die Kenntnis der Ressourcen des Kindes.

Das Ziel, das erreicht werden soll, muss erreichbar, gleichzeitig aber auch attraktiv genug sein, um dafür Energie, Zeit usw. zu investieren.

Folgende Strategien können die Motivation zur Gewichtsabnahme fördern:

- das Setzen von realistischen, Erfolg versprechenden Zielen;
- das Vereinbaren regelmäßiger Hausübungen: wichtig dabei ist nicht nur eine Gewichtsabnahme, sondern vor allem eine Änderung des Essverhaltens. Auch sollen alle Aktivitäten verstärkt werden, die eine aktivere Lebensgestaltung darstellen;
- das Erkennen und Verstärken von Bemühungen und kleinen Fortschritten; auch sollen Zwischenziele formuliert und belobigt werden.

Loben Sie Ihr Kind für jede noch so kleine Veränderung!

Ernährung und Ernährungsverhalten

Richtig essen von Anfang an

Sämtliche Essgewohnheiten, Vorlieben, Eigenheiten bezüglich Zeit und Menge der Nahrungsaufnahme werden bereits in der Kindheit geprägt. Es gibt sogar Hinweise, dass die Ernährung der Mutter während der Schwangerschaft schon Einfluss auf das späteren Essverhalten haben kann. Spezielle Lebensmittel, die die Mutter in der Schwangerschaft isst, werden dann auch häufig von den Kindern lieber gegessen. So essen Babys lieber Karottenbrei, wenn ihre Mütter in der Schwangerschaft regelmäßig Karotten gegessen haben. Nach der Geburt sichern angeborene Reflexe, wie Suchreflex, Saug- und Schluckreflex, instinktiv die Nahrungsaufnahme. Für die Entwicklung des zukünftigen Essverhaltens ist entscheidend, wie oft Säuglinge gefüttert werden. Normalerweise entwickelt ein gesundes Kind von sich aus ein Regelgefühl von Hunger und Sattsein und findet seinen eigenen persönlichen Rhythmus der Mahlzeiten. Das Nahrungsbedürfnis ist stark vom Energieverbrauch durch die Bewegung abhängig, der bereits bei Säuglingen sehr unterschiedlich ist.

Kinder verfügen von Geburt an über ein gut funktionierendes Hunger- und Sättigungsregulationssystem. Dieses ist mitverantwortlich dafür, dass das Körpergewicht stabilisiert wird. Lernt nun ein Kind im Säuglingsalter, dass Essen nicht nur sättigt, sondern auch tröstet, Langeweile vertreibt usw., weil es immer gleich gefüttert wird wenn es schreit, dann ist bereits der erste Schritt zum falschen Essverhalten getan.

Untersuchungen konnten zeigen, dass der mütterliche Umgang mit Essen, das heißt die Frequenz des Nahrungsmittelangebots bzw. die Häufigkeit, mit der verbale Essensaufforderungen gegeben werden, entscheidenden Einfluss auf das kindliche Essverhalten hat.

Wie, wo und in welchem Tempo zu Hause gegessen wird, ist für die Entwicklung des Lebensstils von Bedeutung. Vor allem die Weitergabe des Essstils von Müttern zu Töchtern spielt eine wichtige Rolle: Mütter mit enthemmten Essverhalten haben übergewichtigere Töchter. Die Entwicklung von Übergewicht kann auch durch psychologische Faktoren beeinflusst werden. Ein niedriger Selbstwert, ein negatives Körperkonzept, Angst und affektive Störungen sind mit Übergewicht assoziiert, jedoch ist der Zusammenhang zwischen Ursache und Wirkung nicht geklärt.

Sehr viel Einfühlungsvermögen wird von den Eltern, besonders den Müttern, im Umgang mit dem Essverhalten ihrer Kinder verlangt. Das richtige Maß zu finden (»Ob etwas richtig ist, hängt meist von der Dosis ab«) ist nicht immer leicht, wobei kein Grund zur Überängstlichkeit besteht, da gelegentlich kleine Fehler im Umgang mit den Kindern aufgrund der üblicherweise gut ausgebildeten Widerstandsfähigkeit (= Resilienz) ohne negative Auswirkungen sind.

Kinder essen anders

Kinder unterscheiden sich von Erwachsenen sowohl im Bedarf an wichtigen Nährstoffen, als auch in ihrem Essverhalten. Sie bevorzugen mehrere, kleine Mahlzeiten, essen immer wieder unterschiedliche Mengen, lieben besonders »rote« Speisen und Lebensmittel und verlangen ständig nach ihre Lieblingsspeisen.

Sie verfügen von Geburt an über ein gut funktionierendes Hunger- und Sättigungsregulationssystem. Lernen sie aber, dass Essen nicht nur sättigt, sondern auch tröstet, Langeweile vertreibt usw., ist der erste Schritt zum falschen Essverhalten getan. Dieses wird weitergeführt, indem durch vielerlei Motivationen ein Leeressen der Teller erzwungen wird.

Wird Essen noch zusätzlich als Belohnung oder Trostmittel eingesetzt wird damit eine vernünftige Einstellung zum Essen verhindert, da in der Folge in verstärktem Maße Nahrungsmittel präferiert werden, die als Belohnung dienen oder die eine besondere Zuwendung von Seiten der Erwachsenen bescheren. Setzen Sie deshalb Essen nie als Belohnung oder als Strafe ein. Belohnen Sie stattdessen mit Zuwendung und mehr Zeit für Ihr Kind. Ideal sind beispielsweise gemeinsame Spiele oder Ausflüge.

Essen niemals als Belohnung oder Essensentzug als Bestrafung einsetzen!

Für Kinder ist eine »richtige, gesunde« Ernährung die Grundlage für das Wachstum, die Entwicklung und die Gesundheit. Die tägliche Nahrung muss den Ansprüchen des wachsenden Organismus gerecht werden, sowohl hinsichtlich der Quantität als auch der Qualität.

Kinder brauchen ausreichend Bau- und Schutzstoffe.

Kinder sind keine kleinen Erwachsenen

Kinder benötigen nicht nur eine ernährungsphysiologisch ausgewogene Ernährung, die ihrem Alter angepasst sein muss, das Essen muss auch kindgerecht zubereitet und angeboten werden. Bei der Zubereitung sollten Salz und Zucker sparsam verwendet werden. Besonders beliebt sind Obst und Gemüse als »Finger-Food« und witzige Dekorationen. Die Tischatmosphäre soll immer angenehm, ruhig und freundlich sein. Essen als Belohnung oder kein Essen als Bestrafung geben Essen nur eine Bedeutung, die langfristig nicht sinnvoll ist.

Demgegenüber steht das »Schlaraffenland Ernährung«. Nirgends sonst wird die Diskrepanz zwischen den wissenschaftlichen Ernährungsempfehlungen und dem tatsächlichen Konsum so offensichtlich, wie in der Ernährung der Kinder.

Dadurch geraten besorgte Eltern oft in Gewissenskonflikte: Man will sein Kind gesund ernähren, da man natürlich die Gesundheit nicht gefährden möchte, andererseits akzeptiert man oftmals so genannte »ungesunde« Nahrungspräferenzen, da man sein Kind doch liebt, oder trösten will oder auch nur belohnen möchte. Hat das Kind schon Gewichtsprobleme, wird die Situation noch schwieriger. Ständig soll es auf »Lieblingsspeisen« und spezielle Produkte verzichten, nichts naschen und auch noch Sport betreiben. Fast bei jedem Bissen bekommt das Kind zu spüren, dass es wieder etwas falsch macht. Damit erreichen Sie aber nur, dass Ihr Kind zukünftig immer mit schlechtem Gewissen isst, vielleicht anfängt heimlich zu essen und jeglichen vernünftigen Umgang mit dem Nahrungsmittelangebot verlernt.

Um die Ernährungsgewohnheiten und das Ernährungsverhalten zu verbessern, ist es wichtig, dass Kinder sehr früh lernen mit dem großen Nahrungsmittelangebot vernünftig umzugehen.

Nichts verbieten

Auch wenn Ihr Kind Gewichtsprobleme hat, darf es alles essen! Entscheidend ist immer die Menge und die Kombination. Werden spezielle Lebensmittel, Speisen oder diverse Produkte verboten, werden diese für Ihr Kind nur interessanter. Der Wunsch danach wird sozusagen dauerhaft »konserviert«.

Vernünftig Naschen

Ihr Kind soll auf keinen Fall ab nun nichts mehr naschen. Zu groß ist die Versuchung dann Süßigkeiten heimlich zu besorgen und zu essen. Überlassen Sie Ihrem Kind aber die Verantwortung, wann es nascht und welche Leckereien es bevorzugt. Sie bestimmen die Menge, am besten für eine Woche.

Stellen Sie einen »Naschteller« mit Ihrem Kind zusammen. Ihr Kind soll nun entscheiden wie es sich diese Menge einteilt. So lernt es Eigenverantwortung, eine wichtige Voraussetzung für ein richtiges Essverhalten.

Aus den Augen, aus dem Sinn

Genauso wie Erwachsenen lassen sich Kinder alleine durch den Anblick von Leckereien zum Essen verführen. Lassen Sie Süßigkeiten nicht sichtbar herumstehen, sondern »nur« Obst. Beim Obst soll Ihr Kind ja ordentlich zugreifen.

Verführungen gering halten

Horten Sie zu Hause keine großen Naschvorräte und sonstige nicht so günstige Lebensmittel. Kaufen Sie auch diese Lebensmittel nur in kleinen Portionen. Zwar sind Sonderangebote und große Portionspackungen häufig kostengünstiger, aber leider verführen sie auch zum Mehrverzehr.

Essen nach Vorbildern

Kinder orientieren sich sehr an ihren Vorbildern, so auch im Essverhalten. Die Vorbilder sind bei den Kleinen die Bezugspersonen, bei den Größeren die Freunde und Werbung. Isst die Mutter keine Milchprodukte oder der Vater kein Obst, so kann man das auch bei den Töchtern und Söhnen feststellen. Je jünger das Kind ist, desto eher ist die Mitarbeit der Eltern von entscheidender Bedeutung. Bei Jugendlichen kann es unter Umständen hingegen besser sein, wenn die Eltern nicht in die therapeutischen Bemühungen direkt einbezogen werden. Dies ist besonders dann der Fall, wenn es zu Hause schon zu viele Auseinandersetzungen aufgrund des Übergewichts oder aber ganz anderer Probleme gegeben hat. Ist man schon erwachsen, bleibt einem selbst zu entscheiden, welche Unterstützung man sucht.

Um die notwendigen Veränderungen im Ess- und Bewegungsverhalten umsetzen zu können, braucht das Kind bzw. der Jugendliche eine Umgebung, die ihn dabei fördert. Diese Unterstützung kann direkt und indirekt erfolgen, wie z. B. über eine Vorbildfunktion der Eltern durch Umstellung des eigenen Essverhaltens, durch gemeinsame sportliche Aktivitäten usw. Deshalb sollten sich die Eltern verpflichten, selbständig den Entschluss zu fassen, langfristige Veränderungen in ihrem eigenen Lebensstil zu machen (z. B. insgesamt aktiverer Lebensstil), da nur dann die Motivation groß genug ist, auch große und unerwartete Schwierigkeiten zu überwinden oder auch längere Durststrecken durchzuhalten.

Unterstützen Sie Ihr Kind bei der Umstellung zu bewußterem Essen und seien Sie aber auch selbst zu Verhaltensänderungen bereit!

Gehen Sie immer mit gutem Beispiel voran!

Eine große Vielfalt an Nahrungsmitteln sollte angeboten und keine speziellen Lebensmittel verboten werden. Kinder sollten nicht zum Essen gezwungen werden, sich jedoch an gewissen Regeln (z. B. Teilnahme am gemeinsamen Essen) halten. Besonders wichtig ist der spielerische und unterhaltsame Aufbau eines Ernährungsbewusstseins im Vorschulalter, da sich ein vernünftiges Essverhalten stabilisiert haben sollte, wenn sich die Kinder ihre Modelle außerhalb von Erziehungsberechtigten suchen.

Eine wichtige Rolle spielt auf alle Fälle der familiäre Umgang mit Essen und Nahrungsmitteln, da dieser das Essverhalten der Kinder prägt. Besondere Bedeutung kommt hier den regelmäßigen gemeinsamen Mahlzeiten zu, bei denen frische und gesunde Lebensmittel angeboten werden. Kinder benötigen Erklärungen, warum Obst gesund ist und immer konsumiert werden kann, aber Naschereien nur eingeschränkt verzehrt werden sollten. Vor allem in Familien mit Übergewichtigen, in denen die Möglichkeit einer genetischen Anlage gegeben ist, sollte Kindern möglichst früh gezeigt werden, wie sie das Gewicht beeinflussen können.

Das tägliche Einerlei

Besonders charakteristisch für Kinder ist, dass sie ihre Lieblingsspeisen tagein tagaus essen wollen. Sie müssen erst lernen, dass man sich durch diesen ständigen Konsum abessen kann. Erwachsene dosieren deshalb ihre Lieblingsspeisen sehr rar, das heißt, sie essen diese seltener um sich ja nicht abzuessen. Je größer das Nahrungsmittelangebot aber bereits im Vorschulalter ist, desto mehr Lebensmittel und desto vielfältiger essen sie dann als Jugendliche und Erwachsene, ganz einfach nach dem Motto: »Was der Bauer nicht kennt, isst er nicht«. Wenn Ihr Kind schon sehr einseitige Vorlieben hat, dann führen Sie neue Lebensmittel Schritt für Schritt ein und kombinieren Sie diese mit beliebten Speisen. So können Sie beispielsweise in die Spaghettisoße Karotten hinein schneiden. Bei sehr heiklen Kindern empfiehlt es sich aber dies zu pürieren, damit sie nicht »sichtbar« sind.

Bieten Sie auch immer wieder neue Speisen an.

Einmal mehr, einmal weniger

Kinder mit einem funktionierenden Hunger-Sättigungsgefühl essen eigentlich sehr unregelmäßig. An manchen Tagen bekommt man sie fast nicht satt, an anderen essen sie sehr wenig. Nur durch die Erziehung lernen sie oder besser gesagt müssen sie immer die gleichen Mengen bei den einzelnen Mahlzeiten essen. Damit verlernen sie aber auf ihre körpereigenen Signale zu hören. Sollte Ihr Kind an manchen Tagen weniger essen, zwingen sie es nicht zum Essen. Es sollte aber bei den Mahlzeiten am Tisch sitzen und sich nicht anderen Aktivitäten widmen. Ihr Kind sollte auch selbst entscheiden, wie groß die Portionen sind und gewähren Sie auch einen Nachschlag wenn es noch Hunger hat. Nur so kann es wieder lernen, die richtige Menge zu essen.

Ihr Kind soll die Portionsgröße selbst bestimmen. Nachschlag ist erlaubt!

Das Argument »Gesundheit« zählt nicht

Wie oft haben wir alle gehört: »Trink deine Milch, die ist gut für die Knochen!« oder »Gemüse ist gesund!«. Der Begriff Gesundheit ist aber für ein Kind nichts Bedeutendes. Sie lernen dadurch lediglich, dass gewisse Lebensmittel besonders »gesund« und andere »schlecht« sind. So genannte gesunde Lebensmittel wie Obst und Gemüse schmecken nicht immer gut, »schlechte« hingegen entsprechen dem Geschmack, weil sie meist zucker- und/oder fettreich sind. Von klein auf lernen sie so Lebensmittel zu kategorisieren und die nicht so günstigen mit schlechtem Gewissen zu essen.

Essen als Erlebnis

Essen soll Spaß und Freude machen. Für viele, gerade übergewichtige Kinder, ist Essen mit vielen negativen Aspekten verbunden. Entweder essen Sie hastig, werden ständig ermahnt dies oder jenes nicht oder unbedingt zu essen, langsamer zu kauen u. v. m. Stellen Sie sich vor, wie es Ihnen geht, wenn Sie ständig gemaßregelt werden. Sie verlieren sehr schnell den Genuss am Essen. Hier ist Ihre Mithilfe gefragt. Ihr Kind soll bereits bei den Vorbereitungen aktiv mitarbeiten. Bitten Sie es den Tisch zu decken und zu dekorieren und bereiten Sie die Speisen gemeinsam zu. Je nach Alter kann das Gemüse gewaschen, geschnitten oder auch Teige zubereitet werden. Machen Sie bereits das Kochen zum gemeinsamen Erlebnis. Sie verbringen damit nicht nur wertvolle Zeit gemeinsam, sondern ermöglichen Ihrem Kind auch mit Zutaten zu experimentieren und dadurch die Kreativität zu fördern. Gemeinsames Kochen fördert auch die Lust auf gesundes Essen.

Kochen Sie mit Ihrem Kind gemeinsam.

Halten Sie Tischregeln ein

Ihr Kind braucht bei Tisch nicht zu essen, wenn es nicht will. Es soll aber am gemeinsamen Essen teilnehmen. Alle sollen langsam essen.

Gibt es ein neues Gericht, sollten alle zumindest einen Bissen ausprobieren und dann entscheiden, ob sie es essen wollen. Meiden Sie alle abwertenden Aussagen über oder zu gesunden Lebensmitteln (z. B. Gemüse ist für Hasen, ...).

Essen Sie immer in angenehmer Atmosphäre. Streitgespräche, Erörterungen schlechter Schulnoten u. v. w. gehören nicht an den Esstisch! Konzentrieren Sie sich auf das Essen und vermeiden Sie alle Nebentätigkeiten wie Fernsehen oder Lesen.

Gemeinsam statt einsam

Wann immer es möglich ist sollten Sie mit Ihrem Kind gemeinsam essen. Ideal ist natürlich bereits das gemeinsame Frühstück.

Planen Sie ein, dass Sie und Ihre Familie dafür etwas früher aufstehen müssen. Jedes gemeinsame Essen in der Familie hat eine wichtige Aufgabe. Es soll immer in einer angenehmen Atmosphäre bei schön gedecktem Tisch erfolgen. Kinder lernen so nicht nur ein richtiges Ernährungsverhalten, sondern auch Tischmanieren.

Die richtigen Farben

Kinder haben eine ausgesprochene Vorliebe für bunte, insbesondere für rote und gelbe Lebensmittel. Deshalb essen sie besonders gern Spaghetti mit Tomatensoße oder Pommes mit Ketchup. Unattraktiv hingegen finden sie alle braunen Speisen. Getreidelaibchen, Kichererbsenpürree und vieles mehr steht auf Grund der Farbe ganz oben auf der Liste der unbeliebtesten Lebensmittel. Bieten Sie immer buntes Gemüse an. So zum Beispiel als Beilage oder bei kalten Gerichten als geschnitten als Finger-Food. Dokorieren Sie auch immer mit Gemüse und Obst. Mit ein paar Handgriffen gibt's lustige Gesichter oder Tiere.

Bei Kindern isst besonders das Auge mit, sie essen besonders gerne bunte Gerichte.

Der richtige Geschmack

Kinder essen besonders gerne Süßes. Von den Geschmacksrichtungen – süß, sauer, bitter, salzig, wird der süße Geschmack von den meisten Kindern am angenehmsten empfunden. Diese Vorliebe ist angeboren und verstärkt sich dann bereits beim Säugling durch das entsprechende Angebot. So verweigern Babys ungesüßten Tee wenn sie üblicherweise gesüßten angeboten bekommen.

Gehen Sie deshalb mit diversen Süßungsmittel wie Zucker, Ahornsirup aber auch Honig sparsam um. Wenn Ihr Kind üblicherweise viele süße Lebensmittel wie Süßigkeiten, Limonaden, stark gesüßte Getränke konsumiert, reduzieren Sie diese nur langsam. Bei den Getränken verdünnen Sie diese Schritt für Schritt. Erwachsene brauchen bis zu 5 Wochen um sich an weniger Zucker oder auch weniger Fett im Essen und bei den Getränken zu gewöhnen, Kinder sehr oft noch länger.

Nutzen Sie aber die Vorliebe für Süßes bei Obst und Gemüse aus. Bananen, Weintrauben, Zwetschken und auch süße Kirschen werden deshalb lieber gegessen als »saure« Äpfel. Beim Gemüse schmecken Karotten, Erbsen und Mais leicht süß und stehen deshalb auf der Hitliste ganz oben.

Besonders abstoßend finden Kinder die Geschmacksrichtung »bitter«. Akzeptieren Sie deshalb, dass Blumen- und Rosenkohl und andere »bittere« Gemüsesorten nicht gern gegessen werden. Auch »sauer« ist für viele Kinder ein Problem und oft der Grund warum Salate nicht gern gegessen werden. Verwenden Sie deshalb für das Dressing Jogurt mit etwas Zitronensaft und verzichten Sie lieber auf Essig.

Vermeiden Sie bittere, scharfe und stark saure Speisen, da diese Kinder nicht mögen.

Knabbern und Knistern beim Essen erwünscht

Kinder haben es ausgesprochen gerne wenn Sie Lebensmittel essen, die knistern und knacksen. Diesen Effekt erhält man nicht nur beim Konsum von Knabbereien, wie Chips oder Kekse, sondern auch wenn Gemüse oder Vollkorntoast geknabbert wird. Schneiden Sie deshalb Gemüse immer mundgerecht und stellen Sie es als Fingerfood auf den Tisch. Das hat auch noch den Vorteil, dass sie mit den Händen essen können.

Was Kinder wirklich brauchen

Nirgends sonst wird die Diskrepanz zwischen den wissenschaftlichen Ernährungsempfehlungen und dem tatsächlichen Konsum so offensichtlich, wie in der Ernährung von Kindern und Jugendlichen. Dadurch geraten besorgte Eltern oft in Gewissenskonflikte. Man will sein Kind gesund ernähren, ihm damit alle wichtigen Inhaltsstoffe anbieten, aber andererseits akzeptiert man oftmals ungesunde Nahrungspräferenzen, weil man sein Kind doch liebt und den Diskussionen übers Essen aus dem Weg gehen will. Dennoch sollten Sie bei der Ernährung Ihres Kindes einiges beachten. Kinder verbrauchen relativ viel Nahrungsenergie. Sie haben einen besonders hohen Bedarf an aufbauenden Nährstoffen wie Eiweiß und Mineralstoffen, und sie brauchen viel Flüssigkeit. Genaueres und viele Tipps finden Sie in den 20 Einheiten. Sie erhalten immer eine kurze Zusammenfassung damit Sie Ihrem Kind die wichtigen Hintergründe und Basisinformationen erklären können. Hier gibt es noch zusätzliche Informationen, die Ihnen darüber hinaus helfen können die Ernährung Ihres Kindes richtig zu gestalten.

Energiezufuhr – wie viel soll das Kind essen?

Der menschliche Körper ist mit einer Maschine vergleichbar. Beide benötigen Energie, um überhaupt arbeiten zu können. Der Mensch braucht als »Treibstoff« Nahrung.

Die Hauptnahrungsbestandteile sind die Hauptenergiequellen:

- 1 Gramm Eiweiß liefert 4,1 kcal
- 1 Gramm Kohlenhydrate liefert 4,1 kcal
- 1 Gramm Fett liefert 9,3 kcal

Der Energiebedarf setzt sich aus verschieden Teilen zusammen:

Grundumsatz (50 – 60 %) + Arbeitsumsatz (20 – 40 %)
+ Thermogenese (< 10 %)
+ Energieverbrauch für das Wachstum (< 2 %)

Der Grundumsatz ist jene Energiemenge, die ein Mensch in völliger Ruhe und im Liegen (12 Stunden nach der letzten Nahrungsaufnahme) in einem Raum mit einer Temperatur von 20 Grad C durchschnittlich verbraucht. Er dient zur Aufrechterhaltung der Körpertemperatur, der Atmung, der Herztätigkeit, des Muskeltonus und aller in den Körperzellen ablaufenden chemischen Vorgänge. Die Höhe des Grundumsatzes ist abhängig von verschiedenen Faktoren. Erhöht ist er durch einen hohen Muskelanteil (deshalb verbrauchen auch Männer im Vergleich zu Frauen mehr Energie!), bei einer Schilddrüsenüberfunktion, aber auch bei Fieber.

Kinder haben gegenüber Erwachsenen einen relativ hohen Grundumsatz, da sehr viel Energie für das Wachstum benötigt wird. Den höchsten Grundumsatz haben Säuglinge. Sie brauchen pro Tag ca. 60 kcal pro kg Körpergewicht, demgegenüber braucht ein 15jähriger nur mehr 30 kcal pro kg Körpergewicht. Jede Energie, die über den Grundumsatz hinaus gebraucht wird, wird als Arbeitsumsatz bezeichnet. Die Höhe dieses Energieverbrauches ist in erster Linie davon abhängig, welche Art körperliche Arbeit verrichtet wird und wie hoch das Körpergewicht ist. Beeinflusst wird der Arbeitssumsatz aber auch von der Umgebungstemperatur: Im Winter ist der Energiebedarf höher, da Energie für die Aufrechterhaltung der Körpertemperatur benötigt wird. Einfluss auf den Arbeitsumsatz hat jede Art von körperlicher Aktivität. Je mehr Bewegung, desto größer ist dementsprechend der Energieverbrauch (siehe auch Kapitel Bewegung, Seite 54). Die dritte Komponente, die Thermogenese, ist die Energie, die bei der Verdauung und Verarbeitung der Nahrung entsteht. Den geringsten Anteil am Energieverbrauch hat der Verbrauch für das Längenwachstum. Er beträgt nach dem ersten Lebensjahr bis zur Pubertät rund 2 % des gesamten täglichen Verbrauchs.

Für den täglichen Energiebedarf gibt es Richtwerte. Diese sind aber für normalgewichtige Kinder und Jugendliche berechnet und stellen nur eine grobe Orientierung dar.

Energiebedarf in kcal pro Tag							
4 – 6 Jahre		7 – 9 Jahre		10 – 12 Jahre		13 – 14 Jahre	
m	w	m	w	m	w	m	w
1.500	1.400	1.900	1.700	2.300	2.000	2.700	2.200

Energiebilanz – oder das Problem der Überversorgung

Die tägliche Energiezufuhr sollte dem täglichen Energieverbrauch entsprechen. Halten sich beide die Waage, spricht man von einer ausgeglichenen Bilanz. Hierbei kommt es weder zu einer Zunahme noch zu einer Abnahme des Körpergewichtes. Ist die Bilanz positiv, wird Körpergewicht zugenommen und bei negativer Bilanz abgenommen.

Energieaufnahme = Energieverbrauch
→ ausgeglichene Bilanz
→ Körpergewicht bleibt gleich

Energieaufnahme > Energieverbrauch
→ positive Bilanz
→ man nimmt zu

Energieaufnahme < Energieverbrauch
→ negative Bilanz
→ man nimmt ab

Ernährungsempfehlungen für Ihr Kind

Eine abwechslungsreiche, vollwertige Ernährung enthält alle für Wachstum, körperliche und geistige Entwicklung notwendigen Nährstoffe und ist besonders wichtig, da es kein einziges Lebensmittel gibt, in dem alle Nährstoffe entsprechend unseres täglichen Bedarfes enthalten sind. Dies trifft nur für die Muttermilch in den ersten Lebenswochen zu. Jede Einseitigkeit auf Dauer schadet und stellt eine Gefährdung für die Gesundheit dar. Kein Nahrungsmittel ist absolut verboten! Es gibt aber – sehr selten – schwerwiegende medizinische Gründe, die es ratsam erscheinen lassen, bestimmte Nahrungsmittel nicht zu essen (z. B. bei Nahrungsmittelallergien oder Stoffwechseldefekten).

Es gelten folgende Grundprinzipien:

- Abwechslung bei der Lebensmittelauswahl
- bevorzugt fettarme Lebensmittel
- täglich ballaststoffreiche Getreideprodukte
- täglich Obst und Gemüse, besonders der Saison
- täglich Milch und Milchprodukte mit geringer Fettstufe
- über die Woche verteilt mageres Fleisch, einmal pro Woche Fisch und gelegentlich Ei
- reichlich ungesüßte Getränke
- selten Süßwaren, Mehlspeisen und gesüßte Getränke

Wichtig ist der richtige Umgang mit Nahrungsmitteln! Bei der Lebensmittelauswahl kann man sich leicht an der »Ernährungspyramide« orientieren. Die Lebensmittelpyramide besteht aus sechs Lebensmittelgruppen. Je weiter unten ein Lebensmittel zu finden ist, desto häufiger sollte es konsumiert werden. Die Zusammenstellung der Pyramide signalisiert auch, dass die Ernährung so abwechslungsreich wie möglich gestaltet werden soll.

Nach den Getränken, bevorzugt Wasser, Mineralwasser, ungesüßte Tees und verdünnte Fruchtsäfte, bilden die pflanzlichen Lebensmittel wie Obst, Gemüse und Getreide die Basis. Gefolgt von eiweißreichen Lebensmitteln wie Fisch, Fleisch und Eiern. Fette, Öle und Süßes bilden die Spitze der Pyramide und sollten dementsprechend nur selten und in kleinen Mengen gegessen werden.

Gerade beim Kind führen eine Fehl- bzw. Mangelernährung durch ungünstiges Ess- und Trinkverhalten zu zahlreichen Problemen:

- Einschränkung der schulischen Leistungsfähigkeit, Konzentrationsschwäche und Müdigkeit
- Trägheit und Müdigkeit nach fett- und zuckereichen Mahlzeiten (»ein voller Bauch studiert nicht gern«)
- Zahnschäden (Karies) bei hohem Zuckerkonsum in Verbindung mit mangelnder Mundhygiene
- Entstehung von Übergewicht
- Psychische und physische Beeinträchtigungen (Müdigkeit, Kopfschmerzen) wenn zu wenig bzw. das Falsche getrunken wird.
- erhöhte Infektionsanfälligkeit bei Vitamin- und Eiweißmangel

Hände weg von Diäten

Sind Diäten für Erwachsene völlig sinnlos, sind diese umso mehr für Kinder tabu. Sprechen Sie auch nicht von »diätieren« oder »Diätessen« oder »Diäthalten«. Sondern servieren Sie Ihrem Kind günstige Lebensmittel, ohne lang Erklärungen abzugeben. Natürlich sollte die ganze Familie auch diese Lebensmittel bzw. Speisen essen. Nur so fühlt sich Ihr Kind nicht ausgegrenzt.

Beziehen Sie aber auch die weitere Familie (z. B. Großeltern) in die Gewichtsreduktion mit ein. Wiederholte Diäten in der Jugend steigern auch das Risiko einer Essstörung, besonders eine Bulimie, zu entwickeln um das 8-fache. Mädchen sind hier deutlich gefährdeter als Buben. 40 % aller an Bulimie-Erkrankten waren als Kind schwer übergewichtig.

Tipps und Tricks zum gesunden Essen, insbesondere für Gemüse- und Obstmuffel

- Gehen Sie mit Vorbild voran. Je öfter Sie Obst und Gemüse essen, desto größer ist die Wahrscheinlichkeit, dass auch Ihr Kind zugreift.
- Machen Sie aus dem Obstkonsum ein Ritual. Essen Sie in Ruhe und genüsslich jeden Tag zur gleichen Zeit ein Stück Obst und bitten Sie Ihrem Kind immer ein kleines Stück an. Diskutieren Sie aber nicht wenn es verweigert.
- Kinder essen gerne mundgerechte Stücke, die sie in den Händen halten können. Kaufen Sie deshalb kleine Obstsorten oder schneiden Sie diese in größer Spalten bzw. Stücke. Klein geschnittener Obstsalat hingegen kommt nicht so gut an.
- Mischen Sie Haferflocken ins Essen. Kochen Sie diese bei Suppen mit. Werden diese mit Gemüse püriert, bekommt man eine sehr sämige Konsistenz und Sie brauchen keine Sahne zum Binden.
- »Verstecken« Sie Gemüse in den verschiedensten Gerichten. Kochen Sie es in Soßen mit und pürrieren Sie es dann.
- Servieren Sie Gemüsegerichte wenn andere Kinder oder Lieblingsverwandte zu Besuch sind.
- Stellen Sie Obst immer in Griffweite.
- Süßen Sie Jogurts, Müsli mit besonders süßen Obstsorten.
- Backen Sie Kuchen selbst und verwenden Sie statt zwei Drittel Zucker Obstpürees (z. B. Apfelpüree).
- Bieten Sie, wenn Sie Kuchen anbieten, immer Obstkuchen an.
- Statt Weißbrot servieren Sie Grahambrötchen oder Vollkorntoast.
- Übliche Teigwaren ersetzen Sie durch Hirseteigwaren. Diese sind immer noch weiß und nicht braun!

- Nutzen Sie besonders beliebte Gerichte, wie Nudeln oder Pizza, um Gemüse »einzubauen«. Belegen Sie Pizza immer auch mit Gemüse.
- Geben Sie Getreideflocken zum Kakao. Dazu die Getreideflocken in etwas Milch ca. 15 Minuten quellen lassen. Anschließend mit einen Stabmixer pürieren und mit Kakao auffüllen.

Der Weg der kleinen Schritte

Jede noch so kleine Veränderung ist wichtig und sehr gut. Loben Sie Ihr Kind oft, das stärkt das Selbstvertrauen. Es ist schon von Vorteil, wenn zum Schnitzel keine Pommes mehr gegessen werden oder nur eine kleine Portion und dafür auch etwas Salat.

Oder wenn Ihr Kind täglich eine Tafel Schokolade nascht, jetzt »nur« mehr jeden zweiten Tag eine Tafel verzehrt. Denn viele kleine Schritte führen letztendlich auch zum Ziel, auch wenn man dafür etwas länger braucht. Erwarten Sie nicht, dass sich das Ess- und Bewegungsverhalten Ihres Kindes sofort umstellt. Vergleichbar wäre dies, wenn ein Kleinkind, das noch krabbelt sofort kilometerlang laufen könnte – unvorstellbar und völlig unrealistisch. Genauso wie beim Gehen lernen wird es immer wieder umfallen und Ihre Hilfe brauchen um aufzustehen. Helfen Sie, denn es ist wichtig, dass es nicht liegen bleibt.

Motivation ist alles

Nur wer abnehmen will, wird auch abnehmen. Ist Ihr Kind motiviert und helfen Sie mit, ist der Erfolg sehr wahrscheinlich. Will Ihr Kind aber nichts ändern, ist alles zum Scheitern verurteilt. Jeder erneute Versuch wird immer problematischer, wenn die früheren Versuche gescheitert sind.

Nicht weniger, sondern richtig essen

Bei der richtigen Auswahl bzw. Zubereitung werden die Portionen nicht kleiner! Gehen Sie mit Ihrem Kind im Praxisbuch die Lebensmittel durch und reduzieren Sie »rote« Lebensmittel. Viele Änderungen braucht Ihr Kind aber gar nicht merken. Verwenden Sie weniger Fett zum Kochen oder ersetzen Sie fetthaltige Sahnesoßen durch Soßen auf Jogurtbasis. Beim Fleisch wählen Sie immer fettarme Teilstücke aus und lassen Sie sich auch daraus Hackfleisch (Faschiertes) herstellen. Milchprodukte sollten überhaupt nur mehr mit einem niedrigem Fettgehalt eingekauft werden und als Wurst eignet sich Putenbrust oder Schinken. Ersetzten Sie Sahnepudding durch Pudding aus Magermilch.

- Reichlich: pflanzliche Lebensmittel und ungesüßte Getränke
- Mäßig: tierische Produkte
- Sparsam: fett- und zuckerreiche Produkte

Verwenden Sie	Anstatt
Biskuitroulade	Sahnetorte
Buttermilch	Sauermilch
fettarmes Jogurt	Jogurt mit > 3 % Fett
fettarmes, ungesüßtes Fruchtjogurt	Fruchtjogurt > 3 % Fett, gesüßt
fettreduzierte Aufstriche	Pasteten
Frischkäse mit Halbfettstufe	Frischkäse mit Doppelrahmstufe
Gemüsesuppe	Cremesuppe
Grillhuhn	Backhuhn
Halbfettmargarine	Margarine
Jogurtbutter	Butter
Jogurtdressing	Rahmdressing (Sahne-)
Kardinalschnitte	Cremeschnitte
Hörnchen (Kipferl)	Croissant
fettarme Wurstsorten (Krakauer, Putenwurst)	fettreicher Wurstsorten (Salami, Kantwurst)
fettarme Käsesorten (< 15 % Fett)	Käsesorten > 25 % Fett

Verwenden Sie	Anstatt
Magermilch	Vollmilch
Magertopfen (-quark)	Streichfetten
Magertopfen (-quark)	Sahnetopfen (-quark)
Mineralwasser	Limonade
Müsli, ungesüßt	Müsli, gesüßt
Reiswaffeln	Keksen
Salat mit Jogurtdressing	Mayonnaisesalat
Salzstangen, Popcorn	Kartoffelchips
Schmelzkäse < 15 % F. i. T.	Schmelzkäse > 25 % F. i. T.
Schokopudding aus Magermilch	Schokolade
Senf	Mayonnaise
Sorbets	Cremeeis
Spagetti in Tomatensauce	Spagetti Carbonara
Tunfisch, natur	Tunfisch in Öl
weiches Ei	Ham and Eggs

Wenn Essen zum Problem wird

Essstörungen gehören zu den häufigsten psychosomatischen Erkrankungen von weiblichen Jugendlichen und jungen Frauen in westlich orientierten Ländern. Unzufriedenheit mit dem eigenen Körper und Diäten können zu einem gestörten Essverhalten führen.

Frühe Zeichen bzw. Hinweise auf Essstörungen bei Kindern und Jugendlichen

Essstörungen und Übergewicht treten nicht nur, aber vor allem in westlich orientierten Ländern auf, wo das sichere und reichliche Vorhandensein von Nahrungsmitteln gewährleistet bzw. ein Überfluss an Nahrung vorhanden ist. Sie gehören zu den häufigen psychosomatischen Erkrankungen bei weiblichen Jugendlichen und jungen Frauen. Dabei sind Vorformen von Essstörungen deutlich häufiger als ersichtliche Essstörungen. Körperunzufriedenheit ist besonders bei weiblichen Jugendlichen ein weit verbreitetes Phänomen, das in Folge zu Diäten und auffälligem Essverhalten führt.

Nicht wenige behalten das gestörte Essverhalten bei, ohne dass sich daraus eine Essstörung entwickelt. Trotz dieser relativen Stabilität darf häufiges Diäthalten nicht als unbedenkliches oder gar gesundheitsförderndes Verhalten betrachtet werden. Wenn Diäthalten in Kombination mit anderen psychischen Auffälligkeiten auftritt, kann es die Entwicklung einer Essstörung begünstigen.

Diäthalten in Kombination mit anderen psychischen Auffälligkeiten begünstigt die Entstehung einer Essstörung.

Störungen des Essverhaltens gehen oft mit anderen physischen und psychischen Begleitsymptomen einher. Sie können als Zeichen für Schwierigkeiten in der Bewältigung des Reifungsprozesses in der Zeit des Erwachsenwerdens verstanden werden.

Was und wie viel gegessen wird, hängt wesentlich vom Zweck und Ziel des Essens ab. Es wird gegessen bzw. gefastet, um die Gesundheit zu stärken, die Stimmung zu heben oder den eigenen Körper zu gestalten.

Essstörungen sind keine Ernährungsstörungen, auch wenn sich viele Essgestörte falsch ernähren. Obwohl sich Betroffene der unterschiedlichen Krankheitsbilder unter anderem in ihrem Erscheinungsbild beträchtlich unterscheiden, ist es doch allen Essgestörten gemeinsam, dass das lebensnotwendige Essen ein erhebliches psychosomatisches Problem, oft mit körperlichen, psychischen und sozialen Konsequenzen, geworden ist.

Personen mit dem Vollbild einer Essstörung (Magersucht, Fress-Brechsucht, Übergewicht) sind relativ leicht zu erkennen. Ein besonderes Problem liegt darin, dass diese Störungsbilder, wenn sie noch nicht stark ausgeprägt sind, meist mit einem nur gering ausgeprägten Krankheitsgefühl und fehlender Krankheitseinsicht verbunden sind. Da noch dazu in unserer Gesellschaft bestimmte Symptome wie z. B. Dünnsein und einige Verhaltensweisen wie z. B. Diäthalten von einem Großteil der Bevölkerung, besonders den Frauen und jungen Mädchen, gelegentlich oder häufig gezeigt werden, und auch fließende Übergänge von einem

»normalen« zu einem »gestörten« Essverhalten bestehen, ist es oft schwierig, ein gestörtes Essverhalten frühzeitig zu erkennen. Das Diäthalten kann, muss aber nicht ein Warnzeichen sein.

Ein gestörtes Essverhalten ist unter anderem dadurch gekennzeichnet, dass

- das Denken und Verhalten sich zwanghaft um das Essen und Nicht-Essen dreht,
- unbeschwertes Genießen, gesunder Appetit und Hunger der Betroffenen fremd sind,
- das Essen mit Scham- und Schuldgefühlen, die Angst zuzunehmen und dem Gefühl, zu versagen, verbunden ist, und
- Essen mit anderen eher vermieden wird.

Klassifikation der Essstörungen

Unter dem Begriff Essstörungen versteht man im Wesentlichen folgende Krankheitsbilder, wobei die Abgrenzung der einzelnen Störungsbilder oft schwierig ist, da die Übergänge fließend sind:

Magersucht (Anorexia nervosa)

Warnsignale für eine Magersucht sind:

- Verweigerung der Teilnahme am gemeinsamen Essen
- übermäßige gedankliche Beschäftigung mit Essen
- verzerrte Einstellung zu Essen, Gewicht und Figur
- Verleugnung, dürr zu sein
- einseitige, kalorienreduzierte Kost oder Diäten (»erlaubte« versus »verbotene« Nahrungsmittel)
- Gewichtsverlust
- sozialer Rückzug, Isolierung
- Freudlosigkeit, leichte Gereiztheit
- Angst vor Gewichtszunahme
- Überaktivität, übermäßige sportliche Aktivität

Dabei gewinnt die Sorge um Körpergewicht, Schlankheit und Diäten immer mehr an Bedeutung und es kommt zu einer Vernachlässigung von immer mehr Lebensbereichen. Die sozialen Kontakte reduzieren sich auf wenige Menschen. Das Essverhalten ist bestimmt durch kleinste Mengen, die zumeist alleine, im Rahmen bestimmter Essrituale, eingenommen werden. Die Nahrungsmittel werden häufig in erlaubte und verbotene Speisen unterteilt.

Charakteristisch ist die Verleugnung und Bagatellisierung des selbst zerstörerischen Verhaltens. Es besteht üblicherweise keine Krankheitseinsicht.

Betroffene sind meist Mädchen in der Pubertät und junge Frauen. Dabei ist der Erkrankungsbeginn oft nicht genau fassbar.

Ess-Brech-Sucht (Bulimia nervosa)

Als Leitsymptomatik gelten wiederkehrende Episoden von Essanfällen, die mit einem Kontrollverlust über das Essverhalten einhergehen. Innerhalb kurzer Zeit werden große Mengen kalorienreicher Nahrungsmittel verzehrt. Um einer Gewichtszunahme vorzubeugen, kommt es im Anschluss an den Essanfall zu ausgleichenden Verhaltensweisen wie selbst induziertes Erbrechen, Missbrauch von Abführmitteln, Fasten oder/und exzessive körperliche Betätigung. Das Selbstwertgefühl ist übermäßig von der Figur und dem Körpergewicht abhängig.

Warnsignale für eine Fress-Brech-Sucht sind:

- Heißhungerattacken mit anschließendem kompensatorischem Verhalten (Erbrechen, Diäten, Abführmittel)
- Rückzug vom familiärem, gemeinsamen Essen
- Angst vor Gewichtszunahme
- Unzufriedenheit mit der Figur
- deutliche Gewichtsschwankungen
- Stimmungsschwankungen, Labilität und Impulsivität
- Schmerzen in Hals und Speiseröhre, evtl. schlechte Zähne

Latente Esssucht

Betroffen sind Menschen, die meist Probleme mit ihrem Gewicht haben, ihr Essverhalten ständig kontrollieren, immer wieder eine Diät ausprobieren und anschließend wieder an Gewicht zunehmen.

Die Problematik ist gekennzeichnet durch:

- eine gestörte Sättigungsregulation
- einen verzögerten Appetitverlust
- leichte Anfälligkeit für Reize
- Heißhungeranfälle mit Kontrollverlust
- negative Gefühle

Die Grenzen zwischen einer gesunden Ernährungsweise und einer Essstörung sind fließend. Häufig ist die latente Esssucht der Einstieg in eine wirklich massive Essstörung. Natürlich sind nicht alle Menschen, die ihr Gewicht kontrollieren, latent esssüchtig.

Es ist aber Zeit, etwas zu verändern, wenn man immer in der Angst vor einer Gewichtszunahme lebt, wenn man nicht mehr auf die eigenen Bedürfnisse und Körpersignale hört und wenn man nicht mehr entspannt essen und genießen kann.

Diagnosekriterien für eine latente Esssucht sind:

- hohe Gewichtsschwankungen innerhalb kurzer Zeit bzw. »YoYo-Effekt«
- ständige Auseinandersetzung mit dem Körpergewicht
- Angst vor einer Gewichtszunahme
- fehlendes Vertrauen in die eigenen Bedürfnisse und Körpersignale
- Unvermögen von spontaner Befriedigung des Hungers und des entspannten Genießens
- Wechsel zwischen Zuviel-Essen und Diäthalten

Fettleibigkeit (Adipositas)

Bei Übergewichtigen und Adipösen lassen sich mehrere Gruppen bezüglich eines gestörten Essverhaltens unterscheiden:

- kontinuierliche Mehresser (»Overeaters«): Diese Jugendlichen essen besonders dann mehr, wenn es ihnen schmeckt.
- die Nachtesser (»Night-Eating-Syndrom«): Sie schränken am Tag ihre Nahrungsaufnahme stark ein und entwickeln nächtliche Hungergefühle mit anschließendem Essverhalten.
- Rauschesser (»Binge-Eating-Störung«): Diese Jugendlichen leiden unter unkontrollierten Heißhungeranfällen; dabei werden große Essensmengen meist schnell und alleine verschlungen, mit anschließenden Schuldgefühlen und depressiven Verstimmungen.

Übergewicht und Adipositas gehen mit einer Vielzahl von Gesundheitsproblemen und massiven psychosozialen Belastungen einher. Neben den Erbanlagen wird die komplexe Entstehungsgeschichte der Adipositas vor allem durch den Lebensstil bestimmt. Es muss aber betont werden, dass nicht alle Übergewichtigen bzw. Adipösen ein essgestörtes Verhalten aufweisen. Die Wahrscheinlichkeit ist umso größer, je stärker ausgeprägt das Übergewicht ist. Eine pauschale Annahme psychischer Störungen als die eigentliche Ursache von Übergewicht ist nicht richtig.

Schwer übergewichtige Kinder und Jugendliche mit einer Esssucht weisen häufig eine höhere Störbarkeit ihres Essverhaltens auf; sie reagieren auf emotionale Situationen, vor allem Ärger, Trauer und Stress, generell mit einem vermehrten Essen oder einem Essanfall.

Auch zeigen diese Kinder oft einen vermeidenden Lebensstil, das heißt, sie ziehen sich bei Problemen eher zurück oder sprechen diese nicht an.

Risikofaktoren für die Ausbildung einer Essstörungssymptomatik sind:

- die maßgebenden Vorstellungen zu Schlankheit und Attraktivität, vor allem die Unzufriedenheit mit dem Aussehen
- häufiges Diäthalten oder gezügeltes Essverhalten (vor allem in Kombination mit emotionalen und Verhaltensproblemen)
- mütterliche Modellwirkungen bzw. erzieherische Maßnahmen bzgl. Essen und Gewicht
- ein geringes Selbstwertgefühl, besonders in Bezug auf die Bewertung der Figur und die Einschätzung der Attraktivität
- negative frühkindliche Beziehungserfahrungen
- mangelnde soziale Aktivitäten
- Ablehnung durch Gleichaltrige

Probleme im Erkennen und Umgang mit Essstörungen

Essgestörte sind sehr lange nicht bereit, sich ihr gestörtes Essverhalten einzugestehen oder mit jemanden darüber zu reden, auch aus Angst, man könnte ihnen etwas wegnehmen, was sie im Augenblick als Selbstheilungsstrategie brauchen. Solange die Betroffenen das Gefühl haben, die Essstörung im Griff zu haben, sind sie kaum Argumenten der Umgebung zugänglich.

Erst wenn sie nicht mehr »Täter«, sondern »Opfer« ihrer Erkrankung sind, d. h. die Krankheit das Verhalten bestimmt und nicht mehr die Betroffenen, und wenn Symptome wie Freudlosigkeit, sozialer Rückzug, Verweigerung von Essen oder Essanfälle auftreten, entsteht langsam eine gewisse Bereitschaft, etwas gegen die Essstörung zu unternehmen.

Das Miterleben-Müssen des gestörten Essverhaltens beim eigenen Kind führt bei den meisten Familienmitgliedern zu einer großen Belastung, zu Ärger, Schuldgefühlen, Verzweiflung, Ohnmacht. Verstärkt werden diese Gefühle noch dadurch, dass eigentlich nichts leichter zu sein scheint, als einfach wieder normal zu essen.

Aber das Gegenteil ist der Fall. Es handelt sich bei den Essstörungen oft um schwere psychische Störungen mit Suchtcharakter und ein Verzicht bzw. das Aufgeben des gestörten Essverhaltens ist aufgrund der damit verbundenen Ängste nicht mehr ohne weiteres möglich.

Dennoch ist es für die Angehörigen wenigstens in einem gewissen Ausmaß möglich, helfend einzugreifen. Dazu gehören vor allem das Suchen von Gesprächen mit der/dem Betroffenen in einer ruhigen Atmosphäre, wo es zunächst nicht darum gehen soll, etwas zu verändern, sondern nur zu verstehen.

Die Helfer sollen nicht gleich eine Lösung für das Problem anbieten, weil es einerseits meist keine einfache Lösung für das zugrunde liegende Problem gibt und dies andererseits das Selbstwertgefühl und die Motivation der Betroffenen eher schwächt. Besser ist es zu signalisieren, dass man selbst auch keine optimale Lösung kennt, dass man sich aber Sorgen und Gedanken macht, wie man am besten helfen könnte, auch wenn der Betroffene im Augenblick das Ansprechen der Essstörung als lästig erlebt.

Wichtig ist es auch, sich nicht durch die Verleugnung der Erkrankung, die Zurückweisung und den häufig bestehenden Trotz der Betroffenen entmutigen zu lassen. Man sollte sich vor Augen halten, dass sich das essgestörte Kind oder der Jugendliche nicht so verhält, weil es/er die Angehörigen ärgern möchte, sondern weil es/er im Augenblick keinen besseren Weg kennt, seine Gefühle auszudrücken oder die Probleme angemessener zu bewältigen. Das heißt aber nicht, dass nicht auf eine rasche Lösung gedrängt werden sollte, wenn eine schwere Essstörung vorliegt.

Gerade in dieser Zeit braucht das essgestörte Kind oder der Jugendliche viel Bestätigung, dass es/er als Person liebenswert ist. Kommentare über das Aussehen sollten eher vermieden werden. Obwohl das essgestörte Verhalten oft sehr dominierend und belastend ist, ist es notwendig, auch die gesunden Anteile des essgestörten Kindes zu sehen, es nicht wie eine behinderte Person zu behandeln, der alles abgenommen werden muss, sondern ihm das Gefühl zu geben, dass es selbst das Leben meistern kann.

Wichtig ist auch, dass die Familienmitglieder, vor allem die Eltern, ihr eigenes Essverhalten und ihre Einstellung zu Gewicht und Aussehen reflektieren. Wenn das Kind an einer Fress-Brech-Sucht leidet, sollte es die Konsequenzen seines Verhaltens tragen (z. B. Ersatz der fehlenden Nahrungsmittel, Putzen des Klos).

Da Spontanheilungen (das heißt eine Besserung ohne Therapie) bei Essstörungen gering sind und auch die Prognose bei Essgestörten, die sich einer Therapie unterziehen, insgesamt schlecht ist, ist die Verhinderung oder frühzeitige Erkennung bzw. Behandlung einer Essstörung von hoher Bedeutung. Sie sind meist auch schwere Erkrankungen, die in vielen Fällen einer psychotherapeutischen Hilfe bedürfen. Dabei kann in vielen Fällen eine stationäre Behandlung zu Beginn der Therapie notwendig sein.

Die Therapie der Fettleibigkeit bei Kindern und Jugendlichen orientiert sich an den Therapiezielen. In der Regel soll eine dauerhafte Veränderung des Ernährungs- und Bewegungsverhaltens beim Kind bzw. Jugendlichen und den Personen der engeren sozialen Umgebung, meist den Eltern, erreicht werden. Das Ziel einer Therapie muss es sein, die individuellen Ursachen für die Essstörung zu erkennen und alternative Verhaltensweisen anzubieten, ohne weitere Schuldgefühle zuzuweisen bzw. dem Patienten einfach nur Fehlernährung oder mangelnde Selbstkontrolle vorzuwerfen. Das Erlernen von Problembewältigungsstrategien und das Sicherstellen der erreichten Verhaltensänderungen sind weitere wichtige Ziele.

In die Therapie sollte die gesamte Familie einbezogen werden. Gemeinsam müssen kleine, realisierbare Ziele bestimmt und schrittweise verfolgt werden.

Häufige Probleme bei der Therapie von stark Übergewichtigen sind:

- geringe Frustrationstoleranz
- unrealistische Veränderungsziele
- Passivität und Erwartungshaltung
- langjähriges Lernen am Misserfolg
- Selbstwertprobleme
- emotionale Störungen, wie Angst und Depression
- problematisches Essverhalten, vor allem Heißhungerattacken
- eingeschränktes Repertoire an Bewältigungsstrategien
- Schwierigkeit, die Befriedigung von Bedürfnissen aufzuschieben

Es gibt keine sicheren Strategien um Essstörungen zu verhindern, die Beachtung folgender Punkte könnte aber wenigstens ein kleiner Beitrag dazu sein:

- Akzeptieren Sie Ihr Kind so, wie es ist (z. B. Zuwendung nicht nur geben, wenn das Kind bestimmte Anforderungen erfüllt).
- Ersetzen Sie nicht Sprechen durch Essen (z. B. Essen als Zeichen der Versöhnung oder Zuneigung).
- Besetzen Sie nicht Essen mit Funktionen, die es nicht haben soll (z. B. zum Trösten, Ablenken, »Ruhig stellen«...).
- Entkoppeln Sie Belohnung und Süßigkeiten.
- Enthalten Sie sich aller negativen (zärtlich spöttischen) Kommentare über die Figur Ihres Kindes, auch schon des kleinen Kindes; besser ist es Alternativen zum Essen zu überlegen.
- Lassen Sie Essen nicht zu einem Machtspiel zwischen Ihrem Kind und sich selbst werden.
- Beachten Sie Ihre eigene Vorbildwirkung.

Für Kinder ab 10 Jahren und Jugendliche gibt es einen einfachen Fragebogen zur Feststellung von Essstörungen. Dieser beinhaltet 6 Fragen und hat die Antwortmöglichkeit JA oder NEIN. Wenn 3 von diesen 6 Fragen mit JA beantwortet werden, liegt mit großer Wahrscheinlichkeit eine Essstörung vor. Wenden Sie sich dann umgehend an einen Experten.

Bringst du dich absichtlich zum Erbrechen, weil du dich unangenehm voll fühlst?	O ja	O nein
Machst du dir Sorgen, weil du manchmal nicht mit dem Essen aufhören kannst?	O ja	O nein
Hast du in der letzen Zeit mehr als 6 Kilogramm in 3 Monaten abgenommen?	O ja	O nein
Findest du dich zu dick, während andere dich zu dünn finden?	O ja	O nein
Würdest du sagen, dass Essen das Hauptthema in deinem Leben ist?	O ja	O nein
Isst du meist heimlich, damit andere nicht mitbekommen, wie viel du isst?	O ja	O nein

(Quelle: deutsche Version des SCOFF von Morgan et al.)

Um Essstörungen zu verhindern, ist es wichtig, Kinder und Jugendliche zu stärken und ihnen ein Gefühl für ihre eigenen Fähigkeiten und Talente zu geben.

Folgen, Selbstwert und Selbstsicherheit

Der Selbstwert ist das Bewusstwerden des eigenen Selbst als eines positiv erlebten Wertes. Der Selbstwert sagt nichts über den Wert in den Augen anderer aus, sondern darüber, welchen Wert sich jemand selbst zuschreibt.

Daraus resultiert, dass unser Selbstwertgefühl weniger von objektiven Fähigkeiten abhängt, sondern von dem Bewertungsmaßstab, den wir an uns selbst anlegen. Einen besonderen Einfluss auf unseren Selbstwert haben deshalb der Wunsch nach Perfektionismus und unsere Abhängigkeit von der Anerkennung durch andere.

Kinder tendieren üblicherweise dazu, ihre eigenen Fähigkeiten positiv einzuschätzen. Dabei spielt das Verhalten der Eltern, der Spiegel, den sie den geliebten Kindern vorhalten, eine entscheidende Rolle für die Ausformung des Selbstbildes und des Selbstwertes. Mit zunehmendem Alter spielen soziale Vergleichsprozesse mit anderen Kindern eine größere Rolle. Eigene Fähigkeiten und Erfolge in verschiedenen Lebensbereichen werden mit denen anderer verglichen.

In der Jugendzeit gewinnt neben der Familie und den Schulleistungen der Freundeskreis zunehmend an Bedeutung. Dabei spielt das »Ankommen beim anderen Geschlecht und im Freundeskreis« eine besondere Rolle. Die wahrgenommene eigene Attraktivität beeinflusst den Selbstwert des Jugendlichen sehr stark. Körperlich gut auszusehen und fit zu sein bedeutet gleichzeitig beliebt zu sein. Generell sind die emotionale Befindlichkeit und das Selbstwertgefühl von Jugendlichen stark schwankend, daher auch eher leicht zu verändern.

Positive Erfahrungen in Freundschaftsbeziehungen oder Erfolgserlebnisse in der Schule, später im Beruf, können den Selbstwert rasch aufbauen und relativ stabilisieren.

Kennzeichen von einem positiven Selbstwertgefühl sind:

- hohe, aber nicht zu hohe Anforderungen an sich selbst
- seelisches Wohlbefinden (weniger Angst)
- Anpassungsfähigkeit und Flexibilität
- geringere Krisenanfälligkeit
- größere Ausdauer beim Verfolgen von Zielen

Die Wurzeln unseres Selbstverständnisses liegen in unserer Kindheit. Den Umweltfaktoren, d. h. den Beziehungserfahrungen mit den wichtigsten Be- und Erziehungspersonen in der Kindheit und Jugend kommt dabei eine herausragende Bedeutung zu.

Nicht förderliche Erfahrungen für die Entwicklung eines gesunden Selbstwertgefühls sind unter anderem die Erfahrung, dass die elterliche Zuwendung an bestimmte Bedingungen geknüpft ist, die Eltern wenig Vertrauen in die Kompetenz ihres Kindes haben, und die Eltern und spätere Bezugspersonen zu wenig loben und stärken. Ein wichtiges generelles Erziehungsprinzip, nämlich »Kinder stark zu machen«, wird durch das Zulassen von Übergewicht weiter untergraben.

Zahlreiche Untersuchungen übergewichtiger Kinder weisen auf eine erhebliche Beeinträchtigung der Lebensqualität in mehreren Bereichen hin. Sowohl das körperliche und das seelische Wohlbefinden als auch die gesamte Lebensqualität und Freundschaftsbeziehungen sind im Vergleich zu gesunden normalgewichtigen Kindern eingeschränkt.

Auch wenn nicht generell eine Beeinträchtigung des Selbstwertgefühls bei übergewichtigen Kindern vorliegt, so ist auf jeden Fall das körperliche Selbstwertgefühl adipöser Kind beeinträchtigt.

Dicke Kinder werden nicht nur wegen ihres Aussehens diskriminiert, sondern es werden ihnen noch viele weitere negative Eigenschaften zugeschrieben, die mit dem Dicksein an sich nichts oder nur wenig zu tun haben. So werden dicke Kinder auch als faul, träge, dumm, zügellos, unattraktiv usw. gesehen. Dies sind Zuschreibungen, die meist als sehr kränkend erlebt werden, welche das oft ohnehin schon geringe oder labile Selbstwertgefühl noch weiter untergraben, und dadurch das Risiko für ein problematisches Verhalten, wie sozialer Rückzug und gestörtes Essverhalten, erhöhen. Wie erwähnt, ist ein Kind in seinem Selbstwert sehr stark auf die Akzeptanz durch die Gleichaltrigengruppe angewiesen. Dicke Kinder werden häufig absichtlich oder unabsichtlich gekränkt, sei es, dass sie direktem Spott oder Kritik ausgesetzt sind, sei es, dass sie indirekt ausgegrenzt oder zurückgewiesen werden, indem sie z. B. bei gemeinsamen sportlichen Aktivitäten nie als Mitspieler gewählt werden, man sie nicht als Freund/Freundin haben möchte usw.

Dicke Kinder weisen auch mehr Negativaussagen bezogen auf ihr Selbstwertgefühl auf. Das negative Selbstwertgefühl trägt zu Stimmungsschwankungen, emotionalen Problemen und Verhaltensauffälligkeiten bei. Dazu gehört auch der athletische Bereich als eine spezifische Komponente des Selbstkonzeptes. Sie vermeiden oft sportliche Auseinandersetzungen, um nicht schlecht abzuschneiden, wodurch sich der athletisch-sportliche Aspekt noch mehr verschärft. Wenn die Selbstachtung gering ist, verlieren oft Ziele wie körperliche Gesundheit ihre Bedeutung und es entsteht so etwas wie ein »Wurstigkeitsgefühl«, das den »Teufelskreis« noch weiter verschärft.

Die meisten dicken Kinder leiden also unter einem enormen seelischen Stress und haben schlechtere Startchancen im Leben. Verschärfend kommt hinzu, dass Fettleibigkeit sogar zu einem Zeichen von Armut geworden ist. Auch werden Übergewichtige oft sozial benachteiligt wie z. B. bei der Berufsfindung.

Bewegung

Sport und sportliches Training

Der Mensch ist ein Bewegungswesen. Man kann den menschlichen Körper mit einem Motor vergleichen. Wenn er nicht regelmäßig in Bewegung gesetzt und geschmiert wird, verrostet er und ist irgendwann betriebsunfähig. Ähnlich ist es mit dem Körper: Für die Entwicklung und für den Erhalt der körperlichen Leistungsfähigkeit ist Bewegung nötig. Auch ein Körper, der rastet, rostet!

Wenn es um Ihr Kind geht, zu Beginn die wichtigste Botschaft: Es geht nicht darum, aus Ihrem Kind von heute auf morgen einen Spitzensportler zu machen. Was wir aber alle gemeinsam anstreben sollten, ist, Ihr Kind zu einem aktiven Lebensstil zu animieren, zu motivieren, es dazu anzuleiten und es dabei zu unterstützen. Für eben diesen aktiven Lebensstil haben wir für Sie und Ihr Kind eine Bewegungspyramide, die in drei Ebenen aufgebaut ist, entwickelt. Diese Pyramide soll eine wichtige Information bildlich darstellen: Dass Ihr Kind **langsam** die Lust an einem aktiven Lebensstil entwickeln sollte. Es soll sich von unten nach oben an der Pyramide hocharbeiten.

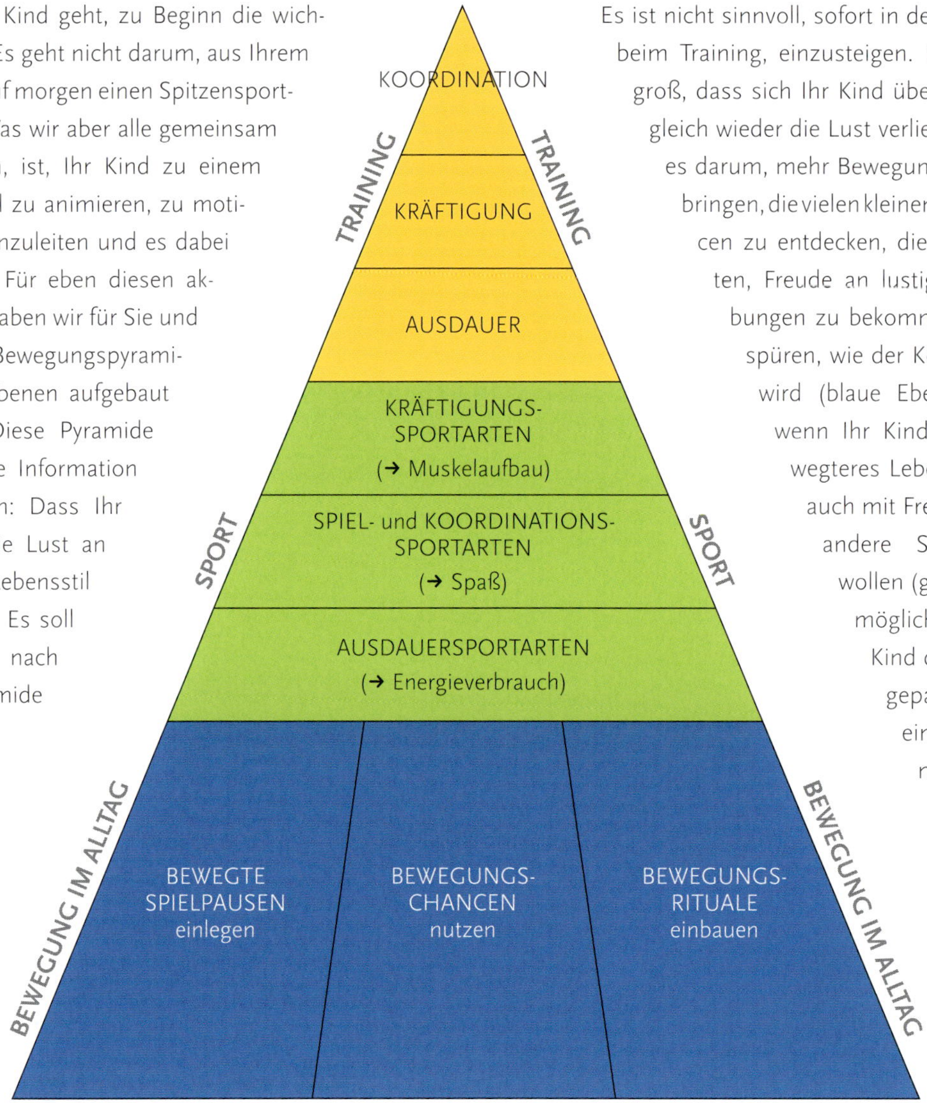

Es ist nicht sinnvoll, sofort in der obersten Ebene, beim Training, einzusteigen. Die Gefahr ist zu groß, dass sich Ihr Kind überfordert fühlt und gleich wieder die Lust verliert. Als erstes geht es darum, mehr Bewegung in den Alltag zu bringen, die vielen kleinen Bewegungschancen zu entdecken, die sich ständig bieten, Freude an lustigen Bewegungsübungen zu bekommen und dabei zu spüren, wie der Körper immer fitter wird (blaue Ebene). Erst später, wenn Ihr Kind bereits ein »bewegteres Leben« führt, wird es auch mit Freude die eine oder andere Sportart ausüben wollen (grüne Ebene). Und möglicherweise wird Ihr Kind dann vom Ehrgeiz gepackt und möchte ein sportliches Training beginnen (gelbe Ebene).

Die Pyramide zeigt aber auch, dass die drei Ebenen der Bewegung aufeinander aufbauen. Das heißt, wenn Ihr Kind bereits viel Bewegung im Alltag macht und eine Sportart lernen möchte, dann ersetzt das Sporttreiben nicht die Bewegung im Alltag. Es ist vielmehr ein Zusatzprogramm. Das bewegte Alltagsleben soll es auf jeden Fall beibehalten!

Die Vorteile unseres »Drei-Schritte-Programms« liegen auf der Hand: Der Einstieg ist leicht und motivationsfördernd. Und in weiterer Folge kann Ihr Kind selbst bestimmen, wie schnell es die Bewegungspyramide hinaufklettern will. Aber egal, welche Ebene der Pyramide Ihr Kind wann erklimmt: Das Entscheidende ist, dass ihm alles bei seinem Vorhaben hilft, sein Gewicht in den Griff zu bekommen – denn jede zusätzlich Bewegung verbraucht Energie!

Bewegung im Alltag

An der Basis der Pyramide und auch als wichtigstes Element der Lebensstilmodifikation steht ein Mehr an Bewegung im Alltag. Wir beginnen hier gleich mit einer guten Nachricht: »Wenig hilft viel!« Wie bereits erwähnt, geht es nicht darum, Ihr Kind zu einem Weltmeister zu trainieren. Vielmehr sollte es unser gemeinsames Ziel sein, dass es eine positive Einstellung zur Bewegung bekommt und Lust und Freude an einem »bewegten Leben« empfindet. Bei übergewichtigen Kindern kommt ein zusätzlicher Aspekt hinzu: Jede Form von Bewegung verbraucht Energie. Jeder zusätzliche Schritt, jede durchgeführte Übung erhöhen den Energieverbrauch und helfen Ihrem Kind bei seinem Vorhaben!

Um mehr Bewegung in den Alltag einzubauen, helfen Ihrem Kind drei Strategien. Zum einen geht es darum, **Bewegungschancen** zu nutzen, wenn sie zur Wahl stehen (z. B. Stiegensteigen statt mit dem Lift fahren, den Weg zur Schule/zum Kindergarten zu Fuß gehen statt gefahren zu werden, auf den Spielplatz gehen statt Fernsehen). Dazu kommen bewegte **Spielpausen**, die eingelegt werden, wenn die Sitz- und Stehzeit zu lange ist. **Bewegungsrituale** (z. B. »Das ausdauernde Pferd galoppiert mit Ihrem Kind durch den Nachmittag.« oder: »Der kräftige Bär begleitet Ihr Kind mit fünf Übungen ins Bett.«) runden den aktiven Alltag ab.

(Weitere Erklärungen und Anleitungen zu den einzelnen Übungen finden Sie und Ihr Kind in den Einheiten 2 – 5.)

5 – 8 Jahre

Energieverbrauch bei verschiedenen Alltagsbewegungen

Aktivität (jeweils 30 Minuten)	Energieverbrauch als Mehrfaches des Grundumsatzes*	Energieverbrauch in kcal Knabe 6 Jahre, 115 cm, 20 kg	Energieverbrauch in kcal Mädchen 6 Jahre, 113 cm, 19 kg
in völliger Ruhe	1,0	20	19
ruhiges Sitzen	1,2	24	23
ruhiges Stehen	1,4	28	27
Gehen (3 – 8 km/h)	2,0 – 10,0	40 – 198	38 – 192
Hausarbeit	1,8 – 3,7	36 – 73	35 – 71
Aufräumen	2,5	50	48
Einkaufen	3,5	69	67
Spielen	4,0	79	77
Graben, Schaufeln	8,5	168	163

9 – 14 Jahre

Energieverbrauch bei verschiedenen Alltagsbewegungen

Aktivität (jeweils 30 Minuten)	Energieverbrauch als Mehrfaches des Grundumsatzes*	Energieverbrauch in kcal Knabe 10 Jahre, 140 cm, 32 kg	Energieverbrauch in kcal Mädchen 10 Jahre, 137 cm, 33 kg
in völliger Ruhe	1,0	26	24
ruhiges Sitzen	1,2	31	29
ruhiges Stehen	1,4	36	34
Gehen (3 – 8 km/h)	2,0 – 10,0	51 – 255	48 – 240
Hausarbeit	1,8 – 3,7	46 – 94	43 – 89
Aufräumen	2,5	64	60
Einkaufen	3,5	89	84
Spielen	4,0	102	96
Graben, Schaufeln	8,5	217	204

* Erklärung siehe Seite 35.

»Wenig hilft viel!« bezieht sich auf ein Wenig an Anstrengung, an Zeitaufwand, an Platz- und Gerätebedarf. Wichtig dabei ist: Der Schritt zu mehr Aktivität im Alltag ist wenig anstrengend und kostet kaum Zeit. Sie müssen Ihr Kind dazu nicht zu Sportstätten bringen, ihm keine aufwändige Sportbekleidung oder teure Sportgeräte finanzieren. Bewegung findet vom Aufstehen bis zum Schlafengehen, in engen Räumen und auch auf offenen Plätzen statt.

Nebenstehende Tabelle zeigt, wie hoch der Energieverbrauch bei verschiedenen Alltagsbewegungen ist. In der ersten Spalte ist der Energiebedarf als Mehrfaches des Grundumsatzes angegeben. Der Grundumsatz ist die Menge an Energie, die der Körper verbraucht, auch wenn wir uns nicht bewegen. Er ist nötig, um die lebenserhaltenden Funktionen (Atmung, Herztätigkeit, Verdauung) zu gewährleisten.

Die Tabelle zeigt z. B., dass man beim Aufräumen um 2,5 Mal mehr Energie verbraucht als man in völliger Ruhe benötigen würde. Anstrengende Tätigkeiten, wie z. B. Graben und Schaufeln, sind natürlich mit einem höheren Energieverbrauch verbunden.

Sport

Die zweite Ebene der Pyramide ist der Sport. Darunter versteht man Bewegung, die zum Selbstzweck betrieben wird. Hier geht es um Tätigkeiten, die ihrer selbst willen ausgeübt werden, weil man Freude an der Bewegung hat, und auch daran, Schwierigkeiten zu überwinden.

Es gibt eine nahezu unüberschaubare Vielzahl an Sportarten. Nicht alle machen Kindern Spaß, und viele sind für Übergewichtige weniger geeignet. Von Einheit 6 bis 12 stellen wir Ihnen und Ihrem Kind viele verschiedene Sportarten vor.

Prinzipiell richtet sich die Wahl der richtigen Sportart für Ihr Kind vor allem nach den Neigungen und Interessen Ihres Kindes. Ihr Kind soll das tun, was ihm Freude bereitet!

Ein paar Grundsätze gilt es dennoch zu beachten:

- Die Wahl der Sportart muss dem Trainingszustand Ihres Kindes angepasst sein. Wenn Ihr Kind bisher körperlich nur sehr wenig aktiv war, wird es mit einer Mountainbiketour zum Einstieg vollkommen überfordert sein, und auch keine Freude daran haben.
- Sportarten, die für übergewichtige Kinder für den Einstieg geeignet sind, müssen gut dosierbar sein, d. h. die Belastungsintensität sollte möglichst gleichförmig sein, Spitzenbelastungen sollten vermieden werden.

Solche intervallartige intensive Belastungen treten z. B. bei Mannschaftsspielen auf. Diese Sportarten sind erst später geeignet, wenn Ihr Kind bereits belastbarer ist. Für den Anfang besonders gut geeignet sind z. B. Rad fahren, Walking, Nordic Walking, Schwimmen und Wandern. Diese Sportarten sind für übergewichtige Kinder auch deshalb besonders gut geeignet, weil sie gelenkschonend sind.

- Der erste Schritt, bevor Ihr Kind eine Sportart gerne und vor allem auch sicher ausüben kann, ist, sie zu erlernen. Das ist bei vielen Sportarten sehr einfach (z. B. Rad fahren), bei anderen wiederum dauert es länger (z. B. Tennis, Ski fahren). Wenn Ihr Kind eine neue Sportart beginnen möchte, die technisch anspruchsvoll ist, ist es auf jeden Fall ratsam, sie bei einem Experten zu lernen. Falsch ausgeübter Sport macht nicht nur weniger Spaß, auch das Risiko für Probleme und Verletzungen ist höher.

Wir unterscheiden in unserer Bewegungspyramide in der Ebene Sport zwischen Ausdauer-, Spiel- und Koordinationssowie Kräftigungssportarten:

Ausdauersportarten, wie Walking, Nordic Walking, Rad fahren, Mountainbiken, Inlineskaten, Nordic Blading, Laufen, Skilanglauf, Ski wandern, Schneeschuh gehen oder Aquajogging, sind Sportarten, bei denen eine Bewegung über einen längeren Zeitraum mit gleichbleibender Intensität ausgeübt wird. Diese Sportarten sind besonders günstig, weil die Belastungsintensität gut dosierbar ist. Außerdem erhöhen sie den Energieverbrauch enorm. Sie unterstützen Ihr Kind bei seinem Vorhaben optimal!

Spiel- und Koordinationssportarten, wie Badminton, Tischtennis, Tennis, Bowling, Kegeln, Boccia, Fußball, Basketball, Handball, Ball über die Schnur, Volleyball, Kids' Dance, Ballett, Skifahren und Snowboarden, machen vor allem Spaß. Außerdem trainieren sie die koordinativen Fähigkeiten, fördern das Zusammengehörigkeitsgefühl und die Gruppendynamik, und Ihr Kind verbraucht »ganz nebenbei« auch Energie.

Kräftigungssportarten, wie Schwimmen, Kids' Aerobic, Aqua Aerobic, Power-Walking, Bergwandern und Bergrad fahren, helfen Ihrem Kind, seine Muskeln zu stärken und neue Muskeln aufzubauen. Da Muskeln immer, also auch, wenn sie gerade nicht arbeiten, Energie verbrauchen, steigt damit auch der Energieverbrauch in Ruhe.

Beschreibungen der einzelnen Sportarten finden Sie und Ihr Kind in den Einheiten 6 – 12!

Nebenstehende Tabelle zeigt, wie hoch der Energieverbrauch bei verschiedenen Sportarten ist. In der ersten Spalte ist der Energiebedarf wieder als Vielfaches des Grundumsatzes angegeben. Man erkennt, dass man bei sportlichen Aktivitäten wesentlich mehr Energie verbraucht als bei Alltagsaktivitäten. Am meisten Energie verbrennt man – auch das zeigt die Tabelle sehr anschaulich – bei Ausdauerbewegungsformen wie Walking, Laufen und Langlaufen.

5 – 8 Jahre

Energieverbrauch bei verschiedenen Sportarten			
Aktivität jeweils 30 Minuten	Energieverbrauch als Mehrfaches des Grundumsatzes	Energieverbrauch in kcal Knabe 6 Jahre, 115 cm, 20 kg	Energieverbrauch in kcal Mädchen 6 Jahre, 113 cm, 19 kg
in völliger Ruhe	1,0	20	19
Bowling	3,0	59	58
Tischtennis	4,0	79	77
Badminton	6,0	119	115
Tennis	8,0	158	154
Volleyball	3,0	59	58
Fußball	7,0	139	134
Aerobic (moderat bis intensiv)	3,0 – 8,0	59 – 158	58 – 154
Skifahren (moderat bis intensiv)	5,0 – 8,0	99 – 158	96 – 154
Skilanglauf (8 – 15 km/h)	12,0 – 16,0	238 – 317	230 – 307
Schwimmen (moderat bis intensiv)	6,0 – 15,0	119 – 297	115 – 288
Rad fahren (9 – 30 km/h)	3,0 – 12,0	59 – 238	58 – 230
Walking (5 – 8 km/h)	5,0 – 8,0	99 – 158	96 – 154
Laufen (8 km/h)	8,0	158	154

9 – 14 Jahre

Energieverbrauch bei verschiedenen Sportarten

Aktivität jeweils 30 Minuten	Energieverbrauch als Mehrfaches des Grundumsatzes	Energieverbrauch in kcal Knabe 10 Jahre, 140 cm, 32 kg	Energieverbrauch in kcal Mädchen 10 Jahre, 137 cm, 33 kg
in völliger Ruhe	1,0	26	24
Bowling	3,0	77	72
Tischtennis	4,0	102	96
Badminton	6,0	153	144
Tennis	8,0	204	192
Volleyball	3,0	77	72
Fußball	7,0	179	168
Aerobic (moderat bis intensiv)	3,0 – 8,0	77 – 204	72 – 192
Skifahren (moderat bis intensiv)	5,0 – 8,0	128 – 204	120 – 192
Skilanglauf (8 – 15 km/h)	12,0 – 16,0	306 – 408	288 – 384
Schwimmen (moderat bis intensiv)	6,0 – 15,0	153 – 383	144 – 360
Rad fahren (9 – 30 km/h)	3,0 – 12,0	77 – 306	72 – 288
Walking (5 – 8 km/h)	5,0 – 8,0	128 – 204	120 – 192
Laufen (8 km/h)	8,0	204	192

Die meisten Sportarten kann übrigens die ganze Familie ausüben: Wandern, Skifahren, Tischtennis, ein Radausflug am Wochenende – das erhöht nicht nur den Energieverbrauch und die Fitness Ihres Kindes, das tut auch Ihnen und ganz »nebenbei« dem Zusammengehörigkeitsgefühl innerhalb der Familie – und damit der Seele – gut.

Training

Training unterscheidet sich von Sport dadurch, dass es nicht (nur) aus Freude an der Bewegung gemacht, sondern regelmäßig, langfristig, systematisch, planmäßig und mit einer klaren Zielsetzung ausgeübt wird.

Das Ziel eines sportlichen Trainings ist meist die Verbesserung der sportlichen Leistungsfähigkeit und der Fitness. Auch ein weniger hoch gestecktes Ziel ist häufig: Die Erhaltung und Förderung der Gesundheit. Aus einer Vielzahl von wissenschaftlichen Studien ist hinlänglich bekannt, dass sportliches Training nicht nur die körperliche Leistungsfähigkeit, sondern auch zahlreiche Einflussgrößen auf den Gesundheitszustand verbessert: Training wirkt Cholesterinspiegel und Blutdruck senkend, kurbelt den Blutzuckerverbrauch an und senkt damit das Risiko für eine Zuckerkrankheit, und wirkt sogar stimmungsaufhellend.

Wir unterscheiden verschiedene Arten von Kindertraining:

Ausdauertraining

Ausdauertraining zielt vor allem auf die Verbesserung des Herz-Lungen-Kreislaufsystems ab. Auch die Seele freut sich sehr über Ausdauertraining: Das Wohlbefinden verbessert sich, die Stimmung steigt, Stress wird abgebaut. Außerdem – und das ist für unsere Zwecke besonders wichtig – verbraucht man beim Ausdauertraining während des Trainings sehr viel Energie. Ausdauersportarten sind z. B. Walking, Nordic Walking, Laufen, Rad fahren, Mountainbiken, Inline-Skaten, Schwimmen, Aqua-Running, Skilanglaufen und Schneeschuhgehen.

Bei der Berechnung der Pulsgrenze für das Ausdauertraining beziehen wir uns auf die Karvonen-Formel zur Berechnung des Trainingspulses. Diese Faustformel (siehe Seite 64) wird zur Berechnung des Trainingspulses vom Gesundheits- über den Fitness- bis in den Leistungssport verwendet.

Für Kinder empfehlen wir sowohl zur Gewichtsreduktion, aber auch zum Aufbau einer Ausdauergrundleistungsfähigkeit das Training im moderaten, extensiven Trainingsbereich. Dieser wird von uns in einem Intensitätsbereich von 60 – 70 % der maximal möglichen Herzfrequenzreserve angelegt. Wenn man mit die zu erwartenden maximale Herzfrequenz und Ruheherzfrequenz von 210 und 80 Schlägen pro Minute in die Formel einsetzt, errechnet sich grob ein empfohlener Trainingsherzfrequenzbereich von ca. 155 – 170 Schlägen pro Minute.

Wir nehmen dabei an, dass es sich bei dem trainierenden Kind um ein gesundes Kind handelt, das bis zu einer maximalen Herzfrequenz von 210 belastbar ist.

Berechnung der Pulsgrenzen für Ausdauertraining bei Kindern (Karvonen-Formel):

Trainingspuls =
Ruhepuls + [(210 – Ruhepuls) x Trainingsintensität]

Trainingspuls Untergrenze =
80 + [(210 – 80) x 0,6] = 80 + (130 x 0,6) =
= 80 + 78 = 158

Trainingspuls Obergrenze =
80 + [(210 – 80) x 0,7] = 80 + (130 x 0,7) =
= 80 + 91 = 171

Die Trainingsherzfrequenz lässt sich am besten mit einer Pulsuhr überwachen. Gerade bei übergewichtigen und/oder weniger gut trainierten Kindern ist die Pulskontrolle während des Trainings unbedingt anzuraten, um vor allem eine Überanstrengung zu vermeiden. Viele »Trainingsneulinge« neigen dazu, sich am Anfang zu überfordern!

Grundlagen des Ausdauertrainings

(siehe Trainingspläne, Seite 68 – 71)

Das Intervalldauertraining ist notwendig, um das Lungen-Herz-Kreislauf-Muskelsystem an die Belastung zu gewöhnen und sich auch mental an die Belastung zu gewöhnen. Das Ziel ist, die Zeit in den Belastungsphasen zu verlängern, um die Dauermethode vorzubereiten. Nach 4 Wochen hat man das 1. Ziel erreicht, man kann von der Intervall- auf die Dauermethode umsteigen. Diese Stufe ist sowohl körperlich als auch geistig ein großer Erfolg!

In der Woche 7 des Ausdauertrainingsplanes (Einheit 19 des Programms) wird die Trainingshäufigkeit von 2 auf 3 Mal pro Woche erhöht. Damit sind wir beim Optimum angelangt.

Der letzte Steigerungsschritt, den wir planen, ist, eine weitere Intensitätsstufe einzubringen, um die bereits aufgebaute Ausdauerleistungsfähigkeit weiter auszubauen. Dies erreichen wir durch die Wechselmethode.

Wenn unsere kleinen Sportler jetzt so richtig auf den Geschmack gekommen sind, ein Tipp zur weiteren Steigerung des Ausdauertrainingsprogramms: Die beiden Dauertrainingseinheiten werden verlängert (5 – 8 Jahre: bis zu 45 Minuten, 9 – 14 Jahre: bis zu 55 Minuten). Das Wechseltempo wird die Zeit der extensiven Belastung auf 3 Minuten verringern, die Zeit der intensiven Belastung auf 7 Minuten erhöhen, bis man letztendlich in ein Dauertraining in der höheren Intensität von ca. 25 Minuten übergeht.

AUSDAUERTRAINING verbrennt Fett aus den Fettzellen.

Kräftigungstraining

Kräftigungstraining zielt darauf ab, die vorhandenen Muskeln zu trainieren und neue aufzubauen sowie die mechanische Belastbarkeit von Gelenken, Sehnen und Knochen zu verbessern. Damit soll erreicht werden, dass eine korrekte Körperhaltung eingenommen und gehalten werden kann und muskuläre Dysbalancen beseitigt werden, d. h. dass Muskeln die zur Abschwächung neigen (z. B. Bauchmuskulatur, Rückenmuskulatur), gekräftigt, und solche, die zur Verkürzung neigen (z. B. Brustmuskel), gedehnt werden sollen. Außerdem soll durch Kräftigungstraining Verletzungen vorgebeugt werden, denn starke Muskeln verringern das Risiko für Verletzungen. Alltagsbelastungen, wie Heben, Schieben oder Tragen, werden schonender für Bänder und Gelenke, und durch die Verbesserung des Zusammenspiels der Muskulatur kommt es zu richtigen Bewegungsabläufen.

Und auch beim Abnehmen bzw. Gewichthalten ist Kräftigungstraining ein starker Verbündeter: Beim Kräftigungstraining wird zwar während des Trainings nicht so viel Energie verbraucht wie beim Ausdauertraining, Kraftübungen rentieren sich allerdings auf Umwegen.

Durch den Zugewinn an stoffwechselaktiver Energie verbrauchender Muskelmasse, verbraucht der Körper rund um die Uhr, also auch in Ruhe, mehr Energie.

Kräftigungstraining wird immer gegen einen Widerstand gemacht. Dieser Widerstand kann das eigene Körpergewicht sein oder auch verschiedene Trainingsgeräte (z. B. Theraband, Wasserflaschen oder Krafttrainingsgeräte). Das hier vorgestellte Kräftigungstraining ist übrigens ein so genanntes »Muskelfunktionstraining«. Im Fitnesssport gibt es noch eine Vielzahl weiterer Krafttrainingsformen.

Für richtiges Kräftigungstraining gilt es, einige Regeln zu beachten:

- Auswahl der richtigen Übungen (siehe Anleitungen in Einheit 14)
- langsame Ausführung der Übungen
- korrekte Ausführung der Übungen
- Wiederholungszahl zwischen 15 und 45 pro Übung
- Trainingsprogramm sollte ca. 12 Übungen enthalten
- Trainingshäufigkeit: mindestens ein Mal pro Woche

Ausdauertraining verbrennt Fett aus den Fettzellen, KRAFTTRAINING schützt die Muskeln und baut sie sogar noch stärker auf.

5 – 8 Jahre

Der Einstieg ins Kräftigungstraining ist ein Kraftspieltraining, ein Muskelfunktionstraining, um die Muskeln zu lehren, gegen Widerstände zu agieren, um die Kraftfähigkeit zu steigern und insbesondere, um das natürliche Muskelwachstum in der Entwicklungsphase mit zusätzlichen Trainingsreizen noch zu verstärken. In der Gewichtsreduktion ist es besonders wichtig darauf zu achten, dass keine Muskelmasse abgebaut wird! Das ist mit Krafttraining möglich!

Zunächst geht es darum, 15 Wiederholungen konzentriert, richtig, aufmerksam und zügig hintereinander zu wiederholen und nach einer kurzen Verschnaufpause von einer halben bis zu einer Minute mit Spiel und Spaß zur nächsten Übung überzugehen.

Das zweite Ziel ist, 25 Wiederholen pro Übung zu schaffen. Das dritte Ziel ist, nach einer kurzen Pause die gleiche Übung noch einmal 20 Mal wiederholen zu können (2 Serien). Wenn man das schafft, ist man stark wie ein Bär!

9 – 14 Jahre

Der Einstieg ins Kräftigungstraining ist ein Muskelfunktionstraining ohne Geräte, um die Muskeln zu lehren, gegen Widerstände zu agieren, um die Kraftfähigkeit zu steigern und insbesondere, um das natürliche Muskelwachstum in der Entwicklungsphase mit zusätzlichen Trainingsreizen noch zu verstärken. In der Gewichtsreduktion ist es besonders wichtig darauf zu achten, dass keine Muskelmasse abgebaut wird! Das ist mit Krafttraining möglich!

Zunächst geht es darum, 18 Wiederholungen konzentriert, richtig, aufmerksam und zügig hintereinander zu wiederholen und nach einer kurzen Verschnaufpause von einer halben bis zu einer Minute mit Spiel und Spaß zur nächsten Übung überzugehen.

Das zweite Ziel ist, 25 Wiederholungen pro Übung zu schaffen. Das dritte Ziel ist, nach einer kurzen Pause, die gleiche Übung noch einmal 15, 20 und später 25 Mal wiederholen zu können (2 Serien). In der fünften Woche des Kräftigungstrainings kommt Kraftausdauertraining mit Wasserflaschen dazu, um die Muskelstruktur weiter zu straffen (»Bodyshaping«).

Geschicklichkeits- und Koordinationstraining

Geschicklichkeits- und Koordinationstraining bringt Abwechslung ins Training. Es geht um richtiges Reagieren und schnelles Agieren, um gelungenes Orientieren in Raum und Zeit, um Gleichgewicht, Rhythmus und fein abgestimmte Bewegungen. Beim Koordinationstraining wird sozusagen die Verständigung zwischen dem Gehirn und den ausführenden Körperteilen trainiert.

Grundlagen des Geschicklichkeits- und Koordinationstrainings

(siehe auch Trainingspläne, Seite 68 – 71)

Die Zielsetzung ist, immer neue Bewegungsaufgaben zu stellen, bei denen die Kinder in den ersten Anläufen unsicher in der Bewegungsausführung sind oder sogar scheitern. Im Verlauf des Übungsprozesses kommen sie über das Scheitern mit Konsequenz und Konzentration zum Erfolg. Das Prinzip heißt, jede Woche Neues auszuprobieren, und so das Bewegungsrepertoire zu erweitern und die Bewegungsfähigkeiten weiterzuentwickeln.

Die Bewegungsaufgaben sollten bewusst, konzentriert und langsam mit jeweils 15 – 30 Wiederholungen bzw. 30 – 60 Sekunden geübt werden. Nach einer Übungsstation soll sich Ihr Kind eine Pause von 1 – 2 Minuten nehmen, um sich zu entspannen und neue Konzentration aufzubauen.

Ausdauertraining verbrennt Fett aus den Fettzellen, Krafttraining schützt die Muskeln und baut sie sogar noch stärker auf. KOORDINATIONSTRAINING fördert die Geschicklichkeit – für mehr Spaß an Bewegung und Sport.

Trainingsplan

Im Anschluss finden Sie einen Trainingsplan für den Einstieg in ein systematisches Ausdauer-, Kräftigungs- und Koordinationstraining für Ihr Kind. Wir nehmen im Programm »Schlank ohne Diät für Kinder« ab der Einheit 13 immer wieder den Bezug auf diesen Plan.

Unser vorgestellter Plan umfasst Trainingsformen, die vor allem auf Gewichtsreduktion, Abbau von Fett- und Erhaltung bzw. Aufbau von Muskelmasse abzielen. Die Autoren sind sich bewusst und weisen darauf hin, dass Fitness orientiertes Training auch das Training von Beweglichkeit, Dehnen sowie Techniktraining zur Erlernung verschiedener Sportarten beinhalten müsste. Wir wollen unsere Schützlinge aber langsam an das Training heranführen und nicht überfordern, damit sie den Spaß und die Freude daran nicht verlieren.

5 – 8 Jahre

Trainingsplan Kinder

	Ausdauer	Kräftigung	Koordination
Woche 1 Einheit 13	2 x pro Woche 18 Minuten **Intervallspieltraining »Ausdauernd wie ein Pferd«** oder **Intervalldauertraining** (abwechselnd 1 Minute Trainingsintensität, 1 Minute langsam, z. B. Walking in der Trainingsintensität – Gehen)		
Woche 2 Einheit 14	2 x pro Woche 20 Minute **Intervallausdauertraining** (je 1 Minute Trainingsintensität, 1 Minute langsam)	1 x pro Woche **Kraftspieltraining »Stark wie ein Bär«** oder **Muskelfunktionstraining** mit den Übungen 5 – 20 **»Stark wie ein Bär«** Je 15 Wiederholungen in einer Serie	
Woche 3 Einheit 15	2 x pro Woche 21 Minuten **Intervallausdauertraining** (je 2 Minuten Trainingsintensität, 1 Minute langsam)	Je 18 Wiederholungen, eine Serie	1 x pro Woche **Koordinationsspieltraining »Geschickt wie die Katze«** (8 Übungen) oder Spiele mit dem Tennis- und Tischtennisball zu Hause
Woche 4 Einheit 16	2 x pro Woche 24 Minuten **Intervallausdauertraining** (je 3 Minuten Trainingsintensität, 1 Minute langsam)	Je 20 Wiederholungen, eine Serie	1 x pro Woche **Koordinationsspieltraining »Geschickt wie die Katze«** (8 Übungen) oder ein Gleichgewichtsparcours zu Hause (Balancieren auf Balancebrettern, Sesseln, Besenstangen, ...) mit offenen und geschlossenen Augen

5 – 8 Jahre

Trainingsplan Kinder			
	Ausdauer	Kräftigung	Koordination
Woche 5 Einheit 17	1 x pro Woche 24 Minuten **Intervallausdauertraining** (je 5 Minuten, 1 Minute) 1 x pro Woche **Dauermethode** in der Trainingsintensität (20 Minuten)	Je 25 Wiederholungen, eine Serie	1 x pro Woche **Koordinationsspieltraining »Geschickt wie die Katze«** (8 Übungen) oder Spiele alleine, zu zweit oder in Gruppen mit dem Volley-, Fuß-, Hand- oder Basketball
Woche 6 Einheit 18	1 x 20 Minuten **Dauermethode** in der Trainingsintensität 1 x 25 Minuten **Dauermethode** in der Trainingsintensität	2 Serien, je 15 Wiederholungen	1 x pro Woche **Koordinationsspieltraining »Geschickt wie die Katze«** (8 Übungen) oder Spiele mit dem Tennis-, Tischtennis- oder Badmintonschläger
Woche 7 Einheit 19	1 x 20 Minuten **Dauermethode** in der Trainingsintensität 1 x 25 Minuten **Dauermethode** in der Trainingsintensität 1 x 20 Minuten **Dauermethode** in der Trainingsintensität	2 Serien, je 20 Wiederholungen	1 x pro Woche **Koordinationsspieltraining »Geschickt wie die Katze«** (8 Übungen) oder Tanzübungen zur Musik, Aerobicübungen, Hip Hop, ...
Woche 8 Einheit 20	1 x 20 Minuten **Dauermethode** in der Trainingsintensität 1 x 25 Minuten **Dauermethode** in der Trainingsintensität 1 x 20 Minuten **Wechselmethode** (5 Minute Trainingsintensität, 5 Minuten Trainingsintensität + 10 Schläge)	2 Serien, je 25 Wiederholungen	1 x pro Woche **Koordinationsspieltraining »Geschickt wie die Katze«** (8 Übungen) oder Jonglierübungen mit Bällen und Tüchern

Anmerkung: Das Intervallausdauertraining kann immer durch das Intervallspieltraining »Ausdauernd wie ein Pferd« ersetzt werden. Das Kräftigungstraining besteht immer aus dem Kraftspieltraining oder dem Muskelfunktionstraining.

9 – 14 Jahre

Trainingsplan Kinder			
	Ausdauer	Kräftigung	Koordination
Woche 1 Einheit 13	2 x pro Woche 24 Minuten **Intervallausdauertraining** (abwechselnd 1 Minute Trainingsintensität, 1 Minute langsam, z. B. Walking in der Trainingsintensität – Gehen)		
Woche 2 Einheit 14	2 x pro Woche 28 Minuten **Intervallausdauertraining** (je 1 Minute Trainingsintensität, 1 Minute langsam)	1 x pro Woche **Muskelfunktionstraining ohne Geräte,** 15 Übungen oder Übungen 5 – 20 **»Stark wie ein Bär«** Je 18 Wiederholungen in einer Serie	
Woche 3 Einheit 15	2 x pro Woche 32 Minuten **Intervallausdauertraining** (je 3 Minuten Trainingsintensität, 1 Minute langsam)	Je 21 Wiederholungen, eine Serie	1 x pro Woche Spiele mit dem Tennis- und Tischtennisball zu Hause
Woche 4 Einheit 16	2 x pro Woche 35 Minuten **Intervallausdauertraining** (je 4 Minuten Trainingsintensität, 1 Minute langsam)	Je 25 Wiederholungen, eine Serie	1 x pro Woche ein Gleichgewichtsparcours zu Hause (Balancieren auf Balancebrettern, Sesseln, Besenstangen, ...) mit offenen und geschlossenen Augen
Woche 5 Einheit 17	1 x pro Woche 36 Minuten **Intervallausdauertraining** (je 5 Minuten Trainingsintensität, 1 Minute langsam) 1 x pro Woche **Dauermethode** in der Trainingsintensität (20 Minuten)	2 Serien, je 20 Wiederholungen	1 x pro Woche Spiele alleine, zu zweit oder in Gruppen mit dem Volley-, Fuß-, Hand- oder Basketball

Trainingsplan Kinder			
	Ausdauer	Kräftigung	Koordination
Woche 6 Einheit 18	1 x 25 Minuten **Dauermethode** in der Trainingsintensität 1 x 35 Minuten **Dauermethode** in der Trainingsintensität	1 x pro Woche Kraftausdauertraining mit Wasserflaschen »**Bodyshaping**«, 18 Übungen Je 20 Wiederholungen in einer Serie	1 x pro Woche Spiele mit dem Tennis-, Tischtennis- oder Badmintonschläger
Woche 7 Einheit 19	1 x 25 Minuten **Dauermethode** in der Trainingsintensität 1 x 35 Minuten **Dauermethode** in der Trainingsintensität 1 x 25 Minuten **Dauermethode** in der Trainingsintensität	Je 25 Wiederholungen in einer Serie	1 x pro Woche Tanzübungen zur Musik, Aerobicübungen, Hip Hop, ...
Woche 8 Einheit 20	1 x 25 Minuten **Dauermethode** in der Trainingsintensität 1 x 35 Minuten **Dauermethode** in der Trainingsintensität 1 x 30 Minuten **Wechselmethode** in der Trainingsintensität (5 Minuten Trainingsintensität, 5 Minuten Trainingsintensität + 10 Schläge)	2 Serien, je 20 Wiederholungen	1 x pro Woche Jonglierübungen mit Bällen und Tüchern

Anmerkung: Das Kräftigungstraining besteht immer aus dem Muskelfunktionstraining.

Zusammenfassung der drei Ebenen der Bewegungspyramide

Fassen wir zusammen, was uns die Bewegungspyramide verdeutlichen soll: **Bewegung im Alltag** kann man ohne große Anstrengung und Aufwand einbauen, und dabei »im Vorbeigehen« viele Kalorien zusätzlich verbrauchen. **Sport** ist Bewegung, die man um ihrer selbst willen macht, weil man Freude daran empfindet. Sport macht Spaß. Und natürlich hilft auch jeder Sport bei der Gewichtsregulation. Sportliches **Training** ist etwas für Fortgeschrittene. Man betreibt es in erster Linie mit dem Hintergedanken, seine sportliche Leistung damit zu erhalten oder zu verbessern.

Um den Unterschied zwischen Bewegung im Alltag, Sport und Training noch einmal zu verdeutlichen, sei folgendes Beispiel genannt:

- Ihr Kind fährt mit dem Rad zur Schule. Der vorrangige Zweck dieser Bewegung ist der Transport von einem Punkt zum anderen. Das ist Bewegung im Alltag.
- Wenn sich Ihr Kind am Nachmittag mit einem Freund verabredet und die beiden gemeinsam eine halbe Stunde herumradeln, ist das Sport. Sie radeln in diesem Fall nicht in erster Linie deshalb, um von einem Punkt zu einem anderen zu gelangen, sondern weil es ihnen Spaß macht.
- Wenn Ihr Kind über einen längeren Zeitraum regelmäßig Rad fährt, weil es mehr Kondition erreichen will, damit ihm beim Fußballspielen nicht »die Luft ausgeht«, dann betreibt es das Rad fahren auf der Stufe des Trainings.

  Oder: Das Rad fahren zum Fußballplatz ist Alltagsbewegung, das Fußballspielen selbst ist einerseits Sport (weil es gerne gemacht wird) und außerdem Training (wenn es systematisch und regelmäßig betrieben wird).

Egal, welche Bewegungsform(en) Ihr Kind macht, eines ist ganz besonders wichtig: Jede Form der Bewegung verbraucht Energie und hilft Ihrem Kind damit bei seinem Vorhaben, sein Gewicht in den Griff zu bekommen. Bewegung ist der Schlüssel zum Erfolg! Und je mehr Bewegung Ihr Kind macht, desto besser wird es ihm gehen und desto leichter wird es ihm fallen – im wahrsten Sinne des Wortes.

Bewegungsformen, die in erster Linie die Ausdauer trainieren (z. B. Rad fahren, Inline-Skaten, Walking), verbrauchen, während sie ausgeübt werden, sehr viel Energie. Kräftigungsübungen stärken die Muskeln, und Muskeln verbrauchen auch dann Energie, wenn sie gerade nicht arbeiten. Das heißt, durch Kräftigungsübungen erhöht Ihr Kind seinen Energieverbrauch sozusagen auf einem Umweg, dafür aber sehr nachhaltig.

JAKO
adidas

Praktische

Durchführung

von Schlank ohne Diät für Kinder

Die folgenden 20 Einheiten sollen Ihnen und Ihrem Kind zu einem gesunden, aktiven und bewegten Leben verhelfen.

Schlank ohne Diät für Kinder ist in 20 Einheiten gegliedert. Nehmen Sie sich für jede Einheit jeweils rund 1 1/2 Stunden pro Woche Zeit. Eine halbe Stunde können Sie als »Vorbereitungszeit« nutzen. Lesen Sie dafür die Informationen der jeweiligen Einheit durch und bereiten vor, was Sie Ihrem Kind zum jeweiligen Thema erklären bzw. welche Übungen Sie mit ihm durchführen. Die detaillierte Anleitung für die praktische Durchführung finden Sie in den einzelnen Einheiten beschrieben. Für Ihr Kind gibt es das Praxisbuch, ein Arbeitsbuch, das kindgerecht die wichtigsten Informationen enthält und eine Art »Reiseführer« auf dem Weg zu seinem Wohlfühlgewicht ist. Es enthält Arbeitsblätter, Spiele, Übungen, Rezepte, die sie gemeinsam zubereiten sollen, und zahlreiche Verhaltenstipps.

Vergessen Sie bei allen Ihren Bemühungen nicht: Sie als Eltern sind ein wichtiges Vorbild Ihres Kindes. Sie können Ihr Kind auf seinem Weg zum Wohlfühlgewicht am besten unterstützen, wenn Sie selbst mit gutem Beispiel vorangehen.

Die Motivation ist ein ganz wichtiger Faktor, der zum Gelingen des Programms beiträgt. Es ist wichtig und notwendig, dass Sie Ihr Kind bei seinem Vorhaben nicht alleine lassen, sondern ihm das Gefühl geben, es zu unterstützen. Ganz wichtig ist in diesem Zusammenhang, Ihr Kind für seine Erfolge zu loben. Lob ist ein positiver Verstärker, es trägt maßgeblich zur Motivation bei.

Einheit 1

Anamnese

Ziele und Inhalte:

- Medizinische Anamnese
- Anamnese des Ernährungs- und Bewegungsverhaltens
- Motivation
- Zieldefinition

Erhebung des Ist-Zustandes

Mit »Schlank ohne Diät für Kinder« begibt sich ihr Kind sozusagen auf eine Reise, die Reise zu seinem Wohlfühlgewicht. Der erste Schritt dieser Reise ist die Erhebung des Ist-Zustandes, in der Medizin und in anderen wissenschaftlichen Disziplinen »Anamnese« genannt.

Zielsetzung der Anamnese ist, ein Bild des momentanen Zustandes zu zeichnen, und zu ermitteln, wie es zu diesem Zustand gekommen ist. Auf der Basis dieses Ist-Zustandes kann dann die Zieldefinition erfolgen. Aus diesem Grund ist es notwendig, den Ist-Zustand nicht zu beschönigen, sondern eine ehrliche Einschätzung abzugeben.

Helfen Sie Ihrem Kind, ein möglichst wahrheitsgetreues Bild seines derzeitigen Lebensstils zu zeichnen. Nutzen Sie die Anamnesen auch zu Gesprächen über den Tagesablauf Ihres Kindes, über seine Gefühle, Wünsche und auch Ängste. Vier Anamnesen sind Teil des Programms:

Medizinische Anamnese

Erläuterungen zu den Untersuchungen lesen Sie bitte ab Seite 13 nach!

Folgende Werte können Sie selbst erheben

	Werte Ihres Kindes		
Körpergröße, -gewicht			
Body-Mass-Index, BMI-Perzentile*			
Blutdruck (mind. 3 Messungen)			

* Berechnung und Erläuterung siehe nächste Seite

Körpergewicht und Größe

Hier sollte nach Möglichkeit immer dieselbe Waage verwendet werden, da unterschiedliche Waagen oft auch erhebliche Unterschiede im Messergebnis aufweisen können. Weil das Körpergewicht während eines Tages schwanken kann, sollte stets zum selben Tageszeitpunkt – am besten unmittelbar nach dem Aufstehen am Morgen – gemessen werden, um gut vergleichbare Werte zu bekommen.

Body-Mass-Index (BMI)

Zur Berechnung des BMI werden die Werte für das Körpergewicht und die Körpergröße benötigt. Die Formel lautet:

Gewicht (kg) / (Körpergröße (m))²

Klassifikation des BMI bei Kindern (Die Perzentilkurven für den BMI finden Sie auf Seite 13)	
Übergewicht	90. – 97. Perzentile
Adipositas (= Fettsucht)	> 97. Perzentile
extreme Adipositas	> 99,5. Perzentile

Blutdruck

Eine Blutdruckmessung kann man durchaus auch selbst zuhause durchführen. Allerdings muss beachtet werden, dass Kinder eigene Größen von Blutdruckmanschetten benötigen. Es sollte stets die breiteste Manschette verwendet werden, die bequem am Oberarm sitzt und mindestens zwei Drittel der Oberarmlänge bedeckt. Bei Nervosität und Aufregung darf der Blutdruck natürlich etwas ansteigen, daher sollte die Messung zumindest 3 Mal wiederholt werden um einen aussagekräftigen Wert zu erhalten.

Richtwerte für den Blutdruck bei Kindern	
5 – 8 Jahre	< 125/80 mmHg
9 – 14 Jahre	< 135/85 mmHg

Sollten mehrfach erhöhte Werte gemessen werden, sollte auf jeden Fall ein Arzt zur Bestätigung und weiteren Abklärung aufgesucht werden. Sind Sie unsicher, ob Sie ein für Kinder geeignetes Blutdruckgerät besitzen, so lassen Sie den Blutdruck ebenfalls bei ihrem Kinder- oder Hausarzt messen.

Der Blutdruck sollte während des Programms unterhalb der oben genannten Grenzen bleiben, eventuell kann man sogar ein leichtes Absinken der Werte beobachten.

Laboruntersuchungen
(nur vom Kinder- oder Hausarzt durchführbar)

Blutfette	Normwerte	Werte Ihres Kindes
Triglyceride	< 150 mg/dl	
Gesamtcholesterin	< 160 mg/dl	
LDL-Cholesterin	< 100 mg/dl	
HDL-Cholesterin	> 40 mg/dl	
Verhältnis LDL:HDL	< 4:1	

Bei BMI > 97. Perzentile können noch folgende Untersuchungen vom Arzt durchgeführt werden:

	Werte Ihres Kindes
Leberfunktionsparameter	
Nüchternblutzucker	
Harnsäure	
Schilddrüsenhormone	

Ernährungsanamnese

Die Ernährungsanamnese dient dazu, einen Überblick über die Ernährungsweise zu erhalten. Sie hilft Ihnen, als Betreuer Ihres Kindes, aber auch Ihrem Kind selbst. Durch das Nachdenken und Auseinandersetzen mit der eigenen Ernährung wird Ihrem Kind schon vieles klar werden, z. B. wie viel es eigentlich nascht, dass es manche Lebensmittel aus Gewohnheit isst, und nicht, weil sie ihm so gut schmecken und dass ihm vieles gar nicht bewusst ist.

Das Prinzip unserer Ernährungsanamnese ist ganz einfach: Ihr Kind soll einkreisen, was es gerne und oft isst. Durch die Größe des Kreises kann es eine zusätzliche Mengenangabe machen.

Wenn Ihr Kind z. B. gerne Pommes frites isst, aber immer nur eine kleine Portion, dann macht es einen kleinen Kreis um Pommes frites. Wenn es gerne, oft und viele Äpfel isst, dann kreist es den Apfel mit einem großen Kreis ein.

Anamnese der Gründe und Gefühle fürs/beim Essen

Sehr wichtig ist auch, dass Ihr Kind sich überlegt, warum es bestimmte Dinge isst und welche Gefühle es damit verbindet. Es gibt viele Gründe fürs Essen (siehe dazu auch Einheit 7) – Hunger ist nur einer davon. Häufig wird aber auch aus Langeweile, aus Kummer, im Stress, aus Angst, als Nebentätigkeit beim Computerspielen oder Fernsehen gegessen.

Aus diesem Grund kommt das Ernährungsanamneseblatt noch ein zweites Mal vor. Hier geht es nicht darum, dass Ihr Kind sich überlegt, was es isst und trinkt, sondern warum und welche Gefühle es dabei hat.

Auf dem Anamneseblatt soll Ihr Kind in der jeweiligen Farbe einkreisen, warum es verschiedene Lebensmittel isst. Reden Sie mit Ihrem Kind unbedingt auch darüber!

Bewegungsanamnese

Die Bewegungsanamnese stellt erstens Fragen zum Bewegungsverhalten im Alltag, zu Hause, im Kindergarten, in der Schule und bei Freunden. Dazu kommen Fragen zum Sportverhalten, welche Sportarten wie oft betrieben werden. Der dritte Fragenbereich bei der Bewegungsanamnese widmet sich dem sportlichen Training, also der Frage nach dem regelmäßigen, planvollen, systematischen Sporttreiben.

Das Prinzip des Bewegungsanamneseblatts ist das selbe wie bei der Ernährungsanamnese. Alles, was Ihr Kind an Bewegung macht, soll es einkreisen. Je öfter und länger es verschiedene Bewegungsformen betreibt, desto größer soll der Kreis sein.

Motivation und Zieldefinition

Bevor etwas verändert werden kann, ist es zunächst notwendig, das Problem zu erkennen. Die Motivation zu einer Veränderung des Ernährungs-, Ess- und Bewegungsverhaltens setzt also voraus, dass diese Verhaltensweisen problematisch sind. Auch wenn ein Problem als solches erkannt worden ist, besteht meist ein Schwanken zwischen dem Wunsch, sich zu ändern, und dem Wunsch, alles beim Alten zu belassen. In diesem Stadium ist es Aufgabe der Eltern, gemeinsam mit dem Kind ernsthaft über Veränderung nachzudenken und zu versuchen, realistische und hilfreiche Veränderungsstrategien zu finden und diese umzusetzen.

Um die Motivation zu überprüfen ist es sinnvoll, sich selbst und dem Kind einige Fragen zu stellen:

- Warum soll ich bzw. mein Kind überhaupt abnehmen oder wenigstens nicht weiter an Gewicht zunehmen?
- Kann ich mir eine dauerhafte Veränderung des Ernährungs- und des Essverhaltens für mich und mein Kind vorstellen?
- Welche Bereiche des Ernährungs- und Essverhaltens sind am leichtesten dauerhaft zu verändern, welche am schwierigsten (z. B. regelmäßiges gesundes Frühstück, geringere Essensmengen, weniger fettreiche Nahrungsmittel)?
- Welche anderen Lebensbereiche sind einer dauerhaften Veränderung leichter zugänglich, welche schwerer (z. B. aktiverer Lebensstil, mehr körperliche Aktivitäten, geringerer Konsum von Fernsehen oder Computerspielen)?
- Wurde schon früher einmal versucht, das Ernährungs-, Ess- und/oder Bewegungsverhalten umzustellen? Wenn ja, wie und in welchen Bereichen war es erfolgreich? In welchen Bereichen scheiterte es, woran?

Wichtig ist eine Festlegung der Ziele und Zwischenziele:

- Das erwünschte Ziel (Soll-Zustand) und die Verhaltensmaßnahmen, um dieses Ziel zu erreichen, müssen konkret festgelegt werden. Es ist notwendig, die Aktivitäten genau zu beschreiben (z. B. eine Stunde Sport pro Tag).
- Die Zielfestlegung muss aber auch den Ausgangszustand (Ist-Zustand) berücksichtigen. Das heißt, genau zu schauen, wo liegen die Schwierigkeiten des Kindes (z. B. im Essverhalten, im sportlichen Bereich) oder der Eltern (z. B. wenig sportlich aktiv, Übergewicht), aber auch die Stärken des Kindes (z. B. Ehrgeiz, Freude an gemeinsamen Aktivitäten), und die Stärken der Umgebung (z. B. Eltern, die ihr Essverhalten ändern wollen; Eltern, die selbst gern Sport betreiben möchten).
- Die Zielvorgaben sollen mit Anstrengung erreichbar sein, sollen aber nicht so hoch liegen, da sie sonst demotivierend wirken. Der Beginn sollte am besten bei jener Veränderung liegen, wofür das Kind den geringsten Aufwand leisten muss. Die einzelnen Schritte sollen so dosiert angesetzt werden, dass ein Erfolg wahrscheinlich ist.
- Es kann im Laufe der Zeit notwendig werden, die vereinbarten Ziele und die Wege, diese Ziele zu erreichen, gemeinsam zu verändern – wenn sich z. B. im Laufe der Zeit neue Herausforderungen für Ihr Kind ergeben.

Im Praxisbuch finden Sie und Ihr Kind ein Arbeitsblatt, um gemeinsam Ziele und Pläne definieren zu können.

Belohnungsvertrag zwischen Eltern und Kindern

Es hat sich in vielen Fällen gezeigt, dass es gerade bei Vereinbarungen, die nicht immer leicht einzuhalten sind, günstig ist, einen Vertrag auszuarbeiten, der beide Partner (z. B. Eltern und Kind) zu Handlungen verpflichtet, um ein bestimmtes Ziel zu erreichen.

Damit ein Vertrag aber etwas wert ist, müssen verschiedene Punkte beachtet werden:

- Beide Partner beschließen gemeinsam jeden einzelnen Punkt des Vertrages. Die Erfahrung zeigt, dass einseitige Verträge weniger oft eingehalten werden als Verträge, an denen beide Vertragspartner mitgearbeitet und ihre Wünsche eingebracht haben.
- Ziele, die erreicht werden sollen, relativ genau beschreiben, so dass sie auch überprüft werden können.
- Es sollen die positiven Konsequenzen (Belohnungen) genau festgelegt werden, die bei Erfüllung der Ziele des Vertrages gewährt werden. Die Belohnungen sollen nichts mit Essen zu tun haben und sollen nicht immer nur materieller Natur sein (z. B. gemeinsame Aktivitäten).
- Es sollen auch die negativen Konsequenzen klar dargelegt werden, die eintreten, falls das Kind es nicht schafft, die Bedingungen innerhalb des festgelegten Zeitraumes oder mit der festgelegten Häufigkeit zu erfüllen.

Zusätzlich kann der Vertrag auch noch umfassen:

- Die Wege, die notwendig sind, um das vereinbarte Ziel bzw. die Ziele zu erreichen, sollen relativ genau festgelegt werden, aber auch Alternativen, um möglichst flexibel zu bleiben.
- Es sollen Zwischenziele formuliert werden, um den Fortschritt überprüfen zu können bzw. die Hindernisse, die unerwarteter Weise aufgetreten sind, zu erkennen und sobald als möglich zu beseitigen.
- Es kann eine »Bonus-Klausel« eingeführt werden, die angibt, welche zusätzlichen Belohnungen es gibt, wenn das Kind die minimalen Erforderungen übererfüllt.
- Bei der Festlegung der Ziele sollen keine Maximalanforderungen gestellt werden, sondern das Bestmögliche soll erreicht werden. Das heißt, dass sowohl die Möglichkeiten, aber auch die Grenzen des Kindes als auch des Systems (z. B. Familie) beachtet werden müssen.

Der Inhalt des Vertrages soll schriftlich fixiert werden, wobei beide Partner jeweils ein Exemplar erhalten. Dieser soll am besten, gut sichtbar aufgestellt oder aufgehängt werden. Es ist außerordentlich wichtig, dass Sie die in Aussicht gestellten Belohungen auch tatsächlich erfüllen, wenn Ihr Kind seinen Teil des Vertrages eingehalten hat!

Belohnungsverträge können für ein großes Ziel gemacht werden, zusätzlich aber auch für mehrere kleine Zwischenziele. Einen »Mustervertrag« finden Sie im Praxisbuch.

Anleitung für die Umsetzung mit dem Kind

- Beginnen Sie das Programm mit einer medizinischen Anamnese im Rahmen einer ärztlichen Untersuchung!
- Füllen Sie gemeinsam mit Ihrem Kind die Anamnesebögen im Praxisbuch aus (Ernährung, Gründe fürs Essen, Bewegung) und nutzen Sie die Zeit auch für Gespräche mit Ihrem Kind!
- Sprechen Sie mit Ihrem Kind über seine und auch Ihre Motivation, über Ihre Möglichkeiten, Ihr Kind zu unterstützen.
- Füllen Sie das Zielfestlegungsblatt gemeinsam aus, besprechen Sie die lang- und kurzfristigen Ziele und die Pläne, wie Ihr Kind diese Ziele erreichen kann.
- Setzen Sie einen Belohnungsvertrag mit Ihrem Kind auf! Den Vordruck finden Sie im Praxisbuch!

Einheit 2

Arbeiten mit den Unterlagen

Frühstück, Vormittagsjause

Alltagsbewegung 1

Ziele und Inhalte:

- Erklären der Methode »Schlank ohne Diät für Kinder«
- Erklären der Tages- und Wochenprotokolle
- Frühstück: Bedeutung, Tipps, Beispiele
- Vormittagsjause: Bedeutung, Tipps, Beispiele
- 1. Ebene der Bewegungspyramide: Erhöhung der Alltagsbewegung
- Bewegungschancen im Alltag erkennen und nutzen
- Verhaltenstipps

Erklären der Methode

Schlank ohne Diät für Kinder ist ein wissenschaftliches, interdisziplinäres Gewichtsreduktionsprogramm, das auf neuesten Erkenntnissen aus Medizin, Ernährungswissenschaft, Sportwissenschaft und Gesundheitspsychologie aufbaut.

Ziel ist, dass Ihr Kind einen Lebensstil entwickelt, der es ihm ermöglicht, ein gesundes Körpergewicht zu erreichen und langfristig zu halten. Es soll aber auch Freude und Genuss an gesunder Ernährung und Bewegung erfahren.

Um einen dauerhaften Erfolg zu garantieren, werden einige wichtige Prinzipien aus der Ernährungspsychologie verfolgt:

- Bei Schlank ohne Diät für Kinder gibt es weder Verbote noch Gebote. Es gibt kein Lebensmittel, das Ihr Kind plötzlich nicht mehr essen darf. In der gesunden, abwechslungsreichen Mischkost, die das Ziel jeder seriösen Ernährungsumstellung ist, gibt es keine »ungesunden« Lebensmittel, nur »ungesunde« Mengen. Schokolade beispielsweise ist nicht verboten, sie sollte einfach nur selten und in kleinen Mengen genossen werden. Was nämlich bewirkt ein Verbot bei Ihrem Kind? Das verbotene Lebensmittel wird besonders interessant und erstrebenswert! Umgekehrt führen Gebote häufig zu Ablehnung. Wenn es Lebensmittel gibt, die Ihrem Kind einfach nicht schmecken, dann sollten Sie das akzeptieren. Es gibt meistens genug Alternativen.

- Das Verbieten von Nahrungsmitteln und starre Diätpläne sind Beispiele für eine strenge Kontrolle. Diese Methoden sind insbesondere bei Kindern und Jugendlichen abzulehnen, da sie nicht nur für die dauerhafte Durchführung ungeeignet sind sondern vor allem auch das Risiko für die Entstehung einer Essstörung bergen. Schlank ohne Diät für Kinder arbeitet mit dem Prinzip der **»flexiblen Kontrolle«**. Hier wird Rücksicht auf die Bedürfnisse des Kindes genommen und unterschiedliche Handlungsmöglichkeiten werden angedacht. So kann z. B. eine einmalig erhöhte Nahrungsmenge durch kleine Nahrungsmengen bei den folgenden Mahlzeiten oder durch mehr Bewegung ausgeglichen werden.

Viele Studien haben gezeigt, dass eine langfristige flexible Selbstkontrolle hinsichtlich der Nahrungsauswahl sowie der Menge der Lebensmittel und Speisen neben regelmäßigen, vorausgeplanten Mahlzeiten und sportlicher Aktivitäten eine wichtige Bedingung für eine langfristig erfolgreiche Gewichtsabnahme ist.

Im Sinne der flexiblen Kontrolle und im Hinblick auf den Spaß- und Genussfaktor wird bei Schlank ohne Diät für Kinder ganz bewusst auf Kalorienzählen verzichtet.

Tages- und Wochenprotokolle

Nachdem Sie und Ihr Kind sich in der ersten Einheit mithilfe der Anamnesebögen einen Überblick über den Ist-Zustand seines Ernährungs- und Bewegungsverhaltens verschafft haben, stellen wir Ihnen in dieser Einheit weitere Hilfsmittel vor, mit denen Ihr Kind sein Ernährungs- und Bewegungsverhalten protokollieren kann.

Mit der Tagesprotokollkarte kann Ihr Kind jeden Tag sein Ernährungs- und Bewegungsverhalten protokollieren und bewerten. Die Bewertung kann es in Form von grünen, orangen und roten Smiley-Klebern ins Wochenprotokoll übertragen. Anhand der Anzahl von grünen Smileys und dem Wochengewicht können Sie gemeinsam eine Bewertung der Woche vornehmen.

Sie finden die Protokollkarten im Praxisbuch.

Die Tages- und Wochenprotokollkarten dienen zur:

- **Verhaltenskontrolle:** Durch das Protokollieren seines Verhaltens lernt Ihr Kind viel über sich selbst und verändert dabei gleichzeitig bereits sein Ernährungs- und Bewegungsverhalten.
- **Belohnung und Motivation:** Günstiges Verhalten wird mit Smileys belohnt, das motiviert Ihr Kind!

Frühstück

Das richtige Frühstück garantiert einen perfekten Start in den Tag und sorgt für Energie und damit für lang anhaltende Leistungsfähigkeit. Weißbrot mit Butter und Marmelade oder Mehlspeisen sorgen zwar für einen raschen Energieschub, der aber ebenso schnell wieder abflaut. Außerdem liefern sie viel Fett und wenig Vitamine und Mineralstoffe.

Das optimale Frühstück dagegen besteht aus **Getreide, Obst, einem Milchprodukt und einem Getränk.**

Der gute Start in den Tag braucht allerdings Zeit. Planen Sie für die Einnahme des Frühstücks mindestens eine Viertelstunde ein. Viele Kinder verweigern das Frühstück. In diesem Fall sollten sie zumindest etwas Milch, Kakao oder einen Jogurtdrink trinken. Das ausgefallene Frühstück sollte dann aber am Vormittag in Form einer reichhaltigen Jause nachgeholt werden.

Vorschläge für ein Frühstück
Früchtemüsli (Rezept siehe Praxisbuch) dazu 200 ml **Früchtetee** ohne Zucker
Bananenbrot aus 1 Scheibe Vollkornbrot (50 g) mit 1 EL Magerquark (-topfen) bestrichen, mit Bananenscheiben belegt, dazu 200 ml **Kakao** aus Magermilch

Vormittagsjause

Die Vormittagsjause trägt dazu bei, die Leistungskurve bis zum Mittagessen hoch zu halten. Wenn das Kind nicht frühstückt, kann und soll die Vormittagsjause entsprechend größer ausfallen. Die ideale Vormittagsjause besteht aus **Obst und/oder Gemüse, einem Milch-, einem Getreideprodukt** (z. B. Brot) **und einem kalorienfreien Getränk.** Lassen Sie Ihr Kind bei der Auswahl der Jause mitbestimmen und auch bei der Zubereitung helfen, dann isst es die Jause viel lieber!

Vorschläge für eine Vormittagsjause
Schinkensandwich aus 2 Scheiben Vollkorntoast (je 30 g), mit 1 TL fettarmem Frischkäse bestrichen, mit Schinken und einem Salatblatt belegt, 1 Apfel, 200 ml **fettarmer Jogurtdrink**
Vollkornbrötchen (60 g) mit selbst gemachtem Karotten-Apfel-Nuss-Aufstrich (Rezept siehe Praxisbuch), dazu **1/2 Kohlrabi** in Streifen geschnitten zum Knabbern und **Fruchtmolke**

1. Ebene der Bewegungspyramide: Bewegung im Alltag

Obwohl wir alle wissen, dass Bewegung maßgeblich zur Gewichtsregulation und zur Gesunderhaltung beiträgt, bewegen wir uns zu wenig. Das trifft in zunehmendem Maße leider auch schon auf Kinder zu. Kinder verbringen nur 12 % ihres Tagesablaufs in Bewegung, die restlichen 88 % der Zeit sitzen, stehen oder liegen sie!

Ein wichtiges Ziel von Schlank ohne Diät für Kinder ist, Ihrem Kind zu einem »bewegteren Leben« zu verhelfen, Ihrem Kind die Freude an der Bewegung zu vermitteln und ihm vor allem auch genügend Möglichkeiten für Bewegung einzuräumen. Wichtig für Sie als Eltern ist dabei, zu erkennen, dass vieles in Ihrem Aktivitätsbereich liegt: Sie können maßgeblich dazu beitragen, ein bewegungsfreundliches Umfeld zu schaffen, Bewegungsräume und Bewegungszeiten einzurichten. Unterstützen und motivieren Sie Ihr Kind immer wieder, Bewegung zu machen, am besten dadurch, dass Sie selbst aktiv mitmachen!

Der erste Schritt zu einem »bewegteren Leben« ist die Bewegung im Alltag (siehe dazu auch Seite 57)

In dieser und den folgenden drei Einheiten stellen wir Ihnen und Ihrem Kind Bewegungschancen von früh bis spät, bewegte Spielpausen, Bewegungsrituale sowie – als langsame Überleitung zum Sport – einige Übungen aus der Kinesiologie vor.

Alle diese Bewegungsaktivitäten haben gemeinsam:

- Es ist nur ein geringer Zeitaufwand von 5 – 10 Minuten notwendig.
- Sie lassen sich immer und überall durchführen, weil der Platzbedarf gering ist.
- Weder besondere Sportbekleidung, noch ein Sportgerät sind dafür notwendig.
- Ausreden wie »Habe keine Zeit«, »Habe keine geeignete Kleidung« oder »Ich möchte nicht in ein Fitnessstudio« gelten deshalb nicht!

Bewegungschancen von früh bis spät

In dieser Einheit geht es um Bewegungschancen von früh bis spät.

Der Mensch ist ein Gewohnheitstier. Auch, oder vor allem Kinder lieben die Regelmäßigkeit in ihrem Tagesablauf. Das kann man sich zunutze machen, um den Alltag mit Bewegung anzureichern.

Möglichkeiten dazu gibt es mehr als genug – den ganzen Tag über, vom Aufstehen bis zum Schlafengehen: Alles, was sich auf dem Weg durch den Alltag an Chancen zur Bewegung bietet, wo sich Wahlmöglichkeiten für Nicht-Bewegung oder Bewegung auftun, soll genutzt werden.

Typische Beispiele für Bewegungschancen

Genutzte Bewegungschance	Ungenutzte Bewegungschance
Stiegen steigen	mit dem Aufzug fahren
Einkaufen mit dem Rad	Einkaufen mit dem Auto
zu Fuß zur Schule gehen	mit dem Auto/Bus zur Schule gefahren werden
die Großmutter mit dem Rad besuchen fahren	mit der Großmutter telefonieren
Verabredung mit dem Freund am Spielplatz	Verabredung mit dem Freund zum Computerspielen
im Garten / Park spielen	Fernsehen

Gehen Sie mit Ihrem Kind seinen Alltag durch und versuchen Sie, gemeinsam Bewegungschancen zu entdecken. Tragen Sie diese in das Formular »Meine Bewegungschancen« im Praxisbuch ein. Die im Praxisbuch abgebildeten Bewegungschancen können Ihnen dabei als Anregung dienen.

Schreiben Sie die Bewegungschancen Ihres Kindes auf ein Plakat. Animieren Sie Ihr Kind jeden Tag, die Bewegungschancen zu nutzen! Ziel ist, den Bewegungsdrang Ihres Kindes wieder zu wecken, so dass es erstens selbst immer wieder neue Bewegungschancen entdeckt und auch nutzt und zweitens diese Chancen mehr und mehr in seinen Alltag aufnimmt.

Übrigens: Am besten können Sie Ihr Kind unterstützen, indem auch Sie sich auf die Suche nach Bewegungschancen begeben und diese auch nutzen!

Rechenbeispiel zur Motivation, Bewegungschancen zu nutzen

5 – 8 Jahre

Wir nehmen an, Ihr Kind hätte 30 kg. Wenn Ihr Kind ab jetzt statt dem Lift die Füße zum Gehen nutzt und 4 Mal täglich je 3 Stockwerke (z. B. in der Schule) zu Fuß geht, und wenn wir weiter annehmen, dass es für die 3 Stockwerke jeweils 90 Sekunden benötigt, dann sind das 6 Minuten Alltagsaktivität pro Tag. Durch diese zusätzliche Aktivität verbraucht Ihr Kind 27 kcal pro Tag zusätzlich. Das klingt noch nicht viel, aber hochgerechnet auf eine Woche sind das bereits 189 kcal. Wenn Ihr Kind diese zusätzliche Alltagsaktivität ab jetzt jeden Tag macht, ein ganzes Jahr lang, ohne dabei sein Ernährungsverhalten noch zu ändern, dann verbraucht es dadurch zusätzlich 9.855 kcal. In 1 kg Körperfett stecken ca. 7.000 kcal, d. h. Ihr Kind könnte nur durch diese Maßnahme in einem Jahr 1 kg Körperfett reduzieren! Wenn das kein Grund fürs Stiegensteigen ist!

9 – 14 Jahre

Rechenbeispiel zur Motivation, Bewegungschancen zu nutzen

Wir nehmen an, Ihr Kind hätte 40 kg. Wenn Ihr Kind ab jetzt statt dem Lift die Füße zum Gehen nutzt und 4 Mal täglich je 3 Stockwerke (z. B. in der Schule) zu Fuß geht, und wenn wir weiter annehmen, dass es für die 3 Stockwerke jeweils 90 Sekunden benötigt, dann sind das 6 Minuten Alltagsaktivität pro Tag. Durch diese zusätzliche Aktivität verbraucht Ihr Kind 36 kcal pro Tag zusätzlich. Das klingt noch nicht viel, aber hochgerechnet auf eine Woche sind das bereits 252 kcal. Wenn Ihr Kind diese zusätzliche Alltagsaktivität ab jetzt jeden Tag macht, ein ganzes Jahr lang, ohne dabei sein Ernährungsverhalten noch zu ändern, dann verbraucht es dadurch zusätzlich 13.140 kcal. In 1 kg Körperfett stecken ca. 7.000 kcal, d. h. Ihr Kind könnte nur durch diese Maßnahme in einem Jahr 2 kg Körperfett reduzieren! Wenn das kein Grund fürs Stiegensteigen ist!

Anleitung für die Umsetzung mit dem Kind

- Erklären Sie Ihrem Kind, wie das Tages- und Wochenprotokoll auszufüllen ist. Füllen Sie die Protokolle in dieser Woche noch gemeinsam aus!
- Erklären Sie Ihrem Kind, wie wichtig Frühstück und Vormittagsjause sind und versuchen Sie gemeinsam, günstige Varianten zu bevorzugen!
- Lassen Sie Ihr Kind das Beerenmüsli fürs Frühstück und den Karotten-Apfel-Nussaufstrich für die Jause zubereiten!
- Reden Sie mit Ihrem Kind über die Wichtigkeit, den Alltag mit Bewegung anzureichern!
- Versuchen Sie gemeinsam, Bewegungschancen im Alltag Ihres Kindes zu finden, schreiben Sie diese auf und animieren Sie Ihr Kind, diese Chancen so oft wie möglich zu nutzen!
- Gehen Sie mit Ihrem Kind die Verhaltenstipps durch und lassen Sie es sich einen Tipp aussuchen, den es jeden Tag umsetzen soll!
- Loben Sie Ihr Kind für seine bisherigen Erfolge!

Einheit 3

Pathogenese
Mittagessen
Alltagsbewegung 2

Ziele und Inhalte:
- Überernährung und Bewegungsmangel in der Entstehung des Übergewichts
- Wert der Energie, Alternativen
- Bewegung als »Währungseinheit« zum Ausbalancieren
- Mittagessen: Bedeutung, Tipps, Beispiele
- Bewegte Spielpausen
- Verhaltenstipps

Entstehung von Übergewicht

Die Hauptgründe für die Entstehung von Übergewicht sind Überernährung und Bewegungsmangel. Übergewichtige Kinder essen häufig zu fettreich, zu viel Süßes, häufig zu kalorienreiche Zwischenmahlzeiten und zu große Portionen. Gleichzeitig bewegen sie sich meist wenig.

Es gibt noch weitere Einflussfaktoren für die Entstehung von Übergewicht, wie z. B. eine genetische Vorbelastung oder verschiedene Erkrankungen. Während die genetische Ausstattung Ihres Kindes unveränderbar ist, liegt es allerdings in seinen und auch in Ihren Händen, dort anzusetzen, wo man das Übergewicht selbst beeinflussen kann: beim Lebensstil, also beim Ernährungs- und Bewegungsverhalten.

Wert der Energie, Alternativen

Ihr Kind soll lernen, den »Wert der Energie« zu erfassen. Es soll erkennen, dass verschiedene Lebensmittel und Speisen unterschiedlich viel Energie liefern. Den Wert der Energie einzuschätzen bedeutet aber nicht, dass Ihr Kind Kalorien zählen soll! Es soll vielmehr ein Gefühl dafür bekommen, welche Lebensmittel besonders energiereich sind und nur in kleinen Mengen gegessen werden sollten und bei welchen es ruhig kräftig zugreifen darf. Es soll erkennen, dass es manches leicht ersetzen und damit viel einsparen kann, und lernen, dass auch die Portionsgröße eine wichtige Rolle spielt. Außerdem soll Ihr Kind lernen, dass ihm mit Bewegung eine zusätzliche »Währungseinheit« zur Verfügung steht. Wenn es mehr Bewegung macht, kann es verschiedene Lieblingsspeisen oder Süßigkeiten damit ausgleichen.

Wichtig dabei ist die Eigenverantwortlichkeit Ihres Kindes. Ihr Kind hat die Wahl, es entscheidet selbst, ob es lieber die Banane statt dem Schokoriegel isst oder doch den Schokoriegel und dafür noch eine Stunde mit dem Rad fährt.

5 – 8 Jahre

Lebensmittel	**kcal**	**Mögliche Alternative(n)**	**kcal**	**Bewegung***
Pommes frites (80 g)	225	Kartoffel (1 Stk. 70 g)	50	50 Minuten Tennisspielen
Pommes frites (160 g)	450	Kartoffel (Portion 150 g)	107	65 Minuten Langlaufen (8 km/h)
Döner Kebap mit Geflügel	574	Vollkornbrötchen mit Putenschinken	202	1 Stunde Skilanglaufen (15 km/h)
Schnitzel paniert mit Pommes frites	805	Naturschnitzel mit Reis	423	1,5 Stunden schnelles Schwimmen
Schokolade (1 Tafel, 100 g)	530	Banane (1 Stk. 150 g) Rosinen (20 g) Schokolade (1 Rippe) Schokoladepudding aus Magermilch (1 Portion)	96 60 89 113	3,5 Stunden Gehen (5 km/h)
Erdbeereis (1 Kugel)	130	selbst gemachtes Fruchtjogurt aus 150 g Magerjogurt mit 100 g Früchten	96	65 Minuten Tischtennis spielen
Marmorkuchen (1 Stk.)	238	Vollkornlöffelbiskuits (Biskotten) (5 Stk.)	81	1 Stunde Fußballspielen
Kartoffelchips (100 g)	530	Karottenchips (geschnittene Karotten) (2 Stück) Salzstangerl (100 g)	18 383	1 Stunde 15 Minuten schnelles Rad fahren (30 km/h)

* *Bewegung, die nötig ist, um die Speisen in der 1. Spalte auszugleichen*

Lebensmittel	kcal	Mögliche Alternative(n)	kcal	Bewegung*
Pommes frites (80 g)	225	Kartoffel (1 Stk. 70 g)	50	70 Minuten Gehen (5 km/h)
Pommes frites (160 g)	450	Kartoffel (Portion 150 g)	107	80 Minuten Laufen (8 km/h)
Döner Kebap mit Geflügel	574	Vollkornbrötchen mit Putenschinken	202	45 Minuten Skilanglaufen (15 km/h)
Schnitzel paniert mit Pommes frites	805	Naturschnitzel mit Reis	423	70 Minuten schnelles Schwimmen
Schokolade (1 Tafel, 100 g)	530	Banane (1 Stk. 150 g) Rosinen (20 g) Schokolade (1 Rippe) Schokoladepudding aus Magermilch (1 Portion)	96 60 89 113	1,5 Stunden Tennisspielen
Erdbeereis (1 Kugel)	130	Selbst gemachtes Fruchtjogurt aus 150 g Magerjogurt mit 100 g Früchten	96	55 Minuten Tischtennis Spielen
Marmorkuchen (1 Stk.)	238	Vollkornlöffelbiskuits (Biskotten) (5 Stk.)	81	50 Minuten Fußballspielen
Kartoffelchips (100 g)	530	Karottenchips (geschnittene Karotten) (2 Stück) Salzstangerl (100 g)	18 383	1 Stunde schnelles Rad fahren (30 km/h)

9 – 14 Jahre

* *Bewegung, die nötig ist, um die Speisen in der 1. Spalte auszugleichen*

Mittagessen

Das Mittagessen ist meist ein warmes Essen und zugleich die Hauptmahlzeit. Wenn es aus organisatorischen Gründen nicht anders möglich ist, kann diese Hauptmahlzeit auch in den Abendstunden gegessen werden. Dann gilt für das Mittagessen, was in der 5. Einheit für das Abendessen angeführt ist. Da sie den Großteil der Tagesenergie liefert, sollte die Hauptmahlzeit auch entsprechend reich an Vitaminen, Mineralstoffen und anderen Schutzstoffen sein, die Kinder täglich brauchen. Die Grundlage für ein optimales Mittagessen bilden **Kartoffeln, Nudeln oder Reis, dazu reichlich Gemüse oder Salat.** 2 – 3 Mal pro Woche ist auch ein kleines Stück mageres Fleisch als Beilage günstig, weil es hochwertiges Eiweiß und Eisen liefert. Ein Mal pro Woche sollte Fisch auf dem Speiseplan stehen. Ein vegetarisches Mittagessen enthält im günstigsten Fall Hülsenfrüchte (Bohnen, Linsen, Erbsen), z. B. in Form eines Eintopfs. Verwenden Sie bei der Zubereitung des Mittagessens am besten wenig, aber dafür hochwertige Pflanzenöle wie z. B. Oliven- oder Rapsöl! Bieten Sie Ihrem Kind auch zum Mittagessen ein kalorienfreies Getränk an! Binden Sie Ihr Kind in den Kochvorgang mit ein. Es kann z. B. Gemüse schneiden oder den Eintopf umrühren. Selbst (mit)gekochte Speisen schmecken Kindern viel besser!

Bewegte Spielpausen

Auch bei den »bewegten Spielpausen« geht es darum, den Alltag Ihres Kindes mit mehr Bewegung anzureichern. Bewegte Spielpausen sind nicht Pausen von der Bewegung, sondern Pausen für Bewegung und Spiel! Es geht darum,

	Vorschläge für ein günstiges Mittagessen	Anmerkungen
	**Gebratene Nudeln mit Gemüse** (Rezept siehe Praxisbuch)	Kinder lieben an Nudeln das »Durcheinander«
	**Zitronenfisch** auf Karottensoße mit Kräuterkartoffeln: Fisch in der Alufolie mit Zitronenscheiben im Rohr gegart, mit Karottensoße aus gekochten, pürierten Karotten, dazu Kartoffeln in gehackten Kräutern gewälzt	**Fisch** in der Folie servieren, das Auspacken ist ein Erlebnis. Das Gemüse ist in einer leuchtend orangen Soße »versteckt«.

länger andauernde sitzende oder stehende Tätigkeiten für ungefähr 5 Minuten zu unterbrechen, um kurz körperlich aktiv zu sein. Das kann während der Hausaufgabe sein, wenn Ihr Kind in die Lektüre eines Buches vertieft ist oder fernsieht.

Es geht aber auch darum, im Spiel ganz Kind sein zu dürfen, frei von allzu vielen Vorschriften und Normen der Erwachsenenwelt, mit den Freund/-innen oder auch alleine in die Welt der Kreativität, der Spontaneität und vor allem der körperlichen Aktivität einzutauchen. Geschicklichkeitsspiele, Fangspiele und Rollenspiele, aber auch kleine Gesellschaftsspiele in Bewegung, wie z. B. Activity, lockern lange sitzende oder stehende Tätigkeiten auf. Im Praxisbuch finden Sie einige Beispiele für bewegte Spielpausen, die ihr Kind alleine oder in der Gruppe machen soll.

Anleitung für die Umsetzung mit dem Kind

- Ihr Kind soll ab jetzt die Tagesprotokolle alleine ausfüllen! Füllen Sie das Wochenprotokoll aber noch gemeinsam aus!
- Erklären Sie Ihrem Kind, wie Übergewicht entsteht und was es selbst dagegen tun kann!
- Entdecken Sie gemeinsam den Energiegehalt von verschiedenen Lebensmitteln und Speisen.
- Animieren Sie Ihr Kind, die Arbeitsblätter im Praxisbuch zum Wert der Energie auszufüllen!
- Erklären sie ihm, wie wichtig das Mittagessen ist und versuchen Sie gemeinsam, dieses möglichst »gesund« ausfallen zu lassen!
- Schauen Sie sich mit Ihrem Kind gemeinsam die bewegten Spielpausen an und erinnern Sie Ihr Kind im Alltag immer wieder daran!
- Gehen Sie mit Ihrem Kind die Verhaltenstipps durch und lassen Sie es sich einen Tipp aussuchen, den es jeden Tag umsetzen soll!
- Loben Sie Ihr Kind für seine bisherigen Erfolge!

Einheit 4

Nachmittagsjause

Getränke

Alltagsbewegung 3

Ziele und Inhalte:

- Getränke: Bedeutung, Arten, Energie- und Zuckergehalt
- Bewegung als »Währungseinheit« zum Ausbalancieren
- Nachmittagsjause: Bedeutung, Tipps, Beispiele
- Bewegungsrituale
- Verhaltenstipps

Getränke

Der Körper eines Kindes besteht zu 70 % aus Wasser, der eines Erwachsenen im Vergleich dazu zu 50 – 60 %. Kinder können Flüssigkeit noch nicht gut speichern, deshalb ist es wichtig, dass sie regelmäßig und viel trinken. Außerdem fallen Stoffwechselendprodukte an, die über den Harn ausgeschieden werden müssen. Täglich wird eine gewisse Mindestmenge an Flüssigkeit ausgeschieden, die aufgefüllt werden muss.

**Empfohlene Zufuhr: mind. 1 bis 1,2 Liter pro Tag.
Kinder, die sich viel bewegen,
brauchen mehr Flüssigkeit.**

Flüssigkeitsmangel:

- eingeschränkte Leistungsfähigkeit
- Müdigkeit
- Kopfschmerzen

Wie wichtig eine ausreichende Flüssigkeitszufuhr ist, zeigt Ihnen und Ihrem Kind auch die Ernährungspyramide. Hier findet sich die Flüssigkeit ganz unten, an der Basis.

Übersicht über günstige und ungünstige Getränke					
Empfehlenswert	Begründung	Weniger empfehlenswert	Begründung	Nicht empfehlenswert	Begründung
Wasser Mineralwasser Mineral-Zitron Mineral-Orange Früchtetee (ungezuckert) Kräutertee (ungezuckert)	(nahezu) kalorienfrei	verdünnter Fruchtsaft Früchtetee (gesüßt) Kräutertee (gesüßt)	relativ kalorien- und zuckerreich	Cola-Getränk Limonaden Eistee Fruchtnektar Fruchtsaft (unverdünnt) Fruchtsirupgetränke Schwarzer Tee Grüner Tee Kaffee Energydrinks	sehr kalorien- und zuckerreich, Cola-Getränke, viele Eisteesorten, schwarzer und grüner Tee und Kaffee enthalten Koffein
Fruchtsaft 1:2 verdünnt mit Mineralwasser	als Sportgetränk	Limonade ohne Zucker (mit Süßstoff)	kalorienarm, dennoch »Süßigkeit«, nicht Getränk		

Milch, Kakao, Vanillemilch gelten nicht als Getränke, sondern als Milchprodukt.

Limonaden und gesüßte Getränke zählen zu den Süßigkeiten, nicht zu den Getränken.

TIPP

Bieten Sie Ihrem Kind unbedingt auch zu den Mahlzeiten Getränke an, noch besser davor, denn dann ist der Magen schon vor dem Essen ein wenig gefüllt (siehe dazu auch das »Trinkspiel« im Praxisbuch).

5 – 8 Jahre

Getränk	kcal	Stück Zucker	Bewegung (zum Ausgleich der Kalorien)
Limonade, 1/4 l	105	6	30 Minuten schnelles Rad fahren (30 km/h)
Orangennektar, 1/4 l	157	8	30 Minuten Graben, Schaufeln
Orangenfruchtsaft, 1/4 l	112	3	2 Stunden Zimmer aufräumen
Orangensaft 1:1 verdünnt, 1/4 l	56	1,5	1 Stunde Zimmer aufräumen
Orangensaft 1:3 verdünnt, 1/4 l	28	1	1/2 Stunde Zimmer aufräumen
Fruchtsirup 1:6 verdünnt, 1/4 l	116	7	1 Stunde Tischtennis spielen
Fruchtmolke, 1/4 l	108	4	40 Minuten Gehen (5 km/h)
Wasser	0	0	-
Früchtetee (ungesüßt)	0	0	-
Früchtetee mit 3 TL Zucker	60	4	50 Minuten Bowling

9 – 14 Jahre

Getränk	kcal	Stück Zucker	Bewegung (zum Ausgleich der Kalorien)
Limonade, 1/4 l	105	6	15 Minuten schnelles Rad fahren (30 km/h)
Orangennektar, 1/4 l	157	8	25 Minuten Graben, Schaufeln
Orangenfruchtsaft, 1/4 l	112	3	1,5 Stunden Zimmer aufräumen
Orangensaft 1:1 verdünnt, 1/4 l	56	1,5	45 Minuten Zimmer aufräumen
Orangensaft 1:3 verdünnt, 1/4 l	28	1	22 Minuten Zimmer aufräumen
Fruchtsirup 1:6 verdünnt, 1/4 l	116	7	50 Minuten Tischtennis spielen
Fruchtmolke, 1/4 l	108	4	35 Minuten Gehen (5 km/h)
Wasser	0	0	-
Früchtetee (ungesüßt)	0	0	-
Früchtetee mit 3 TL Zucker	60	4	35 Minuten Bowling

Nachmittagsjause

Ein kleiner Snack hilft über das Nachmittagstief hinweg. Er sollte aber bewusst sehr klein ausfallen. Idealerweise gibt es als Nachmittagssnack **Obst, ein Milchprodukt und/oder ein Getreideprodukt** (z. B. Vollkornbrot, Müsli), dazu ein **kalorienfreies Getränk.** Hin und wieder kann die Nachmittagsjause auch etwas Süßes sein, z. B. ein kleines Stück Kuchen, ein paar Kekse oder auch eine Rippe Schokolade. Zur gesunden Nachmittagsjause gehört immer auch ein Getränk, am besten Wasser!

Vorschläge für einen Nachmittagssnack
Bananenmilch aus 1 Banane und 200 ml Magermilch, miteinander püriert (Rezept siehe Praxisbuch)
Selbst gemachtes Fruchtjogurt aus 150 g geschnittenen Erdbeeren, 150 g fettarmem Jogurt, 1 TL Honig, bestreut mit ein 1 EL Haferflocken
Vollkornbrötchen, 1 Apfel
Müslikugel (Rezept siehe Praxisbuch)

Bewegungsrituale

In einem ersten Schritt versuchten wir zu erreichen, dass Ihr Kind Bewegungschancen erkennt und seine Wahl immer häufiger zugunsten der Aktivität und zuungunsten der Inaktivität trifft (z. B. Treppe statt Lift). Im zweiten Schritt wollten wir den natürlichen Bewegungsdrang Ihres Kindes reaktivieren, so dass es jetzt nach längeren Sitzpausen eine bewegte Spielpause einlegt. In dieser Einheit setzen wir zum dritten Schritt zu mehr Bewegung im Alltag an: Jetzt geht es darum, Bewegungsrituale auszubilden, die Ihr Kind in weiterer Folge fix in seinen Tagesablauf aufnehmen soll.

5 – 8 Jahre

Im Praxisbuch finden Sie drei Beispiele für Bewegungsrituale für den Nachmittag, den frühen Abend und die Schlafenszeit. Die Übungen stammen aus den Sammlungen »Ausdauernd wie ein Pferd«, »Geschickt wie die Katze« und »Stark wie der Bär«, die Sie auf den Bewegungsplakaten finden.

Fit in den Nachmittag: 5 – 7 Übungen von dem Bewegungsplakat »Ausdauernd wie ein Pferd«, mit denen der Kreislauf aktiviert, Sauerstoff in alle Zellen transportiert, das Gehirn durchblutet und – letztendlich – Energie in Form von Kohlenhydraten und Fett verbraucht wird. Alternativen zu den »Pferdeübungen« sind 5 – 15 Minuten flottes Gehen im Stand, Spiele im Gehen oder Laufen, Hüpfen und Springen. Die Übungen sollen Ihr Kind auf das richtige Aktivierungsniveau für eine Lerneinheit am Nachmittag bringen.

Kreativ in den Abend: 5 – 7 Übungen von dem Bewegungsplakat »Geschickt wie die Katze«, die Ihr Kind am frühen Abend inspirieren können, kreativ zu sein.

Entspannt in die Nacht: 5 – 7 Übungen von dem Bewegungsplakat »Stark wie der Bär« sollen Ihr Kind am Ende des Tages zu einer angenehmen Müdigkeit verhelfen, so dass es gut schläft. Als »Nebeneffekt« werden bei diesem Bewegungsritual die Muskeln gestärkt, verbrauchen über Nacht Energie und helfen Ihrem Kind, während des Schlafes, beim Abnehmen.

Rechenbeispiel:

Lassen Sie uns noch einmal rechnen! Wenn Ihr Kind das Ritual entwickelt, ab jetzt jeden Tag vor dem Schlafengehen die wichtigsten 5 Bärenübungen (Recken und Strecken, Bergsteigen, Ameisenkampf, Wassertrinken, Bärenbuckel) zu machen, dann verbraucht es dadurch pro Tag um 35, pro Woche also um 245 kcal mehr. Hochgerechnet auf ein Jahr sind das 12.775 kcal zusätzlich. In 1 kg Körperfett stecken 7.000 kcal. Alleine durch dieses »Bärenritual« könnte Ihr Kind damit fast 2 kg Körperfett reduzieren. Dazu kommt aber noch ein weiterer Effekt. Die durch die Bärenübungen gekräftigten Muskeln verbrauchen in der Nacht, während Ihr Kind schläft, sogar noch zusätzlich Fett!

Im Praxisbuch sind Vorschläge für Bewegungsrituale. Jeweils eines davon soll Ihr Kind in seinen Tagsablauf einbauen.

- Die aktive Viertelstunde: Rad fahren, Fußball mit Freunden, Badminton im Garten, ...
- Die bewusste Viertelstunde: Kinesiologieübungen (siehe Plakat)
- Die entspannte Viertelstunde: mit Musik, einem guten Buch oder einem Spaziergang
- Die starke Viertelstunde: 5 Übungen vom Plakat Bodyshaping

Rechenbeispiel:

Lassen Sie uns noch einmal rechnen! Wenn Ihr Kind das Ritual entwickelt, ab jetzt jeden Tag vor dem Schlafengehen 5 Bodyshaping-Übungen zu machen, dann verbraucht es dadurch pro Tag um 47, pro Woche also um 329 kcal mehr. Hochgerechnet auf ein Jahr sind das 17.155 kcal zusätzlich. In 1 kg Körperfett stecken 7.000 kcal. Alleine durch dieses Ritual könnte Ihr Kind damit mehr als 2 kg Körperfett reduzieren. Dazu kommt aber noch ein weiterer Effekt. Die durch die Übungen gekräftigten Muskeln verbrauchen, während Ihr Kind schläft, noch zusätzlich Fett!

Anleitung für die Umsetzung mit dem Kind

- Ihr Kind soll die Tagesprotokolle alleine ausfüllen! Füllen Sie das Wochenprotokoll gemeinsam aus!
- Reden Sie mit Ihrem Kind über die Wichtigkeit des Trinkens und über günstige und ungünstige Durstlöscher! Erarbeiten Sie mit Ihm die Ampelliste!
- Entdecken Sie gemeinsam den Energiegehalt von verschiedenen Getränken und wie Ihr Kind diese mit Bewegung ausbalancieren kann!
- Erklären Sie ihm die Bedeutung der Nachmittagsjause und versuchen Sie gemeinsam, diese möglichst »gesund« ausfallen zu lassen! (Rezepte im Praxisbuch!)
- Animieren Sie Ihr Kind, die Arbeitsblätter im Praxisbuch auszufüllen und sprechen Sie mit ihm darüber!
- Gehen Sie mit Ihrem Kind die Verhaltenstipps im Praxisbuch durch und lassen Sie es sich einen Tipp aussuchen, den es jeden Tag umsetzen soll!
- Loben Sie Ihr Kind für seine bisherigen Erfolge!

Einheit 5

Abendessen

Alltagsbewegung 4

Ziele und Inhalte:

- Abendessen: Bedeutung, Tipps, Beispiele
- Spezielle Bewegungsübungen
- Verhaltenstipps

Abendessen

Das Abendessen ist gemeinsam mit Mittagessen und Frühstück die dritte Hauptmahlzeit. Sie sollte ca. ein Viertel der Tagesenergie liefern und auch entsprechend vitamin- und mineralstoffreich sein. In den meisten Familien wird am Abend kalt gegessen. In diesem Fall besteht das ideale Abendessen aus einem **Milchprodukt, Obst oder rohem Gemüse, Brot oder Getreideflocken, gelegentlich Wurst und einem kalorienfreien Getränk.** Ist aber das Abendessen die Hauptmahlzeit schlechthin, weil gemeinsam gekocht und gegessen wird, gilt für das Abendessen, was in Einheit 3 über das Mittagessen ausgeführt ist, und umgekehrt. Das Abendessen sollte aber nicht zu groß ausfallen, damit ihr Kind gut schläft. Es sollte sich satt essen, aber nicht überessen.

	Vorschläge für ein günstiges Abendessen	Anmerkungen
	**Gefüllte Kartoffeln** (Rezept siehe Praxisbuch)	Kartoffeln füllen macht jedem Kind Spaß!
	**Brotspieße** (Rezept siehe Praxisbuch)	Brotspieße machen Spaß beim Zubereiten und auch beim Essen.

Ihr Kind soll lernen, dass Essen auch eine wichtige soziale Funktion hat: Essen mit der Familie oder mit Freunden ist ein schönes Ereignis. Wenn alle gemeinsam am Tisch versammelt sind, wird geplaudert und gelacht. Deshalb ist es für Ihr Kind sehr wichtig, dass zumindest bei einer Mahlzeit pro Tag die ganze Familie versammelt ist. Meist ist diese Mahlzeit aus organisatorischen Gründen das Abendessen. Nehmen Sie sich Zeit dafür! Besprechen Sie aber keine unangenehmen Dinge mit Ihrem Kind während des Essens! Auch ein schön gedeckter Tisch trägt zu einer angenehmen Stimmung beim Essen bei. Im Praxisbuch finden Sie und Ihr Kind das Spiel »Essen wie im Märchen«, das Ihrem Kind die Bedeutung eines schön gedeckten Tisches vermitteln soll.

Spezielle Bewegungsübungen

Letzter Teil der Bemühungen, den Alltag Ihres Kindes mit Bewegung anzureichern, sind die kinesiologischen Übungen, die Sie im Praxisbuch finden. Diese Übungen stellen eine langsame Überleitung zur sportlichen Aktivität her. Hier geht es darum, die Aufmerksamkeit und Konzentration Ihres Kindes zu verbessern, es aktiv und munter zu machen, und so seine Lust auf sportliche Aktivitäten zu entwickeln. Das geht auf der einen Seite dadurch, dass wir Erwachsenen ihnen den Sport vorleben, und ihnen den Platz und die Geräte für Sport zur Verfügung stellen. Auf der anderen Seite kann man sich der Techniken der Kinesiologie für einen sehr bewussten Zugang zur Bewegungsausführung zunutze machen, um Aufmerksamkeit, Konzentration und Wachheit zu entwickeln. Wir haben Übungen ausgewählt, die uns besonders für Kinder und für Sporteinsteiger geeignet erscheinen.

Anleitung für die Umsetzung mit dem Kind

- Ihr Kind soll die Tagesprotokolle wieder alleine ausfüllen! Füllen Sie das Wochenprotokoll aber noch gemeinsam aus!
- Reden Sie mit Ihrem Kind über das Abendessen, binden Sie es in die Lebensmittelauswahl ein und versuchen Sie gemeinsam, günstige Varianten zu bevorzugen! Unterstützen Sie Ihr Kind bei der Zubereitung des Abendessens!
- Unterstützen Sie Ihr Kind beim Spiel »Essen wie im Märchen« (siehe Praxisbuch)!
- Helfen Sie Ihrem Kind dabei, die speziellen Bewegungsübungen durchzuführen!
- Gehen Sie mit Ihrem Kind die Verhaltenstipps durch und lassen Sie es sich einen Tipp aussuchen, den es jeden Tag umsetzen soll!
- Loben Sie Ihr Kind für seine bisherigen Erfolge!

Einheit 6

Bewegung

2. Ebene der Bewegungspyramide

Sportarten 1

Essen und Trinken beim Sport

Ziele und Inhalte:

- Zwischenresümee Alltagsbewegung
- 2. Ebene der Bewegungspyramide: Sportarten
- Bedeutung der richtigen Ernährung beim Sport
- Verhaltenstipps

Sportarten

Bis jetzt ging es darum, den Alltag Ihres Kindes »bewegter« zu machen. Wenn Sie die Bewegungspyramide im Einleitungstext oder auch im Praxisbuch betrachten, können Sie erkennen, dass die erste Ebene bereits erklommen ist. Deshalb wird in dieser die Bewegungsanamnese wiederholt. Ihr Kind kann erkennen, dass es im Vergleich zu Beginn des Programms schon viel mehr Alltagsbewegung macht. Das wirkt motivierend und begeistert es für die zweite Ebene, den Sport.

Beim Sport geht es, wie Sie detaillierter in der Einleitung nachlesen können, vor allem um den Spaß: Sport betreibt man aus Freude an der jeweiligen Bewegungsform.

In dieser und den folgenden 6 Einheiten stellen wir Ihnen und Ihrem Kind viele Sportarten aus folgenden Gruppen vor:

Sportarten	Charakteristika
Ausdauersportarten (je 2 pro Einheit)	hoher Energieverbrauch
Spiel- und Koordinationssportarten (je 2 pro Einheit)	Koordinationstraining, Spaß, Teamgeist
Kräftigungssportarten (je 1 pro Einheit)	Kräftigung der Muskulatur

Es geht darum, bei Ihrem Kind das Interesse und die Lust zu wecken, die eine oder andere Sportart wieder auszuüben, neu zu lernen oder einfach einmal zu probieren. Darauf aufbauend kann sich daraus in weiterer Folge ein systematisches Training entwickeln (ab Einheit 13).

In dieser Einheit stellen wir Ihnen und Ihrem Kind konkret folgende Sportarten vor (Erklärungen finden Sie im Praxisbuch):

Ausdauersportarten	Walking, Nordic Walking
Spiel- und Koordinationssportarten	Badminton, Tischtennis
Kräftigungssportart	Schwimmen

Stoffwechsel beim Sport

Von den drei energieliefernden Nahrungsbestandteilen, Fett, Eiweiß und Kohlenhydrate, werden unter Normalbedingungen nur Kohlenhydrate und Fett zur Bereitstellung von Energie herangezogen. Eiweiß wird hauptsächlich als Bausubstanz für Muskulatur, Enzyme oder Abwehrstoffe verwendet und nur in Notzeiten (z. B. beim Hungern, Fasten) zur Energiegewinnung verwendet. In körperlicher Ruhe und bei geringer Aktivität verbrennt der Körper vorwiegend Fett, er benötigt dazu Sauerstoff, der über die Atmung bereitgestellt wird. Bei anstrengenden körperlichen Belastungen wird der Sauerstoff knapp, deshalb schaltet der Körper auf die Verbrennung von Kohlenhydraten um, da diese weniger Sauerstoff benötigt. Die Kohlenhydratspeicher sind aber wesentlich kleiner als die Fettspeicher, sie sind nach ca. 30 Minuten anstrengender körperlicher Belastung entleert. Dann muss der Körper wieder auf Fettverbrennung »zurückschalten«.

Im Gesundheitssport wird häufig von der »Fettverbrennungszone« gesprochen. Das ist der Pulsbereich, der mit einer moderaten Anstrengung einhergeht und bei dem überwiegend Fett verbrannt wird. In einem höheren Pulsbereich werden zwar vorwiegend Kohlenhydrate verbrannt, aber auch insgesamt mehr Energie. In der Gewichtsregulation ist letztlich der Energieverbrauch das Ausschlaggebende.

Für Ihr Kind sind diese Überlegungen zunächst noch zweitrangig. Es soll Freude an der Bewegung erfahren, seinen Alltag mit viel Bewegung anreichern und Sportarten entdecken, die es gerne ausüben möchte. Erst später, beim systematischen Training, werden Überlegungen zum Trainieren im richtigen Pulsbereich miteinbezogen.

Jetzt ist es nur wichtig, dass Ihr Kind sich nicht überanstrengt. Wenn es Sport betreibt, dann immer nur so intensiv, dass es dabei noch reden kann. (Mehr zum Thema Training finden Sie im Einleitungstext ab Seite 63 sowie ab Einheit 13.)

Ernährung und Getränke vor, während und nach dem Sport

Sportlich aktive Kinder haben spezielle Ernährungsbedürfnisse. Für das Mehr an Bewegung benötigt der Körper auch mehr Nährstoffe und vor allem mehr Flüssigkeit. Da übergewichtige Kinder aber nicht mehr Energie aufnehmen sollten, sind Lebensmittel mit einer hohen Nährstoffdichte sehr günstig. Eine hohe Nährstoffdichte bedeutet, dass ein Lebensmittel viele Vitamine und Mineralstoffe und dabei

Wichtige Nahrungsbestandteile und Lebensmittel für sportlich aktive Kinder

Nahrungsbestandteil	Funktionen	Empfehlenswerte Vertreter
Flüssigkeit	deckt den durch das Schwitzen erhöhten Bedarf an Flüssigkeit und Elektrolyten	Mineralwasser verdünnter Fruchtsaft (1 Teil Fruchtsaft, 2 Teile Wasser)
Kohlenhydrate	wichtigster Energielieferant bei sportlicher Aktivität	(Vollkorn-) Getreideprodukte (Brot, Nudeln, Reis, Müsli)
Eiweiß	Bausubstanz für Muskulatur (verhindert Muskelabbau, unerlässlich für Muskelaufbau)	Fisch, mageres Fleisch, magere Milchprodukte [v. a. Quark (Topfen), Käse]
Vitamin C, E, Beta-Karotin	Antioxidantien (= Radikalfänger), beim Sport werden vermehrt Radikale gebildet	frisches Obst, Gemüse (Vitamin C und Beta-Karotin), hochwertige Pflanzenöle, Samen, Nüsse (Vitamin E)
Vitamine der B-Gruppe	Bestandteil vieler Enzyme im Energiestoffwechsel	Milchprodukte, Fleisch, Fisch, Vollkorngetreide
Kalium, Magnesium, Natrium, Chlorid	Elektrolyte Reizleitung im Nervensystem und von den Nerven zur Muskulatur Bestandteil vieler Enzyme im Energiestoffwechsel	Kartoffeln, Gemüse, Obst (Kalium), Vollkorngetreide, grünes Blattgemüse (Magnesium), Salz (Natrium, Chlorid)
Eisen	als Bestandteil der roten Blutkörperchen für die Sauerstoffversorgung von Muskulatur und anderen Geweben zuständig	rotes Fleisch, Hülsenfrüchte, Vollkorngetreide (kombiniert mit Obst oder Gemüse ist die Eisenverfügbarkeit erhöht)
Zink	Bestandteil vieler Enzyme im Energiestoffwechsel	Fleisch, Fisch, Milchprodukte, Vollkorngetreide

gleichzeitig wenig Energie liefert. 100 Gramm Erdbeeren beispielsweise decken mit einem Gehalt von 65 Milligramm mehr als zwei Drittel des Tagesbedarfs an Vitamin C eines Kindes, haben aber nur 31 kcal. Pommes frites dagegen liefern pro 100 Gramm 300 kcal aber nur 15 Milligramm Vitamin C, sie haben eine niedrige Nährstoffdichte.

Ein aktives Kind braucht vor allem viel Flüssigkeit. Als Grundregel gilt: Für jede Stunde schweißtreibende Aktivität 1 Liter zusätzlich trinken. Geeignet sind kalorienfreie Getränke wie Wasser und ungesüßter Früchtetee. Besonders günstig für sportlich Aktive ist Mineralwasser, da es mehr Mineralstoffe enthält und den Elektrolytverlust durchs Schwitzen ausgleicht. Auch stark verdünnter Fruchtsaft (1 Teil Fruchtsaft und 2 Teile Wasser) enthält Mineralstoffe, ist aber nicht kalorienfrei (ca. 40 kcal pro Viertelliter). Limonaden und Energydrinks sind als Sportgetränke ungeeignet.

Nebenstehende Tabelle gibt eine Übersicht über wichtige Nahrungsbestandteile und empfehlenswerte Lebensmittel für sportlich aktive Kinder.

Anleitung für die Umsetzung mit dem Kind

- Ab jetzt ist für die Dokumentation des Ernährungs- und Bewegungsverhaltens nur mehr ein Wochenprotokoll vorgesehen. Füllen Sie dieses allerdings jetzt nicht am Ende der Woche sondern jeden Tag gemeinsam aus.
- Füllen Sie gemeinsam die Bewegungsanamnese wieder aus und vergleichen Sie das Ergebnis mit jenem zu Beginn des Programms!
- Reden Sie mit Ihrem Kind über die vorgestellten Sportarten. Überlegen Sie gemeinsam, ob Ihr Kind eine davon ausprobieren könnte!
- Erklären Sie Ihrem Kind, dass es mit der richtigen Ernährung beim Sport noch mehr Spaß und Leistung haben kann!
- Animieren Sie Ihr Kind, das Arbeitsblatt zu Ernährung und Sport im Praxisbuch auszufüllen!
- Gehen Sie mit Ihrem Kind die Verhaltenstipps durch und lassen Sie es sich einen Tipp aussuchen, den es jeden Tag umsetzen soll!
- Loben Sie Ihr Kind für seine bisherigen Erfolge!

Einheit 7

Gründe fürs Essen

Sportarten 2

Ziele und Inhalte:

- Ermitteln von Esstypen bzw. Gründen und Gefühlen beim Essen
- Erarbeiten von alternativen Handlungen
- Hunger und Sättigung wahrnehmen
- Stressbewältigung und Entspannung
- Vorstellung weiterer Sportarten
- Verhaltenstipps

Esstypen bzw. Gründe und Gefühle beim Essen

Es gibt zahlreiche Gründe, warum Menschen essen:

- Hunger
- Geschmack
- emotionale Wirkung (z. B. Schokolade zur Beruhigung)
- Fitnessüberlegungen (z. B. Müsli für Sportler)
- Schönheitsüberlegungen (z. B. schöne Haut durch gesunde Ernährung)
- Gesundheitsüberlegungen, Krankheitserfordernisse (z. B. fettarm bei erhöhtem Cholesterinspiegel)
- wirtschaftliche Gründe (z. B. Sonderangebote)

Gesundheitliche Überlegungen, Krankheitserfordernisse oder wirtschaftliche Überlegungen spielen bei Kindern untergeordnete Rollen, sie essen meist, weil sie Hunger haben, wegen des guten Geschmacks, häufig auch, weil bestimmte Lebensmittel »cool« sind und von den anderen Kindern auch gegessen werden. Übergewichtige Kinder nehmen häufig das Gefühl des Hungers nicht mehr wahr, weil sie nie hungrig sind, Hunger mit Appetit verwechseln oder nicht zwischen Hunger und anderen negativen Gefühlen unterscheiden können. Die Ursache dafür liegt häufig schon im Säuglingsalter: Wenn jede Unmutsäußerung des Säuglings mit Essen beantwortet wird, kann es dazu kommen, dass das Kind alle negativen Gefühlen als Hunger fehlinterpretiert und Essen als Seelentröster einsetzt. Oft essen Kinder aber auch einfach aus Gewohnheit (z. B. beim Fernsehen, immer um Punkt 12 Uhr zu Mittag) oder weil Essen zu bestimmten Situationen dazugehört. Ihr Kind soll sich in dieser Einheit in einem ersten Schritt klar werden, aus welchen Gründen es verschiedene Lebensmittel isst, ob es Situationen oder Gefühle gibt, bei denen es vermehrt zu Essen greift. Dazu dient das Arbeitsblatt »Gründe fürs Essen«.

Alternativen

Häufig weisen übergewichtige Kinder eine hohe Störbarkeit des Essverhaltens auf, d. h. sie reagieren auf negative Emotionen, wie beispielsweise Ärger, Traurigkeit, Frust, häufig mit vermehrtem Essen. Wenn Kinder gelernt haben, negative Gefühle mit Essen zu bekämpfen, so tun sie das in Belastungssituationen wie Langeweile, Ärger, Frust, Traurigkeit, Stress immer wieder auch deshalb, weil es der leichteste Weg ist. Essen ist aber immer nur eine Art »Ersatzbefriedigung«, das Problem selbst wird nicht gelöst, im Gegenteil, meist sind immer höhere »Dosen an Essen« notwendig, um das Problem verdrängen zu können. In einem ersten Schritt versuchten Sie, gemeinsam mit Ihrem Kind festzustellen, in welchen Situationen und aus welchen Gefühlen heraus Ihr Kind häufig zu etwas Essbarem greift. In einem zweiten Schritt geht es jetzt darum, für diese »gefährlichen Situationen« alternative Problemlösungen zu erarbeiten. Besprechen Sie mit Ihrem Kind anhand des Arbeitsblattes im Praxisbuch, was es tun könnte, wenn es traurig ist, wenn es sich ärgert, wenn ihm langweilig ist etc., das nicht mit Essen verbunden ist (z. B. in einen Polster boxen, um Ärger abzulassen; die Großmutter besuchen oder anrufen, wenn ihm langweilig ist; jemandem erzählen, warum es traurig ist, ...). Erstellen Sie gemeinsam eine Liste von Aktivitäten, die besser sind als Essen, schreiben Sie diese auf ein Plakat und hängen sie es auf. Immer wenn Ihr Kind aus einem Gefühl heraus etwas essen möchte, kann es auf dem Plakat nachsehen, was es stattdessen tun könnte.

Hunger – Sättigung

Die Regulation der Nahrungsaufnahme ist ein komplexer Prozess, der von körperlichen Faktoren (z. B. Hungergefühl, Magendehnung als Zeichen von Sattheit) ebenso beeinflusst wird wie von emotionalen (z. B. Essen als Belohung, Süßigkeiten statt Zuwendung) oder auch von erlernten Verhaltensmustern (z. B. »Du bist satt, wenn der Teller leer ist«.) oder von Außenreizen (z. B. der Geruch von Pizza, der Anblick von Keksen). Das Sättigungsgefühl beim Essen stellt sich erst nach ca. 20 Minuten ein. Übergewichtige Kinder haben oft ein gestörtes Sättigungsgefühl, sie nehmen die Signale, die auf eine Sättigung hinweisen, nicht oder nur unzureichend wahr. Deshalb und weil übergewichtige Kinder häufig das Gefühl des Hungers nicht (mehr) kennen, ist es wichtig, ihnen Hunger und Sättigung wieder zu vermitteln. Im Praxisbuch finden Sie eine spielerische Anleitung dazu.

Seien Sie sich bei allen Ihren Bemühungen immer Ihrer Vorbildwirkung bewusst! Kinder lernen am Modell, sie ahmen Sie nach. Sie unterstützen Ihr Kind am besten dadurch, dass Sie mit gutem Beispiel vorangehen!

Stressbewältigung

Anspannung und erhöhter oder negativer Stress gehören zum Leben. Auch Kinder und Jugendliche erleben Stress und reagieren mit starken seelischen und körperlichen Belastungssymptomen. Stresssituationen hängen sowohl mit der Schule und Leistung (wie Schreiben von Schularbeiten, Fertigstellen von Hausaufgaben, elterlicher Leistungsdruck), aber auch mit der sozialen Situation (wie Streit mit Eltern, Geschwistern oder Freunden) zusammen.

Die häufigsten Stresssymptome sind Kopf- und Bauchschmerzen, Schwindel, Übelkeit, Appetitlosigkeit, Schlafschwierigkeiten und Erschöpfungszustände.

Damit Stress nicht gesundheitsgefährdend wirken kann, muss regelmäßig für Ausgleich gesorgt werden. Voraussetzung für einen Ausgleich zwischen Anspannung und Entspannung ist die bewusste Wahrnehmung des eigenen Befindens. Stress kann man nicht immer verändern, aber man kann lernen, mit belastenden Situationen gelassener und sicherer umzugehen, und einen gesunden Ausgleich zwischen Anspannung und Entspannung zu erreichen. Wichtig ist, dass man sich regelmäßig, bewusst und aktiv entspannt.

Viele Kinder und Jugendliche reagieren den vermehrten Stress mit Essen, Fernsehen oder vor dem Computer ab, also eher passiv. Spazierengehen, Tanzen oder Rad fahren dagegen sind günstigere Maßnahmen, durch die man sich aktiv erholt. Auch gezielte Entspannungsübungen können Ihrem Kind helfen, Stress abzubauen. Geeignete Methoden sind etwa:

- **Autogenes Training:** Dies ist eine Methode der »konzentrativen Selbstentspannung«, die üblicherweise von Kindern und Jugendlichen rasch erlernt wird. Durch stufenweise erlernbare Entspannungsübungen gelingt eine zunehmende autosuggestive Beeinflussung der unwillkürlichen Körperfunktionen wie Atmung, Herz, Körpertemperatur.
- Beim **Anti-Stress-Training** (AST), ein Stressmanagementtraining für Kinder im Alter von 8 – 13 Jahren, soll den Kindern vermittelt werden, dass Stresssituationen lösbare Probleme darstellen, die Kinder also aktiv zum Stressgeschehen wie auch zum Bewältigungsprozess beitragen können. Trainingsziele sind u. a. die Wahrnehmungsschulung von Belastungssituationen und Stressreaktionen, das Bewusstwerden ungünstiger Bewältigungsmaßnahmen und das Kennenlernen und Einüben von günstigen Bewältigungsmaßnahmen.

- **Atemübungen:** Dabei soll den Kindern und Jugendlichen bewusst gemacht werden, wie wichtig und entspannend richtiges Atmen ist. Durch das bewusste tiefe Einatmen können innere Verspannungen und Ängste besser losgelassen werden. Das Ausatmen kann durch ein tiefes Seufzen begleitet werden.
- **Phantasiereisen**: Phantasiereisen sind leicht zu erlernen. Es braucht nur ein bisschen Zeit und Ruhe, die Fähigkeit zur Visualisierung sowie eine gewisse Offenheit. Den Kindern wird dabei eine Geschichte erzählt, während diese ihre Augen geschlossen haben. Die Aufgabe der Kinder besteht darin, sich völlig auf das Erzählte zu konzentrieren und sich dies vorzustellen. Man kann Reisen an die wunderschönsten Orte der Welt machen, man kann sich selbst in ein wundersames Tier verwandeln usw. Man kann seiner Phantasie freien Lauf lassen.

Sportarten

In dieser Einheit stellen wir Ihnen und Ihrem Kind folgende Sportarten vor (Erklärungen finden Sie im Praxisbuch):

Ausdauersportarten	Rad fahren, Mountainbiken
Spiel- und Koordinationssportarten	Tennis, Boccia
Kräftigungssportart	Kids' Aerobic

Anleitung für die Umsetzung mit dem Kind

- Ihr Kind soll jeden Tag die jeweilige Tagesspalte des Wochenprotokolls mit Klebern versehen!
- Ermitteln Sie gemeinsam anhand des Arbeitsblattes die Gründe fürs Essen.
- Überlegen Sie gemeinsam alternative Handlungen zum Essen in bestimmten Situationen, und schreiben Sie diese auf ein Plakat!
- Helfen Sie Ihrem Kind bei der Durchführung des Spieles »Hungern und Sattsein«!
- Reden Sie mit Ihrem Kind über die vorgestellten Sportarten. Überlegen Sie gemeinsam, ob Ihr Kind eine davon ausprobieren könnte!
- Wenn Ihr Kind unter Stress leidet, versuchen Sie, mit ihm Entspannungsübungen zu machen.
- Gehen Sie mit Ihrem Kind die Verhaltenstipps durch und lassen Sie es sich einen Tipp aussuchen, den es jeden Tag umsetzen soll!
- Loben Sie Ihr Kind für seine bisherigen Erfolge!

Einheit 8

Süßes

Sportarten 3

Ziele und Inhalte:

- Zucker und Süßes: Stellenwert, Zufuhrempfehlung, Quellen, Tipps für den Umgang
- Vorstellung weiterer Sportarten
- Verhaltenstipps

Zucker

Zucker (Rüben-, Rohrzucker) ist ein so genanntes Disaccharid, ein Zweifachzucker, das aus den zwei Einfachzuckern Glukose (Traubenzucker) und Fruktose (Fruchtzucker) besteht. Zucker gehört zu jenen Kohlenhydraten, die im Körper schnell verstoffwechselt werden, rasch ins Blut übergehen und den Blutzuckerspiegel hoch ansteigen lassen. Das ist insofern ungünstig, da viele Übergewichtige und zunehmend auch übergewichtige Kinder häufig bereits einen gestörten Blutzuckerstoffwechsel haben, der ein Risikofaktor für die Entstehung von Typ-2-Diabetes (»Alterszucker«) ist. Im gleichen Maße ungünstig wie Zucker sind auch Trauben- und Fruchtzucker. Achten Sie besonders bei zuckerfreien Produkten auf die Zutatenliste, ob diese nicht mit diesen beiden angereichert sind. Diese haben die gleiche Energiemenge, Fruchtzucker kann auch in größeren Mengen Beschwerden im Darmbereich (z. B. Blähungen und Durchfall) auslösen.

Zucker liefert Energie (4 kcal pro Gramm), aber keine Vitamine und Mineralstoffe (»leere Kalorien«). Jedes Stück Würfelzucker (4 Gramm) liefert 16 kcal, jeder Teelöffel (5 Gramm) 20 kcal. Wenn Ihr Kind beispielsweise in der Früh und am Abend Tee trinkt, diesen jeweils mit 2,5 Teelöffel Zucker süßt, nimmt es dadurch 100 kcal auf, das entspricht einer Rippe Schokolade! Mehlspeisen und Süßigkeiten sind darüber hinaus meist sehr fett und damit energiereich.

Ein weiterer negativer Aspekt einer zuckerreichen Ernährung ist die Kariesentstehung. Zucker, aber auch andere Kohlenhydrate werden von den im Mund natürlich vorkommenden Bakterien zu Säuren verstoffwechselt, die den Zahnschmelz angreifen und so die Kariesentstehung begünstigen. (Vorbeugung ist hier die richtige Zahnhygiene.)

Empfohlene Höchstzufuhr: 10 % der Tagesenergie

Alter	Gramm Zucker	Stück Würfelzucker
4 – 6 Jahre	35 g	9
7 – 10 Jahre	43 g	11
10 – 13 Jahre	51 g	13
13 – 14 Jahre	58 g	15

Kalorien-, Zucker- und Fettgehalt verschiedener Lebensmittel				
Lebensmittel	kcal	Zucker	Stück Würfelzucker	Fett
Limonade (1 Dose, 0,33 l)	201	36 g	9	0 g
Schokolade (100 g)	540	54 g	14	32 g
Geleefrüchte (20 g)	68	8 g	2	0 g
Berliner (Krapfen) (1 Stück)	166	12 g	3	10 g
Marmorkuchen (1 Stück)	270	16 g	4	12 g
Fruchtjogurt, 3,2 % Fett (1 Becher, 180 g)	176	24 g	6	5 g
Fruchteis (1 Kugel)	67	16 g	4	1 g
Aprikosen (Marillen), getrocknet (100 g)	249	30 g	7,5	Spuren

Der überwiegende Teil des Zuckers, den Ihr Kind aufnimmt, nimmt es in »versteckter« Form auf. Auch »gesunde« Lebensmittel, wie fertiges Fruchtjogurt, Quarkcremes (Topfen-), Trockenfrüchte oder Fruchtsaft, enthalten oft große Mengen an versteckten Zucker. Das Zuckerquiz im Praxisbuch hilft, diese versteckten Zuckerquellen ausfindig zu machen.

Dass Zucker und zuckerreiche Lebensmittel Genussmittel sind, die entsprechend selten gegessen werden sollten, zeigt auch die Lebensmittelpyramide: Hier findet sich diese Lebensmittelgruppe an der Spitze.

Übersicht über Süßigkeiten und Mehlspeisen					
Empfehlenswert	**Begründung**	**Weniger empfehlenswert**	**Begründung**	**Nicht empfehlenswert**	**Begründung**
Süßen mit Obst (z. B. Banane ins Jogurt, Rosinen ins Müsli)	»natürliche« Süße	wenig süßen mit Zucker, Honig, Ahornsirup	zuckerreich	viel Zucker viel Honig viel Ahornsirup viel Trauben- und Fruchtzucker	sehr zuckerreich
zuckerfreier Kaugummi	zuckerfrei, zahnschonend	Gummibonbons Bonbons	zwar fettarm, aber sehr zuckerreich	Schokolade Schokoriegel Pralinen Kekse Schnitten	reich an Fett und Zucker
geeiste selbstgemachte Quarkcreme geeister Fruchtsaft	fettarm, vitamin-, mineralstoffreich	Fruchteis (z. B. Erdbeere, Zitrone) Wassereis	weniger Fett, aber zuckerreich	Cremeeis (z. B. Schokolade, Vanille)	reich an Fett und Zucker
selbst gemachte Quark- und Jogurtcremes Pudding aus Magermilch Obstsalat	fettarm, vitamin-, mineralstoffreich	Fruchtjogurt, Quarkcremes (Fertigprodukte)	zuckerreich	Mousse au chocolat Parfait	reich an Fett und Zucker
-		Apfelstrudel Löffelbiskuit (Biskotten) Hefezopf Hörnchen Obstkuchen Quark- (Topfen-), Jogurttorte Vollkornkekse Cornflakes	weniger Fett, aber zuckerreich	Marmorkuchen Cremetorte Tiramisù Donut Schokokekse Gebäck aus Plunder- und Blätterteig	reich an Fett und Zucker

Tipps für den Umgang mit Zucker, Süßigkeiten und Mehlspeisen:

- Verwenden Sie Zucker möglichst sparsam, reduzieren Sie aber langsam: Verwenden Sie beim Kochen und Backen um ein Drittel weniger Zucker, süßen Sie Getränke immer weniger, verdünnen Sie Fruchtsäfte stark, »strecken« Sie Fruchtjogurt mit Naturjogurt oder bereiten Sie es selbst aus Naturjogurt und süßem Obst (z. B. Bananen) zu. Ihr Kind wird sich langsam an weniger Süße gewöhnen.

- Achten Sie beim Einkaufen auf den Zuckergehalt von Lebensmitteln. Die Zutatenliste gibt Aufschluss über zugesetzten Zucker. Fertigmüsli, Frühstückscerealien, Fruchtjogurt etc. enthalten oft große Mengen an Zucker. Greifen Sie besser zu zuckerfreien Alternativen und süßen Sie, wenn überhaupt notwendig, erst beim Zubereiten. Achtung! Zuckerfrei bedeutet nicht kalorienfrei!

- Süßigkeiten sind keine Belohnungen und kein Seelentröster! Belohnen Sie Ihr Kind mit einem gemeinsamen Spiel oder einem Ausflug und reden Sie mit ihm, wenn es traurig ist!

- Versuchen Sie, den Appetit auf Süßes mit Obst zu befriedigen oder zu bremsen.

- Süßigkeiten ganz zu verbieten, ist nicht sinnvoll. Sie bekommen so einen zu hohen Stellenwert und werden besonders begehrt. Wesentlich besser ist es, maßvolles Naschen zuzulassen (»Schokoladengenussspiel« im Praxisbuch). Was maßvoll bedeutet, hängt dabei ganz von der Ausgangssituation ab. Wenn Ihr Kind bisher jeden Tag genascht hat, ist es bereits ein großer Erfolg, wenn es nur mehr jeden zweiten Tag etwas Süßes isst und langsam reduziert.

- Es gibt Kinder, denen es leichter fällt, weniger aber trotzdem jeden Tag zu naschen. Anderen können mit einem »Naschtag« besser umgehen, d. h. sie suchen sich einen Wochentag aus, an dem sie auch größere Mengen naschen. Die restliche Woche naschen sie allerdings nichts. Finden Sie gemeinsam mit Ihrem Kinder heraus, welcher Weg für Ihr Kind besser geeignet ist.

- Legen Sie mit Ihrem Kind eine Naschbox an. Das kann ein alter Schuhkarton sein, den Ihr Kind bunt bemalt. Füllen Sie diese Box entsprechend Ihrer Naschregeln ein Mal pro Woche, z. B. am Wochenende. Ihr Kind kann selbst bestimmen, wann und wie viel es daraus nascht. Wenn die Box allerdings früher leer ist als vorgesehen, bleibt sie auch leer, bis sie zum nächsten vereinbarten Zeitpunkt wieder gefüllt wird. Ihr Kind soll so lernen, eigenverantwortlich mit Süßem umzugehen.

- Wenn Ihr Kind nascht, dann ist es vor allem auch in Hinblick auf die Kariesentstehung am günstigsten, das nach einer Mahlzeit zu tun und nicht zwischendurch.

- Legen Sie Vorräte von zuckerfreiem Kaugummi an. Es gibt sicher eine Sorte, die Ihrem Kind schmeckt. Wann immer Ihr Kind Lust auf Süßes hat, soll es sich beim Kaugummi bedienen können.

- Machen Sie es zum Ritual, dass Ihr Kind nach dem Naschen zuckerfreien Kaugummi kaut. Es lernt damit, dass mit dem Kaugummi das Naschen beendet ist. Außerdem hemmt das Kauen von zuckerfreiem Kaugummi die Kariesentstehung.
- Informieren Sie Ihre Verwandten und Bekannten, dass sie Ihrem Kind keine Süßigkeiten schenken sollen. Wenn es doch einmal vorkommt, kann Ihr Kind es in die Naschbox legen und zur vereinbarten Zeit naschen.
- Auch Limonaden gehören zu den Süßigkeiten und sollten entsprechend behandelt werden.

Sportarten

In dieser Einheit stellen wir Ihnen und Ihrem Kind folgende Sportarten vor (Erklärungen finden Sie im Praxisbuch)

Ausdauersportarten	Inlineskaten, Nordic Blading
Spiel- und Koordinationssportarten	Kegeln, Bowling
Kräftigungssportart	Aqua Aerobic

Anleitung für die Umsetzung mit dem Kind

- Ihr Kind soll jeden Tag die jeweilige Tagesspalte des Wochenprotokolls mit Klebern versehen!
- Sprechen Sie mit Ihrem Kind über den Stellenwert von Zucker, Süßigkeiten und Mehlspeisen in der Ernährung! Stellen Sie gemeinsam »Naschregeln« auf.
- Erstellen Sie gemeinsam die Ampelliste für Ihr Kind!
- Animieren Sie Ihr Kind, die Arbeitsblätter im Praxisbuch (Lebensmittelpyramide, Zuckerquiz) auszufüllen und das Schokoladengenussspiel auszuprobieren!
- Reden Sie mit Ihrem Kind über die vorgestellten Sportarten. Überlegen Sie gemeinsam, ob Ihr Kind eine davon ausprobieren könnte!
- Gehen Sie mit Ihrem Kind die Verhaltenstipps durch und lassen Sie es sich einen Tipp aussuchen, den es jeden Tag umsetzen soll!
- Loben Sie Ihr Kind für seine bisherigen Erfolge!

Einheit 9

Knabbereien, Snacks, Fast Food

Sportarten 4

Ziele und Inhalte:

- Knabbereien, Snacks, Fast Food: Stellenwert, Quellen, Tipps für den Umgang
- Essen als Nebentätigkeit
- Vorstellung weiterer Sportarten
- Verhaltenstipps

Knabbereien, Snacks, Fast Food

Es gehört mittlerweile auch zum Alltag der Kinder, ständig mit Essen konfrontiert zu sein. Überall gibt es zahlreiche Möglichkeiten, schnell eine »Kleinigkeit« zu essen.

Snacks und Fast Food sind bei Kindern auch deshalb so beliebt, weil sie ohne Besteck gegessen werden können. Kinder lieben es, mit den Fingern zu essen.

Aus ernährungsphysiologischer Sicht sind Knabbereien, Snacks und Fast Food vor allem dann ungünstig, wenn sie sehr energie- und fettreich und stark gesalzen sind und gleichzeitig wenig Vitamine, Mineralstoffe und andere Schutzstoffe liefern.

Deshalb stehen diese Lebensmittel generell an der Spitze der Lebensmittelpyramide, sollten also selten und in kleinen Mengen konsumiert werden. Ähnlich wie bei den Süßigkeiten ist aber auch hier ein generelles Verbot nicht angebracht und auch nicht notwendig. Selten und in kleinen Mengen genossen haben auch Knabbereien, Snacks und Fast Food ihren Stellenwert in einer gesunden Ernährung. Zudem gibt es auch hier günstigere Alternativen (siehe Ampelliste).

Kalorien- und Fettgehalt verschiedener Knabbereien, Snacks und Fast Food

Lebensmittel	kcal	Fett
Burger	250	10 g
Döner Kebap	640	37 g
Erdnüsse, geröstet (100 g)	596	50 g
Kartoffelchips (1 Pkg., 175 g)	950	60 g
Leberkäsemmel	450	27 g
Pommes frites (1 Portion, 170 g)	350	25 g
Salzstangerl (1 Pkg., 80 g)	306	3 g

Übersicht über Knabbereien, Snacks und Fast Food					
Empfehlenswert	**Begründung**	**Weniger empfehlenswert**	**Begründung**	**Nicht empfehlenswert**	**Begründung**
geschnittenes Gemüse oder Obst (»Karottenchips«)	wenig Energie, fettfrei, vitamin-, mineralstoffreich	Salzstangen Popcorn	weniger Fett, sehr salzig	Chips Gesalzene Erdnüsse Cracker	sehr fettreich, sehr salzig
Bratkartoffel aus dem Ofen geschnittene Gemüsesticks mit Dip	fettfrei vitamin- und mineralstoffreich			Pommes frites	sehr fettreich
Vollkornbrot mit Putenschinken	fettarm, vitamin-, mineralstoffreich	Semmel mit Putenwurst	weniger Fett	Leberkäsesemmel Döner Kebap verschiedene Burger	sehr fettreich
Vollkorntoast mit Schinken, Gemüse und Leichtkäse überbacken	fettarm, vitamin-, mineralstoffreich			Pizzaschnitte	sehr fettreich

Außenreizabhängigkeit, Essen als Nebentätigkeit

Vor allem Snacks und Knabbereien werden selten aus Hunger gegessen. Übergewichtige Kinder haben häufig eine hohe Außenreizabhängigkeit, d. h. sie entwickeln leicht Appetit auf etwas, das sie sehen oder riechen. Sieht ein stark außenreizabhängiges Kind ein anderes Kind Pommes frites essen, so will es auch eine Portion.

Hier ist es wichtig, dass das Kind erkennt, dass es nicht hungrig ist und deshalb kein Grund besteht, etwas zu essen.

Ähnlich verhält es sich mit dem Essen als Nebentätigkeit. Übergewichtige Kinder essen häufig unbewusst, z. B. neben dem Fernsehen oder Computerspielen. Sie haben dabei oft kein Gefühl für die Mengen, die sie verzehren, und auch der Genuss fehlt, weil die Aufmerksamkeit nicht der Nebentätigkeit Essen, sondern der Haupttätigkeit (Fernsehen, Computerspielen) gilt.

Diese Verhaltensmuster gilt es, mit entsprechenden Reizkontrolltechniken zu unterbrechen (siehe auch Verhaltenstipps im Praxisbuch).

Tipps für den Umgang mit Knabbereien, Snacks, Fast Food:

- Essen immer nur auf dem dafür vorgesehen Platz, aber nicht vor dem Fernseher, auf der Straße.
- Zum Essen immer hinsetzen, nicht im Stehen essen.
- Zeit nehmen zum Essen. Eine Mahlzeit sollte mindestens 20 Minuten dauern, so lange dauert es auch, bis sich das Sättigungsgefühl einstellt.
- Langsam essen und bewusst schmecken und genießen.
- Keine Nebentätigkeiten beim Essen: Nicht lesen, nicht fernsehen.
- Keine Essensvorräte anlegen. Wenn keine Knabbereien zu Hause sind, können sie auch nicht gegessen werden, oder Knabbereien nicht sichtbar stehen lassen.
- Geben Sie Ihrem Kind eine Jause in die Schule mit, damit es sich nichts kaufen muss.
- Geschnittenes Obst und Gemüsesticks mit Dip werden dem Wunsch der Kinder, mit Fingern zu essen, gerecht.
- Verbieten Sie Knabbereien, Snacks und Fast Food nicht generell. Das würde den Appetit darauf verstärken. Stellen Sie für den Konsum dieser Lebensmittel Regeln auf.
- Wenn Ihr Kind gelegentlich einen Burger isst, dann bieten Sie ihm bei der nächsten Mahlzeit zum Ausgleich etwas besonders Vitamin- und Mineralstoffreiches an.

Sportarten

In dieser Einheit stellen wir Ihnen und Ihrem Kind folgende Sportarten vor (Erklärungen finden Sie im Praxisbuch):

Ausdauersportarten	Laufen, Aquajogging
Spiel- und Koordinationssportarten	Fußball, Basketball
Kräftigungssportart	Kids' Power Walking

Anleitung für die Umsetzung mit dem Kind

- Ihr Kind soll jeden Tag die jeweilige Tagesspalte des Wochenprotokolls mit Klebern versehen!
- Sprechen Sie mit Ihrem Kind über Knabbereien, Snacks und Fast Food! Stellen Sie auch hier gemeinsam Regeln auf.
- Erstellen Sie gemeinsam die Ampelliste für Ihr Kind!
- Animieren Sie Ihr Kind, das Arbeitsblatt Lebensmittelpyramide im Praxisbuch auszumalen!
- Reden Sie mit Ihrem Kind über die vorgestellten Sportarten. Überlegen Sie gemeinsam, ob Ihr Kind eine davon ausprobieren könnte!
- Gehen Sie mit Ihrem Kind die Verhaltenstipps durch und lassen Sie es sich einen Tipp aussuchen, den es jeden Tag umsetzen soll!
- Loben Sie Ihr Kind für seine bisherigen Erfolge!

Einheit 10

Selbsteinschätzung Selbstbewusstsein, Selbstakzeptanz

Sportarten 5

Ziele und Inhalte:

- Medizinische Anamnese
- Selbsteinschätzung, Selbstbewusstsein, Selbstakzeptanz
- Vorstellung weiterer Sportarten
- Verhaltenstipps

Medizinische Anamnese

Es ist sinnvoll, nach 10 Wochen die medizinische Anamnese zu wiederholen. Machen Sie dieselben Messungen wie zu Beginn des Programms und vergleichen Sie die Werte. (Für Erläuterungen lesen Sie bitte in Einheit 1 oder ab Seite 13 nach)

Reden Sie mit Ihrem Kind vor allem über die positiven Entwicklungen und motivieren Sie es so weiterzumachen.

Folgende Werte können Sie wieder selbst erheben:

	Werte Ihres Kindes		
Körpergröße, -gewicht			
Body-Mass-Index, BMI-Perzentile			
Blutdruck (mind. 3 Messungen)			

Laboruntersuchungen
(nur vom Kinder- oder Hausarzt durchführbar):

Blutfette	Normwerte	Werte Ihres Kindes
Triglyceride	< 150 mg/dl	
Gesamtcholesterin	< 160 mg/dl	
LDL-Cholesterin	< 100 mg/dl	
HDL-Cholesterin	> 40 mg/dl	
Verhältnis LDL:HDL	< 4:1	

Bei BMI > 97. Perzentile:

	Werte Ihres Kindes
Leberfunktionsparameter	
Nüchternblutzucker	
Harnsäure	
Schilddrüsenhormone	

Selbsteinschätzung, Selbstbewusstsein, Selbstakzeptanz

Kinder tendieren üblicherweise dazu, ihre eigenen Fähigkeiten als positiv einzuschätzen. Dabei spielt zunächst das Verhalten der Eltern, der Spiegel, den Sie Ihrem Kind vorhalten, eine entscheidende Rolle. Ihre Zuwendung nicht an Bedingungen zu knüpfen (»Ich habe dich nur dann lieb, wenn du brav bist.«), Vertrauen in die Kompetenz Ihres Kindes zu haben und es immer wieder zu loben und zu bestärken stärkt das Selbstbewusstsein ihres Kindes.

Später spielt der Freundeskreis eine wichtige Rolle in der Entwicklung des Selbstwertgefühls eines Kindes. Das Vergleichen von schulischen und sportlichen Leistungen, die Akzeptanz unter Gleichaltrigen und mit zunehmendem Alter auch das Ankommen beim anderen Geschlecht werden immer wichtiger. Auch die wahrgenommene eigene Attraktivität beeinflusst den Selbstwert des Kindes und vor allem von Jugendlichen sehr stark. Körperlich gut auszusehen und fit zu sein bedeutet gleichzeitig beliebt zu sein. Generell ist die emotionale Befindlichkeit und das Selbstwertgefühl von Jugendlichen stark schwankend, aber auch leicht zu verändern. Positive Erfahrungen in Freundschaftsbeziehungen oder Erfolgserlebisse in der Schule, später im Beruf, können den Selbstwert rasch aufbauen und relativ stabilisieren. Umgekehrt ist ein geringes Selbstwertgefühl, besonders in Bezug auf die Bewertung der Figur und die Einschätzung der Attraktivität, ein Risikofaktor für das Entstehen einer Essstörung.

Kennzeichen eines positiven Selbstwertgefühls sind:

- hohe, aber nicht zu hohe Anforderungen an sich selbst
- seelisches Wohlbefinden (weniger Angst)
- Anpassungsfähigkeit und Flexibilität
- geringere Krisenanfälligkeit
- größere Ausdauer beim Verfolgen von Zielen

Zahlreiche Untersuchungen übergewichtiger Kinder weisen auf eine erhebliche Beeinträchtigung der Lebensqualität in mehreren Bereichen hin. Sowohl das körperliche und das seelische Wohlbefinden sowie Freundschaftsbeziehungen sind im Vergleich zu normalgewichtigen Kindern eingeschränkt. Auch wenn nicht generell eine Beeinträchtigung des Selbstwertgefühls bei übergewichtigen Kindern vorliegt, so ist auf jeden Fall das körperliche Selbstwertgefühl übergewichtiger Kinder beeinträchtigt. Übergewichtige Kinder werden nicht nur wegen ihres Aussehens diskriminiert, sondern es werden ihnen noch viele weitere negative Eigenschaften zugeschrieben: Sie werden häufig als faul, träge, dumm, zügellos, unattraktiv usw. bezeichnet und von Gleichaltrigen gehänselt. Dies sind Zuschreibungen, die meist als sehr kränkend erlebt werden und das oft ohnehin schon geringe oder labile Selbstwertgefühl noch weiter untergraben und dadurch das Risiko für ein problematisches Verhalten, wie sozialen Rückzug und gestörtes Essverhalten, erhöhen. Wie erwähnt, ist ein Kind in seinem Selbstwert sehr stark auf die Akzeptanz durch die gleichaltrige Gruppe angewiesen. Dicke

Kinder werden häufig gekränkt, sei es, dass sie dem direkten Spott oder Kritik ausgesetzt sind, sei es, dass sie indirekt ausgegrenzt oder zurückgewiesen werden. Das negative Selbstwertgefühl trägt zu Stimmungsschwankungen, emotionalen Problemen und Verhaltensauffälligkeiten bei, auch im sportlichen Bereich. Sie vermeiden oft sportliche Auseinandersetzungen, um nicht schlecht abzuschneiden.

Die meisten übergewichtigen Kinder leiden also unter einem enormen seelischen Stress. Im Praxisbuch finden Sie und Ihr Kind ein Arbeitsblatt, anhand dessen Ihr Kind sich seine positiven Eigenschaften ganz bewusst vor Augen führen soll.

Tipps für die Stärkung des Selbstwertgefühls Ihres Kindes:

- Knüpfen Sie Ihre Zuwendung nicht an Bedingungen. Zeigen Sie Ihrem Kind, dass Sie es lieben, auch wenn es einmal nicht Ihren Erwartungen entspricht.
- Bestärken Sie Ihr Kind in seinem Tun. Geben Sie ihm das Gefühl, Vertrauen zu haben, dass es den Aufgaben seines täglichen Lebens gewachsen ist.
- Loben Sie Ihr Kind für alles, was ihm gelungen ist, in allen Lebensbereichen.
- Geben Sie Ihrem Kind Rückhalt, wenn es gehänselt und gekränkt wird. Lassen Sie es wissen, dass es immer zu Ihnen kommen kann, wenn es ein Problem hat.

Sportarten

In dieser Einheit stellen wir Ihnen und Ihrem Kind folgende Sportarten vor

Ausdauersportarten	Skilanglauf und Skiwandern, Schneeschuhgehen
Spiel- und Koordinationssportarten	Handball, Ball über die Schnur und Volleyball
Kräftigungssportart	Bergwandern

Anleitung für die Umsetzung mit dem Kind

- Wiederholen Sie die medizinischen Anamnesen.
- Ihr Kind soll jeden Tag die jeweilige Tagesspalte des Wochenprotokolls mit Klebern versehen!
- Füllen Sie mit Ihrem Kind gemeinsam das Arbeitsblatt zum Selbstwertgefühl aus.
- Überlegen Sie gemeinsam, ob Ihr Kind eine neue Sportart ausprobieren könnte!
- Lassen Sie Ihr Kind sich einen Verhaltenstipp aussuchen, den es jeden Tag umsetzen soll!

Einheit 11

Fett

Sportarten 6

Ziele und Inhalte:

- Fett und fettreiche Lebensmittel: Stellenwert, Zufuhrempfehlung, Quellen, Fettqualität, Tipps zum Fettsparen
- Vorstellung weiterer Sportarten
- Verhaltenstipps

Fette

Von den drei Hauptnährstoffen Eiweiß, Fett und Kohlenhydrate ist Fett jener mit dem höchsten Energiegehalt. Ein Gramm Fett liefert 9,3 kcal, das ist mehr als doppelt so viel wie Eiweiß oder Kohlenhydrate. Über den Bedarf aufgenommenes Fett wird in Körperfett umgebaut und als Depotfett gespeichert. Aus diesen Gründen ist eine Reduktion der Fettzufuhr ein wichtiger Ansatz in der Gewichtsreduktion.

Durch die Reduktion der Zufuhr von Fett und fettreichen Lebensmitteln kann die Energiezufuhr relativ leicht gesenkt werden, ohne dass die Nahrungsmenge allzu stark vermindert werden muss.

In der Lebensmittelpyramide stehen Fette und Öle sehr weit oben. Sie sollten selten und in kleinen Mengen gegessen werden. Das gleiche gilt für fettreiche Lebensmittel.

Während man bei Butter und Öl das Fett tatsächlich sieht, enthalten viele Lebensmittel versteckte Fette. Ein gutes Beispiel dafür ist Wurst. Viele Wurstsorten sind hellrosa und vermeintlich mager, enthalten aber sehr viel Fett. Das Fettquiz im Praxisbuch macht versteckte Fette sichtbar.

Richtwert für die tägliche Höchstzufuhr an Fett für normalgewichtige Kinder

30 – 35 % der Tagesenergie	
Alter	Gramm Fett (1 g = 1 »Fettpunkt«)
4 – 6 Jahre	45 – 56 g
7 – 10 Jahre	55 – 72 g
10 – 13 Jahre	65 – 97 g
13 – 14 Jahre	71 – 102 g

(Für Ihr Kind gilt: Möglichst wenig Fett aus tierischen Quellen, sparsam Fett hoher Qualität)

Fett- und Kaloriengehalt verschiedener Lebensmittel 1 g Fett = 1 »Fettpunkt«		
Lebensmittel	kcal	Fett
Burger (1 Stück)	250	10 g
Croissant (1 Stück, 100 g)	508	35 g
Döner Kebap (1 Stück)	640	37 g
Erdnüsse, geröstet (100 g)	596	50 g
Kartoffelchips (1 Pkg., 175 g)	950	60 g
Pommes frites (1 Portion, 170 g)	350	25 g
Salami (100 g)	480	44 g
Schinken, gekocht (100 g)	126	4 g
Schokolade (1 Tafel, 100 g)	540	32 g
Tiramisu (1 Portion, 250 g)	650	36 g
Wiener Schnitzel (1 Portion, 185 g)	450	25 g

Fett ist allerdings nicht gleich Fett. Was den Energiegehalt betrifft, unterscheiden sich die einzelnen Fettarten nicht voneinander, wohl aber in ihrer **Qualität.** Generell sollte pflanzlichen Ölen und Fetten aus pflanzlichen Lebensmitteln (z. B. Nüsse) der Vorzug gegeben werden, tierische Fette und fettreiche tierische Lebensmittel (z. B. Wurst, Sahne) sollten sparsam genossen werden.

Eine gewisse Mindestzufuhr an Fett, genauer gesagt an so genannten **essentiellen Fettsäuren,** ist unerlässlich. Essentielle Fettsäuren sind jene, die der Körper nicht selbst herstellen kann und die deshalb mit der Nahrung aufgenommen werden müssen. Da diese Fettsäuren am Aufbau von Zellmembranen (= Zellhüllen) im ganzen Körper, vor allem aber im Gehirn, beteiligt sind, kann ein Mangel zu Verzögerungen der körperlichen und geistigen Entwicklung führen. Essentielle Fettsäuren sind vor allem in hochwertigen Pflanzenölen sowie in (fettreichen) Fischen enthalten.

Bei übergewichtigen Kindern und/oder solchen, die wenig körperlich aktiv sind, ist es sinnvoll, die Fettzufuhr niedriger zu halten. Essentielle Fettsäuren müssen aber dennoch bedarfsdeckend zugeführt werden.

Cholesterin ist ein fettähnlicher Stoff, der einerseits mit der Nahrung zugeführt wird und andererseits im Körper gebildet wird. Geringe Mengen an Cholesterin sind lebensnotwendig, es dient z. B. als Ausgangssubstanz von Hormonen. Ein zu hoher Cholesterinspiegel im Blut ist allerdings ein Risikofaktor für Herz-Kreislauf-Erkrankungen. Da vor allem die gesättigten Fettsäuren den Blutcholesterinspiegel negativ beeinflussen, sollte ihre Zufuhr möglichst niedrig sein.

Übersicht über die Fettqualität			
Fettart	**Quellen**	**Wirkungen**	**Empfohlene Zufuhr**
gesättigte Fettsäuren	fettreiche tierische Lebensmittel Kokosfett	↑ Cholesterinspiegel ↑ LDL-Cholesterin	< 1/3 der Tagesfettmenge
einfach ungesättigte Fettsäuren	Olivenöl, Rapsöl	↓ Cholesterinspiegel HDL bleibt gleich	ca. 1/3 der Tagesfettmenge
mehrfach ungesättigte Fettsäuren	Pflanzenöle (z. B. Maiskeim-, Kürbiskernöl)	↓ Cholesterinspiegel ↓ LDL-Cholesterin ↓ HDL-Cholesterin	≤ 1/3 der Tagesfettmenge
Omega-3-Fettsäuren	fette Seefische (Alpenlachs, Forelle, Lachs, Hering, Tunfisch, Sardine) Rapsöl, Sojaöl, Walnussöl	↓ Cholesterinspiegel ↓ Herzrhythmusstörungen ↓ Verklumpung der Blutplättchen	0,5 % der Tagesenergie (bei 1.500 kcal ca. 1 g)

Übersicht über Fette					
Empfehlenswert	**Begründung**	**Weniger empfehlenswert**	**Begründung**	**Nicht empfehlenswert**	**Begründung**
Magerquark (Topfen) oder magerer Frischkäse als Aufstrich	fettarm	herkömmlicher Frischkäse Halbfettbutter Halbfettmargarine	weniger Fett	Butter als Aufstrich Margarine als Aufstrich	fettreich
Fett aus Pflanzen: Öle, Nüsse	hochwertig, günstiges Fettsäuremuster, essentielle Fettsäuren			Fett aus tierischen Lebensmitteln Kokosfett	ungünstige Fettsäurezusammensetzung
Fett aus Fischen	reich an Omega-3-Fettsäuren			Fett aus Fleisch, Wurst	ungünstige Fettsäurezusammensetzung
kalt gepresste Pflanzenöle	hochwertig, günstiges Fettsäure muster				

Tipps zum Fettsparen

- Dünsten, Kochen, Schmoren ohne Fettzugabe sind günstiger als Braten oder Frittieren.
- Beschichtete Pfannen, Wok, Brat- und Backfolien erleichtern das fettarme Kochen. Öl mit einem Löffel dosieren!
- Greifen Sie beim Einkaufen zu fettarmen Produkten!
- Zum Binden von Suppen und Soßen eignen sich püriertes Gemüse, pürierte Kartoffeln, Stärkemehl oder Jogurt.
- Beim Backen kann ein Teil des Fetts durch Buttermilch, Jogurt oder Apfelmus ersetzt werden.
- Fett ist ein wichtiger Geschmacksträger. Gleichen Sie die Geschmackseinbußen, durch raffiniertes Würzen und die großzügige Verwendung von frischen Kräutern aus.
- Achten Sie auf eine hohe Qualität: zum Kochen eignet sich Rapsöl, für Rohkost und Salate kaltgepresste Öle.

Sportarten

In dieser Einheit stellen wir Ihnen und Ihrem Kind folgende Sportarten vor

Ausdauersportarten	Crosstrainer, Stepper
Spiel- und Koordinationssportarten	Kids' Dance, Ballett
Kräftigungssportart	Bergrad fahren

Anleitung für die Umsetzung mit dem Kind

- Ihr Kind soll jeden Tag die jeweilige Tagesspalte des Wochenprotokolls mit Klebern versehen!
- Sprechen Sie mit Ihrem Kind über Fett und fettreiche Lebensmittel, erklären Sie ihm die Unterschiede in der Fettqualität und warum Fettsparen günstig ist!
- Überlegen Sie gemeinsam günstigere Alternativen zu fettreichen Lebensmitteln. Erstellen Sie die Ampelliste für Ihr Kind!
- Animieren Sie Ihr Kind, die Arbeitsblätter im Praxisbuch (Lebensmittelpyramide, Fettquiz) auszufüllen!
- Reden Sie mit Ihrem Kind über die vorgestellten Sportarten. Überlegen Sie gemeinsam, ob Ihr Kind eine davon ausprobieren könnte!
- Gehen Sie mit Ihrem Kind die Verhaltenstipps durch und lassen Sie es sich einen Tipp aussuchen, den es jeden Tag umsetzen soll!
- Loben Sie Ihr Kind für seine bisherigen Erfolge!

Einheit 12

Gemüse, Obst

Sportarten 7

Ziele und Inhalte:

- Obst und Gemüse: Stellenwert, Inhaltsstoffe, Zufuhrempfehlung, Tipps zur Umsetzung von »5 Mal am Tag«
- Vorstellung weiterer Sportarten
- Verhaltenstipps

Obst und Gemüse

Obst und Gemüse ist die wichtigste Lebensmittelgruppe in der Gewichtsreduktion, weil sie eine hohe Nährstoffdichte haben. Sie enthalten reichlich Vitamine, Mineralstoffe, Ballaststoffe und so genannte sekundäre Pflanzenstoffe, die für den menschlichen Körper Schutzstoffe sind. Gleichzeitig liefern fast alle Obst- und Gemüsesorten wenig Energie, da sie zu bis zu 95 % aus Wasser bestehen. Reichlich konsumiert sorgt Obst und Gemüse einerseits dafür, dass Ihr Kind ausreichend mit Vitaminen, Mineralstoffen und Schutzstoffen versorgt ist, und andererseits, dass es auch auf seinem Weg zum Wohlfühlgewicht ausreichend große Nahrungsmengen essen kann, damit es nicht hungrig ist. Die in Obst und Gemüse enthaltenen Ballaststoffe unterstützen die Sättigungswirkung, weil sie aufquellen und den Magen füllen.

Obst und Gemüse stehen nach den Getränken in der Lebensmittelpyramide, es sollte reichlich gegessen werden. Als Faustregel gilt: 5 Portionen am Tag, 2 – 3 Mal Gemüse, 2 – 3 Mal Obst, wobei Obst möglichst immer frisch, Gemüse zum Teil frisch (z. B. als Rohkost oder Salat) und zum Teil gekocht günstig ist. Eine Portion ist ein Stück Obst oder so viel Obst oder Gemüse, wie in der Hand Ihres Kindes Platz hat.

Wenn Ihr Kind allerdings bisher wenig Obst und Gemüse gegessen hat, tasten Sie sich langsam an 5 Portionen pro Tag heran. Bieten Sie Ihrem Kind zunächst die Sorten häufiger an, die es gerne isst. Zwingen Sie ihm Gemüse und Obst nicht auf, akzeptieren Sie es, wenn ihm manches einfach nicht schmeckt. Das Argument, dass Obst und Gemüse gesund ist, beeindruckt Kinder nicht. Sie essen es aus anderen Gründen: weil es ihnen schmeckt, weil es optisch ansprechend ist oder weil Sie als Eltern oder seine Freunde es auch essen.

Mit wenigen Ausnahmen sind alle Obst- und Gemüsesorten sehr empfehlenswert. Manche Zubereitungsarten sind allerdings weniger günstig, weil sie sehr fettreich sind (z. B. Panieren) oder den Vitamin- und Mineralstoffgehalt verringern (z. B. langes Kochen in viel Wasser). Besonders günstig ist es, wenn Sie Obst und Gemüse der Saison verwenden und häufig die Sorten wechseln. Damit nutzen Sie das ganze Spektrum an gesunden Inhaltsstoffen bestmöglich aus.

Übersicht über günstige und weniger günstige Formen des Gemüse- und Obstkonsums					
Empfehlenswert	**Begründung**	**Weniger empfehlenswert**	**Begründung**	**Nicht empfehlenswert**	**Begründung**
fast alle Gemüsesorten, frisch	kalorienarm, reich an Vitaminen, Mineralstoffen, Schutzstoffen	Avocado Oliven Gemüsekonserven	fettreich niedrigerer Vitamingehalt	paniertes Gemüse	fettreich
Salate mit Essig und wenig Öl oder Jogurtdressing	wenig, aber günstiges Fett	Salate mit Kräutersoße	fettreich	Salate mit Cocktailsoße Mayonnaisesalate	fettreich
gekochte Kartoffeln	fettarm	Bratkartoffeln	fettreich	Pommes frites Kartoffelchips Kartoffelpuffer	fettreich
alle frischen Obstsorten	kalorienarm, reich an Vitaminen, Mineralstoffen, Schutzstoffen	gezuckerte Obstkonserven (z. B. Ananas, Pfirsiche, Aprikosen (Marillen), Fruchtcocktail), gekochtes Apfelmus	unnötig Zucker	kandierte Früchte (z. B. Kirschen)	zuckerreich
		Trockenfrüchte (z. B. Dattel, Feige, Banane, Rosine)	reich an Mineralstoffen, aber auch sehr zuckerreich	Früchte mit Schokoüberzug	fett- und zuckerreich
frischer Fruchtsalat ohne Zucker		frischer Fruchtsalat, gesüßt	unnötig Zucker	Fruchtsalat mit Schlagobers	fettreich

Tipps für die Umsetzung von »5 Mal am Tag« Obst und Gemüse

- Bieten Sie Ihrem Kind zu jeder Mahlzeit Obst und Gemüse an.
- Zum Frühstück etwas frisches Obst ins Müsli oder Bananenstücke aufs mit Topfen bestrichene Brot (siehe auch Einheit 2).
- Obst und Gemüsestücke als Ergänzung für die Vormittagsjause (siehe auch Einheit 2).
- Zum Mittagessen: Gemüse als Basis oder zumindest als Beilage, oder Salat, als Nachspeise Obst (siehe auch Einheit 3).
- Obst und Gemüse sind ideale Zwischenmahlzeiten, z. B. Gemüsesticks oder geschnittenes Obst zum Knabbern am Nachmittag (siehe auch Einheit 4).
- Verwenden Sie hauptsächlich saisonales Obst und Gemüse. Es schmeckt besser, weil es meist reifer geerntet wird, enthält mehr günstige Inhaltsstoffe und ist meist auch billiger.
- Kinder essen gerne mit den Fingern. Das kann man sich auch bei Obst und Gemüse zunutze machen. Schneiden Sie Ihrem Kind Gemüsesticks oder auch Obst in Stücke. Besonders gerne wird Rohkost dann gegessen, wenn Sie noch einen Dip dazu reichen (pikanter Dip aus Jogurt, Kräutern und etwas Salz, süßer Dip aus Jogurt mit etwas Honig gesüßt).
- Gemüse oder Obst als Beilage zum Abendessen (siehe auch Einheit 5).
- Obst sollte Ihr Kind hauptsächlich als Frischobst essen, Gemüse zum Teil roh und zum Teil gekocht. Achten Sie auf Vitamin schonende, fettarme Zubereitung (Dünsten, Wok, kurze Kochzeiten)!
- Gelegentlich kann ein Glas Gemüse- oder Obstsaft eine Portion ersetzen.
- Nutzen Sie den Sortenreichtum dieser Lebensmittelgruppe aus und wechseln Sie häufig zwischen den Sorten.

Tipps für Obst- und Gemüsemuffel

Wenn Ihr Kind bisher wenig Obst und Gemüse gegessen hat, wird es nicht von heute auf morgen 5 Mal am Tag zugreifen. Möglicherweise schmeckt ihm Gemüse auch nicht sofort. Einige Tipps können hier helfen:

- Finden Sie gemeinsam Obst und Gemüsesorten heraus, die Ihr Kind gerne isst. Bieten Sie ihm zu Beginn diese Sorten häufig an.
- Die Geschmacksspiele im Praxisbuch sollen in Ihrem Kind die Neugierde auf neue Obst- und Gemüsesorten wecken.
- Kinder essen mit den Augen. Gestalten Sie deshalb die Mahlzeiten möglichst bunt, d. h. mit verschiedenenfärbigen Gemüsesorten oder mit lustigen Verzierungen.

- Lassen Sie Ihr Kind bei der Zubereitung helfen. Der selbst zerteilte Salat, das selbst geschnittene Gemüse oder das selbst gemachte Fruchtjogurt schmecken viel besser!
- Gemüse kann man auch verstecken. Viele Kinder essen ungern Gemüsesuppe, in der das Gemüse in Stücken sichtbar ist, lieben aber pürierte Gemüsesuppen. Auch in Soßen können Sie so leicht Gemüse verstecken.
- Den Obstkonsum Ihres Kindes können Sie auch erhöhen, indem Sie Süßspeisen mit Fruchtstücken garnieren.
- Gehen Sie selbst mit gutem Beispiel voran und essen Sie häufig Obst und Gemüse!

Sportarten

In dieser Einheit stellen wir Ihnen und Ihrem Kind folgende Sportarten vor (Erklärungen finden Sie im Praxisbuch):

Ausdauersportarten	Radergometer, Laufband
Spiel- und Koordinationssportarten	Skifahren, Snowboarden
Kräftigungssportart	Turnen

Anleitung für die Umsetzung mit dem Kind

- Ihr Kind soll jeden Tag die jeweilige Tagesspalte des Wochenprotokolls mit Klebern versehen!
- Sprechen Sie mit Ihrem Kind über Obst und Gemüse, erklären Sie ihm, dass es am besten 5 Mal am Tag Obst und Gemüse essen sollte!
- Erstellen Sie gemeinsam die Ampelliste.
- Animieren Sie Ihr Kind, das Arbeitsblatt Lebensmittelpyramide auszufüllen!
- Unterstützen Sie Ihr Kind bei den Geschmacksspielen und bei der Zubereitung des Erdbeerstrudels (Rezept siehe Praxisbuch).
- Reden Sie mit Ihrem Kind über die vorgestellten Sportarten. Überlegen Sie gemeinsam, ob Ihr Kind eine davon ausprobieren könnte!
- Gehen Sie mit Ihrem Kind die Verhaltenstipps durch und lassen Sie es sich einen Tipp aussuchen, den es jeden Tag umsetzen soll!
- Loben Sie Ihr Kind für seine bisherigen Erfolge!

Einheit 13

Getreide

Training 1: Ausdauer

Ziele und Inhalte:

- Getreide und Getreideprodukte: Stellenwert, Inhaltsstoffe (Kohlenhydrate, Ballaststoffe), Zufuhrempfehlung, Vollkornprodukte, Tipps für die Praxis
- Zwischenresümee Bewegung
- Beginn 3. Ebene der Bewegungspyramide: Training, Vorstellen des Trainingsplans, Ausdauertraining
- Verhaltenstipps

Getreide und Getreideprodukte

Getreide und Getreideprodukte wie Getreideflocken, Müsli, Brot, Gebäck, Reis und Teigwaren sind die wichtigsten Kohlenhydratquellen in der menschlichen Ernährung.

Der Großteil der Tagesenergiezufuhr (mindestens 50 %) sollte in Form von diesen Kohlenhydraten erfolgen. Dabei handelt es sich um zusammengesetzte Kohlenhydrate, die im Körper erst gespalten werden müssen und somit langsam ins Blut aufgenommen werden. Damit steigt der Blutzuckerspiegel nur langsam und auch nicht hoch an. Außerdem bleibt man mit diesen Kohlenhydraten länger satt. Kohlenhydrate liefern 4,1 kcal pro Gramm.

Günstige kohlenhydratreiche Lebensmittel (siehe Ampelliste) sind fettarm und reich an B-Vitaminen, Mineralstoffen (vor allem Kalium, Magnesium, Zink) und Ballaststoffen. Sie bilden gemeinsam mit Obst und Gemüse die Basis der gesunden Ernährung, auch während der Gewichtsreduktion, sie sollten täglich mehrmals konsumiert werden. Das veranschaulicht auch die Ernährungspyramide.

Richtwert für die tägliche Zufuhr an Kohlenhydraten für normalgewichtige Kinder:

mind. 50 % der Tagesenergie	
Alter	Gramm Kohlenhydrate
4 – 6 Jahre	177 g
7 – 10 Jahre	220 g
10 – 13 Jahre	262 g
13 – 14 Jahre	299 g

Kalorien-, Kohlenhydrat- und Ballaststoffgehalt verschiedener Lebensmittel			
Lebensmittel	kcal	Kohlenhydrate	Ballaststoffe
Semmel (1 Stück)	126	26 g	2 g
Toastbrot (1 Scheibe, 20 g)	52	10 g	Spuren
Mehrkornbrot (1 Scheibe, 40 g)	80	16 g	3 g
Vollkornbrot (1 Scheibe, 40 g)	75	15 g	3 g
Haferflocken (3 EL)	111	18 g	2 g
Reis weiß, gekocht (1 Portion, 150 g)	140	31 g	Spuren
Naturreis, gekocht (1 Portion, 150 g)	168	35 g	1 g
Nudeln, gekocht (1 Portion, 210 g)	314	64 g	5 g
Vollkornnudeln, gekocht (1 Portion, 210 g)	291	55 g	11 g

Ähnlich wie beim Fett gibt es auch bei den Kohlenhydraten bzw. bei kohlenhydratreichen Lebensmitteln unterschiedliche Qualitäten:

- **Einfachzucker** (Monosaccharide), wie z. B. Glukose (Traubenzucker), und **Zweifachzucker** (Disaccharide), wie z. B. Saccharose (Haushaltszucker), können im Verdauungstrakt schnell aufgespalten werden und beeinflussen den Blutzuckerspiegel stark. Das ist ungünstig. Die Hauptquellen für Einfach- und Zweifachzucker in unserer Ernährung sind süße Getränke, Mehlspeisen und Süßigkeiten.
- **Mehrfachzucker** (Polysaccharide) sind komplexe Kohlenhydrate. Die Aufspaltung dieser erfolgt langsamer, und der Blutzuckerspiegel wird weniger stark beeinflusst. Komplexe Kohlenhydrate kommen vor allem als Stärke reichlich in allen Getreideprodukten, aber auch in Kartoffeln und Hülsenfrüchten vor.
- **Ballaststoffe** sind unverdauliche Kohlenhydrate. Sie sind besonders reichlich in Vollkornprodukten, aber auch in Obst, Gemüse und Hülsenfrüchten enthalten. Ballaststoffe verlangsamen die Kohlenhydratverdauung, weshalb der Blutzuckerspiegel beim Konsum von

Vollkornprodukten noch weniger stark ansteigt. Ein weiterer Vorteil der Ballaststoffe ist ihre Eigenschaft, im Magen aufzuquellen und so eine erhöhte Sättigungswirkung zu erreichen. Voraussetzung dafür ist allerdings, viel zu trinken. Trinkt man zu wenig, kann eine ballaststoffreiche Ernährung zu Verstopfung führen. Vollkornprodukte liefern darüber hinaus mehr Vitamine und Mineralstoffe, weil sie im Gegensatz zu ausgemahlenen Getreideprodukten den vitaminreichen Keimling des Getreidekorns sowie die mineralstoffreiche Randschicht enthalten.

Ein besonderer Stellenwert kommt Kohlenhydraten in der Sportlerernährung zu. Intensiv trainierende Sportler beziehen ihre Energie vorwiegend aus der Verbrennung von Kohlenhydraten. Aber auch die Fettverbrennung, die im niedrigen und moderaten Trainingsbereich vorherrschend ist, ist von einer ausreichenden Zufuhr an Kohlenhydraten abhängig (zum Trainingsstoffwechsel siehe auch Einheit 6).

Tipps für die Praxis:

- Getreide und Getreideprodukte gehören mehrmals täglich auf den Speiseplan. Sie sollten gemeinsam mit Gemüse die Basis der Hauptmahlzeiten Ihres Kindes sein.
- Vollkornprodukte sind günstiger als Weißmehlprodukte. Wenn Ihr Kind allerdings bisher nicht an Vollkornprodukte gewöhnt ist, gestalten Sie den Umstieg langsam, um keine Unverträglichkeit zu provozieren.
- Achten Sie darauf, dass Ihr Kind ausreichend trinkt, wenn es Vollkornprodukte isst.
- Beim Kochen und Backen können Sie Weißmehl zumindest zur Hälfte durch Vollkornmehl ersetzten.
- Wenn Ihr Kind gerne Müsli isst, bieten Sie es ihm häufig an! Verwenden Sie ungezuckertes Müsli ohne Schokoflocken (Zutatenliste durchlesen!) oder bereiten Sie es selbst zu (Rezept siehe Praxisbuch)!
- Nicht jedes dunkle Gebäck ist automatisch ein Vollkornprodukt. Dunkles Brot ist häufig mit Malz gefärbt, aber dennoch aus Weißmehl. Wenn Sie Vollkorn wollen, kaufen Sie am besten nur, was auch im Namen den Begriff »Vollkorn« enthält. Bei abgepackten Lebensmitteln können sie anhand der Zutatenliste auf dem Etikett ermitteln, ob es sich tatsächlich um ein Vollkornprodukt handelt (Auf der Zutatenliste sind die Inhaltsstoffe in absteigender Menge angeführt.).
- Seien Sie beim Kochen mit Getreide experimentierfreudig und nutzen Sie die große Sortenvielfalt. Probieren Sie auch Neues aus, z. B. Hirselaibchen oder Grünkernauflauf.

Übersicht über günstige und ungünstige Getreideprodukte:

Empfehlenswert	Begründung	Weniger empfehlenswert	Begründung	Nicht empfehlenswert	Begründung
Getreideflocken Müsli ohne Zucker	reich an Vitaminen, Mineral- und Ballaststoffen	Cornflakes gezuckertes Müsli	vitamin-, mineralstoffreich, enthält aber Zucker	Cornflakes mit Zucker gezuckerte Frühstückscerealien Müsli mit Schokolade	reich an Zucker und z. T. auch Fett
Vollkornbrot Vollkorntoastbrot Vollkornbrötchen Knäckebrot Mischbrot Schwarzbrot Pumpernickel	reich an Vitaminen, Mineral- und Ballaststoffen	Brötchen (Semmeln) Weißbrot Toastbrot Baguette Briochehörnchen Zwieback	weniger Vitamine, Mineralstoffe, kaum Ballaststoffe	Kuchen Torten Croissant Schokocroissant Plunder- und Blätterteiggebäck	besonders zucker- und fettreich
Vollkorngetreide (Weizen, Dinkel, Hirse etc.) und Vollkornmehl	reich an Vitaminen, Mineral- und Ballaststoffen	geschältes Getreide Weißmehl	weniger Vitamine, Mineralstoffe, kaum Ballaststoffe		
Vollkorngrieß	reich an Vitaminen, Mineral- und Ballaststoffen	gesüßter Grießbrei	viel Zucker		
Naturreis, Vollkornreis	reich an Vitaminen, Mineral- und Ballaststoffen	geschälter Reis Milchreis	weniger Vitamine, Mineralstoffe, kaum Ballaststoffe		
Vollkornteigwaren	reich an Vitaminen, Mineral- und Ballaststoffen	weiße Teigwaren	weniger Vitamine, Mineralstoffe, kaum Ballaststoffe		

3. Ebene der Bewegungspyramide: Training

Nach der Erhöhung der Alltagsaktivität (1. Ebene) und der Vorstellung verschiedener Sportarten (2. Ebene) ist das systematische Training die 3. Ebene der Bewegungspyramide. Wie im Einleitungstext ausführlich erläutert, unterscheiden sich Sport und Training nur dadurch, dass Sport aus der Freude an der sportlichen Tätigkeit heraus betrieben wird, während beim Training eine klare Zielsetzung dahintersteht. Diese Zielsetzung kann eine Verbesserung der körperlichen Leistungsfähigkeit, die Erhaltung oder Verbesserung des Gesundheitszustandes oder eine Gewichtsreduktion sein. Um das jeweilige Trainingsziel zu erreichen, ist es notwendig, Trainingsregeln einzuhalten: Training muss regelmäßig, langfristig, systematisch und planmäßig ausgeübt werden. Aber auch Training macht Spaß, wenn man es richtig ausübt. Wir haben für Ihr Kind einen Trainingsplan erstellt, der ihm und Ihnen helfen soll, richtig ins Training einzusteigen. Vor dem Einstieg ins Training soll Ihr Kind noch einmal die Bewegungsanamnese ausfüllen und ein Zwischenresümee machen. Es soll sehen, wie viel Alltagsbewegung und Sport es mittlerweile betreibt und daraus die Motivation für den Trainingseinstieg holen.

Diese Woche beginnen wir mit **Ausdauertraining.** Dazu gehören alle in den Einheiten 6 – 12 vorgestellten Ausdauersportarten. Für übergewichtige und/oder bisher wenig aktive Kinder sind Walking, Nordic Walking und Rad fahren für den Einstieg am besten geeignet.

Ausdauertraining zeichnet sich dadurch aus, dass es vor allem das Herz-Lungen-Kreislaufsystem trainiert. Die Funktionsfähigkeit dieser Organsysteme können durch systematisches Ausdauertraining bedeutend verbessert werden, d. h. die Kondition nimmt zu. Gut ausdauertrainierte Sportler haben z. B. ein vergrößertes Herz, weil der Herzmuskel als Reaktion auf das Training wächst. Ein größerer Muskel ist stärker, im Fall des Herzens heißt das, dass es mehr Blut durch den Körper pumpen kann bzw. dass es die gleiche Menge Blut pumpen kann wie ein untrainiertes Herz, dafür aber weniger oft schlagen muss. Während des Trainings (30 – 60 Minuten) muss es zwar öfter schlagen als in Ruhe, dafür muss ein trainiertes Herz die restlichen 23 – 23,5 Stunden des Tages weniger oft schlagen als ein untrainiertes. Insgesamt wird das Herz also durch Ausdauertraining geschont.

Der große Vorteil des Ausdauertrainings ist, dass während des Trainings viel Energie verbraucht wird. **Mit Ausdauertraining wird Fett aus den Fettzellen verbrannt.**

Wichtig dabei ist, die richtige Dosierung zu finden. Sich beim Ausdauertraining zu verausgaben, ist nicht nur nicht erwünscht, sondern auch gar nicht gesund. Außerdem verliert Ihr Kind schnell die Freude am Training.

Die richtige Dosierung findet Ihr Kind am besten, wenn es beim Training einen Pulsmesser verwendet und im Bereich von 155 – 170 Herzschlägen trainiert. Zur genauen Bestimmung des Trainingsherzfrequenzbereiches lesen Sie bitte im Einleitungstext nach!

Trainingsanleitung

(siehe auch Trainingsplan, ab Seite 63):

Den Einstieg ins Training beginnen wir mit Ausdauertraining. Egal, für welche Sportart Ihr Kind sich entscheidet, das Prinzip ist immer das gleiche. Es handelt sich dabei um ein so genanntes **Intervallausdauertraining**, bei dem sich intensivere und langsame Trainingszeiten abwechseln.

- 8 ıre

Trainingsanleitung Woche 1

Intervallausdauertraining:

- 2 Einheiten pro Woche zu jeweils 18 Minuten
- In jeder Einheit abwechselnd 1 Minute Bewegung in der Trainingsintensität (Puls 155 – 170), danach 1 Minute langsam, wieder 1 Minute in der Trainingsintensität, 1 Minute langsamer usw. (z. B. 1 Minute Walking, 1 Minute langsameres Gehen, 1 Minute Walking, 1 Minute langsameres Gehen usw.)
- Ein besonders lustiger Einstieg ins Ausdauertraining sind unsere Übungen **»Ausdauernd wie ein Pferd«** (siehe Plakat), die als so genanntes Intervallspieltraining durchgeführt werden können.

- 14 hre

Trainingsanleitung Woche 1

Intervallausdauertraining:

- 2 Einheiten pro Woche zu jeweils 24 Minuten
- In jeder Einheit abwechselnd 1 Minute Bewegung in der Trainingsintensität (Puls 155 – 170), danach 1 Minute langsam, wieder 1 Minute in der Trainingsintensität, 1 Minute langsamer usw. (z. B. 1 Minute Walking, 1 Minute langsameres Gehen, 1 Minute Walking usw.)

Anleitung für die Umsetzung mit dem Kind

- Ihr Kind soll jeden Tag die jeweilige Tagesspalte des Wochenprotokolls mit Klebern versehen!
- Sprechen Sie mit Ihrem Kind über die Bedeutung von Getreideprodukten und Vollkorn und überlegen Sie gemeinsam, wie sie die Empfehlungen umsetzen können!
- Erstellen Sie gemeinsam die Ampelliste für Ihr Kind!
- Animieren Sie Ihr Kind, das Arbeitsblatt Lebensmittelpyramide im Praxisbuch auszufüllen!
- Reden Sie mit Ihrem Kind über den Beginn der 3. Ebene der Bewegung, das Training!
- Ihr Kind soll die Bewegungsanamnese wieder ausfüllen. Vergleichen Sie mit den alten Ergebnissen.
- Gehen Sie mit Ihrem Kind die Verhaltenstipps durch und lassen Sie es sich einen Tipp aussuchen, den es jeden Tag umsetzen soll!
- Loben Sie Ihr Kind für seine bisherigen Erfolge!

Einheit 14

Fleisch, Fisch, Hülsenfrüchte, Eier, Nüsse

Training 2: Kräftigung

Ziele und Inhalte:

- Fleisch, Fisch, Hülsenfrüchte, Eier, Nüsse: Stellenwert, Inhaltsstoffe (Eiweiß), Zufuhrempfehlung, Tipps für die Praxis
- Weiterführung 3. Ebene der Bewegungspyramide: Kräftigungstraining
- Verhaltenstipps

Eiweißlieferanten

Fleisch, Wurst, Fisch, Hülsenfrüchte (Linsen, Bohnen, Erbsen, Sojaprodukte), Eier und Nüsse gehören gemeinsam mit den Milchprodukten (siehe Einheit 17) zu den wichtigsten Eiweißlieferanten in der menschlichen Ernährung. Für Kinder ist eine ausreichende Eiweißzufuhr besonders wichtig, da sie sich noch im Wachstum befinden, und Eiweiß ein sehr wichtiger Baustoff für die Muskelmasse und für den Aufbau körpereigener Proteine, wie z. B. Abwehrstoffe (Immunglobuline) oder Enzyme ist.

Eiweiß liefert 4,1 kcal pro Gramm, unter normalen Umständen wird Eiweiß allerdings nicht als Energiequelle sondern als Bausubstanz genutzt. Nur unter Extrembedingungen, wie beim Hungern oder Fasten, wird, nachdem die Kohlenhydratspeicher aufgebraucht sind, auch Eiweiß zur Energiegewinnung herangezogen.

Die Lebensmittelpyramide und untenstehende Tabellen geben einen Überblick über die empfohlenen Verzehrsmengen an eiweißreichen Lebensmitteln. Im günstigsten Fall wird der Eiweißbedarf zu etwa zwei Dritteln mit pflanzlichem und zu einem Drittel mit tierischem Eiweiß aus fettarmen Lebensmitteln gedeckt.

Empfehlung für die tägliche Zufuhr an Eiweiß für normalgewichtige Kinder:

ca. 10 – 15 % der Tagesenergie	
Alter	Gramm Eiweiß
4 – 6 Jahre	35 – 53 g
7 – 10 Jahre	44 – 66 g
10 – 13 Jahre	52 – 79 g
13 – 14 Jahre	60 – 90 g

Kalorien- und Eiweißgehalt verschiedener Lebensmittel		
Lebensmittel	kcal	Eiweiß
Dorschfilet (100 g)	77	17 g
Milch, Jogurt, 1 % Fett (1/4 Liter)	105	9 g
Milch, Jogurt, 3,5 % Fett (1/4 Liter)	160	8 g
Putenbrust (100 g)	107	24 g
Rindfleisch, fettarm (100g)	121	21 g
Schinken, gekocht (100 g)	126	19 g
Schweinefleisch, fettarm (100 g)	136	21 g

Kalorien- und Eiweißgehalt verschiedener Lebensmittel		
Lebensmittel	kcal	Eiweiß
Bohnen, gekocht (100 g)	112	9 g
Gauda (100 g)	333	22 g
Hühnerei (1 Stück)	93	7 g
Magerquark (Topfen) (100 g)	73	21 g
Tofu (100 g)	129	14 g
Walnüsse (100 g)	654	12 g

Eiweißreiche Lebensmittel, Inhaltsstoffe und Verzehrsempfehlung		
Lebensmittel	Inhaltsstoffe	Verzehrsempfehlung
Fleisch, Wurst	B-Vitamine, Mineralstoffe Zink, Eisen, Cholesterin fettreiche Sorten enthalten viel Energie und ungünstige gesättigte Fettsäuren	2 – 3 Mal pro Woche je eine handteller-große Portion
Fisch	Vitamin D, B-Vitamine, Mineralstoffe Zink, Eisen, günstige Omega-3-Fettsäuren	1 – 2 Mal pro Woche je eine handteller-große Portion
Milch, Milchprodukte, Käse*	Kalzium, Vitamin D, B-Vitamine	2 Portionen pro Tag
Hülsenfrüchte (Linsen, Bohnen, Erbsen, Soja)	komplexe Kohlenhydrate, Ballaststoffe, Vitamine, Mineralstoffe	4 Mal pro Woche
Eier	Vitamin D, Cholesterin	2 – 3 Stück pro Woche (auch versteckte beim Kochen und Backen)
Nüsse	ungesättigte Fettsäuren	max. 10 g pro Tag

* nähere Informationen siehe Einheit 17

Übersicht über Eiweißquellen*					
Empfehlenswert	**Begründung**	**Weniger empfehlenswert**	**Begründung**	**Nicht empfehlenswert**	**Begründung**
fettarmes Fleisch natur Schnitzelfleisch Puten- oder Hühnerbrust ohne Haut Hackfleisch (Faschiertes) aus fettarmem Fleisch	fettarm, vitamin-, mineralstoffreich	Fleisch mit Soße fettreiche Fleischstücke Brat- und Grillhuhn mit Haut	höherer Fettgehalt	Schnitzel, paniert Hühnernuggets Bauchfleisch Backhuhn gemischtes Hackfleisch (Faschiertes) (z. B. Laibchen, Bolognese-Soße) Innereien (Beuschl, Niere, Leber)	hoher Fettgehalt, hoher Cholesteringehalt (Innereien)
Putenschinken Schinken ohne Fettrand Schinkenwurst (Krakauer) Toastschinken	fettarm, vitamin-, mineralstoffreich	Schinken mit Fettrand Putenfleischkäse (-leberkäse) Putenwiener Putenwurst	höherer Fettgehalt	Speck Fleischkäse (Leberkäse) Wiener Würstchen (Frankfurter) Knackwurst Bratwurst Grillwurst Debreziner Burenwurst Wurst: Salami, Pikantwurst, Wiener, Polnische	hoher Gehalt an versteckten Fetten

Übersicht über Eiweißquellen*

Empfehlenswert	Begründung	Weniger empfehlenswert	Begründung	Nicht empfehlenswert	Begründung
Fisch natur, auch fettere Fische (Lachs, Tunfisch, Hering, Makrele, Sardine) Dosenfisch in eigenem Saft Heringe aus dem Glas (Russen, Rollmops)	vitamin-, mineralstoffreich, Omega-3-Fettsäuren	Fischstäbchen aus dem Backrohr	höherer Fettgehalt	Fischstäbchen aus der Pfanne/aus der Fritteuse panierter Fisch Dosenfisch in Öl oder in Soße	hoher Fettgehalt
Ei, weich oder hart gekocht, 2 – 3 pro Woche	Vitamin D	Ei, weich oder hart gekocht, mehr als 3 pro Woche	reich an Cholesterin	Eierspeise Rührei Ham and Eggs	hoher Fettgehalt
Linseneintopf mit Gemüse Bohnensalat Chili con Carne mit magerem Faschierten Tofu (natur, geräuchert)	fettarm, reich an komplexen Kohlenhydraten, Ballaststoffen, Vitaminen, Mineralstoffen	Linseneintopf mit Putenfrankfurter	höherer Fettgehalt	Specklinsen Eintopf mit Wurst Chili con Carne mit gemischtem Hackfleisch (Faschierten)	hoher Fettgehalt

* Milch, Milchprodukte und Käse werden in Einheit 17 separat abgehandelt.

Eiweißkörper (Proteine) bestehen aus Aminosäuren. 20 Aminosäuren sind für den Menschen von Bedeutung, 9 davon sind essentiell, d. h. der Körper kann sie nicht selbst aus anderen Aminosäuren herstellen, sie müssen daher mit der Nahrung zugeführt werden. Je besser die Aminosäurezusammensetzung einer Eiweißquelle dem menschlichen Bedarfsmuster entspricht, desto höher ist die biologische Wertigkeit dieser Eiweißquelle.

Tierische Eiweißquellen (Fleisch, Fisch, Eier und Milchprodukte) weisen generell eine höhere Wertigkeit auf als pflanzliche Quellen (Linsen, Bohnen, Erbsen, Nüsse, Vollkorngetreide). Eine Ausnahme ist Sojaeiweiß. Es ist zwar ein pflanzliches Eiweiß, hat aber eine ähnlich hohe Wertigkeit wie tierische Eiweißquellen.

Durch geschickte Kombination verschiedener Eiweißquellen niedrigerer Wertigkeit kann die Wertigkeit einer Mahlzeit erhöht werden. Hülsenfrüchte und Getreide (z. B. Bohnengulasch mit Reis) ergänzen einander beispielsweise sehr gut.

Tipps für die Praxis:

- Darüber, ob ein eiweißreiches Lebensmittel günstig ist, entscheidet vor allem der Fettgehalt. Greifen Sie deshalb gezielt zu fettarmen Fleisch- und Wurstsorten und wählen Sie fettarme Zubereitungsmethoden aus (z. B. Dünsten, Braten in beschichteten Pfannen). Panieren und Frittieren Sie so selten wie möglich.
- Ersetzen Sie Fleisch häufiger durch Fisch.
- Es müssen nicht immer Fischstäbchen sein. Fisch lässt sich hervorragend ganz ohne Fett in der Folie im Backrohr garen. Sie können Ihr Kind beim Kochen einbinden und den Fisch in die Folie verpacken lassen (siehe dazu auch das Rezept im Praxisbuch).
- Verwenden Sie häufig Hülsenfrüchte, auch aus der Dose, z. B. für Bohnensalat mit bunten Paprikawürfeln, Chili mit roten Bohnen und Linseneintopf mit Karotten.
- Versuchen Sie, Ihrem Kind Tofu schmackhaft zu machen. Räuchertofu oder marinierter Tofu schmecken auch zur kalten Jause statt Wurst köstlich.

Bei Trainierenden kommt der ausreichenden Eiweißzufuhr eine besondere Bedeutung zu, da sie unerlässlich für den Aufbau von Muskelmasse ist, der vor allem beim Kräftigungstraining angestrebt wird.

Kräftigungstraining

Während das Ausdauertraining weitergeführt wird, soll Ihr Kind in dieser Woche an das Kräftigungstraining herangeführt werden. Wenn von Sport und Abnehmen die Rede ist, denkt man vorrangig an Laufen, Walking, Rad fahren, also an Ausdauersportarten. Mit Krafttraining dagegen verbindet man Muskelprotze in Fitnessstudios und Trainingsgeräte, die wie Folterinstrumente aussehen.

Dass dem Kräftigungstraining aber gerade beim Abnehmen eine ganz große Bedeutung zukommt und dass es viel mehr und viel einfachere Möglichkeiten gibt als Gerätetraining, wird oft nicht bedacht. Kräftigungstraining hat zum Ziel, die vorhandenen Muskeln zu trainieren und neue aufzubauen. Beim Abnehmen, wenn man weniger isst, besteht immer die Gefahr, dass Muskeln abgebaut werden, wenn sie nicht trainiert werden. Das soll aber auf jeden Fall verhindert werden! Eine trainierte Muskulatur unterstützt die Gewichtsreduktion, denn Muskeln sind stoffwechselaktiv und verbrauchen, im Gegensatz zu Fettmasse, Energie. Deshalb gilt: **Je mehr Muskeln Ihr Kind hat, desto mehr Energie verbraucht es – rund um die Uhr, auch dann, wenn es sich nicht bewegt!**

Mehr Informationen zum Kräftigungstraining finden Sie auch im Einleitungstext.

Trainingsanleitung

(siehe auch Trainingsplan, ab Seite 63):

Neben dem Ausdauertraining, dessen Dauer in dieser Woche etwas gesteigert wird, starten wir jetzt zusätzlich mit einem Kräftigungstraining. Dabei handelt es sich um ein so genanntes Muskelfunktionstraining. Die Übungen sollen konzentriert und aufmerksam in der jeweils angegebenen Wiederholungszahl durchgeführt werden. Nach einer halben bis einer Minute Verschnaufpause wird zur nächsten Übung übergegangen.

Trainingsanleitung Woche 2 — **5 – 8 Jahre**

Intervallausdauertraining:

- 2 Einheiten pro Woche zu jeweils 20 Minuten
- In jeder Einheit abwechselnd 1 Minute Bewegung in der Trainingsintensität (Puls 155 – 170), danach 1 Minute langsam, wieder 1 Minute in der Trainingsintensität, 1 Minute langsamer usw.
- Das Training kann mit den Übungen »**Ausdauernd wie ein Pferd**« durchgeführt werden können.

Muskelfunktionstraining:

- 1 Einheit pro Woche
- Jeweils 15 Übungen 5 – 20 »**Stark wie ein Bär**« (siehe Plakat)
- Jeweils 15 Wiederholungen in einer Serie
- Das Muskelfunktionstraining kann auch als Kraftspieltraining durchgeführt werden, indem alle Übungen von »**Stark wie ein Bär**« gemacht werden.

Trainingsanleitung Woche 2 — **9 – 14 Jahre**

Intervallausdauertraining:

- 2 Einheiten pro Woche zu jeweils 28 Minuten
- In jeder Einheit abwechselnd 1 Minute Bewegung in der Trainingsintensität (Puls 155 – 170), danach 1 Minute langsam, wieder 1 Minute in der Trainingsintensität, 1 Minute langsamer usw.

Muskelfunktionstraining:

- 1 Einheit pro Woche
- Jeweils 15 Übungen (siehe Praxisbuch)
- Jeweils 18 Wiederholungen in einer Serie

Anleitung für die Umsetzung mit dem Kind

- Ihr Kind soll jeden Tag die jeweilige Tagesspalte des Wochenprotokolls mit Klebern versehen!
- Sprechen Sie mit Ihrem Kind über die Bedeutung von Eiweiß, vor allem im Zusammenhang mit Bewegung!
- Erstellen Sie gemeinsam die Ampelliste für Ihr Kind!
- Animieren Sie Ihr Kind, das Arbeitsblatt Lebensmittelpyramide im Praxisbuch auszufüllen!
- Reden Sie mit Ihrem Kind über die Bedeutung von Kräftigungstraining!
- Gehen Sie mit Ihrem Kind die Verhaltenstipps durch und lassen Sie es sich einen Tipp aussuchen, den es jeden Tag umsetzen soll!
- Loben Sie Ihr Kind für seine bisherigen Erfolge!

Einheit 15

Mahlzeitenplanung

Training 3: Koordination

Ziele und Inhalte:

- Mahlzeitenplanung
- Leistungskurve
- Weiterführung 3. Ebene der Bewegungspyramide: Koordinationstraining
- Verhaltenstipps

Mahlzeitenplanung

Damit der Körper Ihres Kindes ausreichend mit Energie und Nährstoffen versorgt wird, ist es günstig, ihrem Kind 5 Mahlzeiten, 3 größere Haupt- und 2 kleine Zwischenmahlzeiten, über den Tag verteilt zu geben. Kleine Zeitabstände zwischen den Mahlzeiten verhindern Heißhungergefühle und gewährleisten, dass sich Ihr Kind nicht aufgrund seines großen Hungers bei der nächsten Mahlzeit überisst. Außerdem ist das Verdauungssystem von Kindern großen Nahrungsmengen oft noch nicht gewachsen.

Tipps:

- Bieten Sie Ihrem Kind fünf kleine Mahlzeiten über den Tag verteilt an.
- Halten Sie bei der Mahlzeitenplanung Gewohnheiten ein. Kinder brauchen geregelte Tagesabläufe, es hilft ihnen, wenn die Mahlzeiten jeden Tag zur selben Uhrzeit angeboten werden.
- Ein grober Wochenspeiseplan kann helfen, die gesunde Kinderernährung organisatorisch leichter in die Praxis umzusetzen.
- Beziehen Sie ihr Kind in die Mahlzeitenplanung und in die Gestaltung des Wochenspeiseplans ein. Wenn Sie seine Vorlieben und Ideen berücksichtigen, ist die Wahrscheinlichkeit höher, dass Ihr Kind dann auch gerne isst, was Sie ihm anbieten.

Mahlzeitenempfehlungen und Musterspeiseplan für einen Tag*

Art der Mahlzeit	Hauptbestandteil	Weitere Bestandteile	Getränk	Beispiel(e)
Frühstück	Milch/Milchprodukt	Getreideprodukt, gelegentlich Wurst, Obst	Wasser oder Tee	Müsli mit Milch und Banane Früchtetee ohne Zucker
Vormittagsjause	Obst	Milch/Milchprodukt, Brot/ Getreideprodukt rohes Gemüse	Wasser oder Tee	Apfel, Vollkornbrot mit Käse
Mittagessen	Getreideprodukte	Kartoffeln, Gemüse, Hülsenfrüchte oder Salat, 3 Mal pro Woche Fleisch, 1 Mal pro Woche Fisch, etwas Öl	Wasser oder Tee	Spagetti mit Gemüsesoße, Reis mit gebratenem Fleisch und Mischgemüse, gebratener Fisch mit Gemüse oder Salat
Nachmittagsjause	Obst	Milch/Milchprodukt, Brot/ Getreideprodukt rohes Gemüse	Wasser oder Tee	Jogurt mit Obst und Flocken, gelegentlich Süßigkeiten, Kuchen, Kekse
Abendessen	Getreide	Milch/Milchprodukt, gelegentlich Wurst	Wasser oder Tee	Käsebrot, Getreidebrei Milchreis

* nähere Informationen finden Sie in den Einheiten 2 – 5

Leistungskurve

Die Leistungsfähigkeit Ihres Kindes schwankt im Tagesverlauf, das ist ganz normal (siehe Grafik). Üblicherweise hat es am Vormittag seine Leistungsspitze und am Nachmittag einen Leistungseinbruch. Durch geschickte Mahlzeitenplanung kann man die Leistungskurve allerdings beeinflussen. Ein leichtes Mittagessen z. B. lässt den Einbruch am Nachmittag wesentlich weniger stark ausfallen und mit einer geeigneten Schuljause steigt das Hoch am Vormittag besonders an. Im Praxisbuch kann Ihr Kind seine eigene Leistungskurve zeichnen.

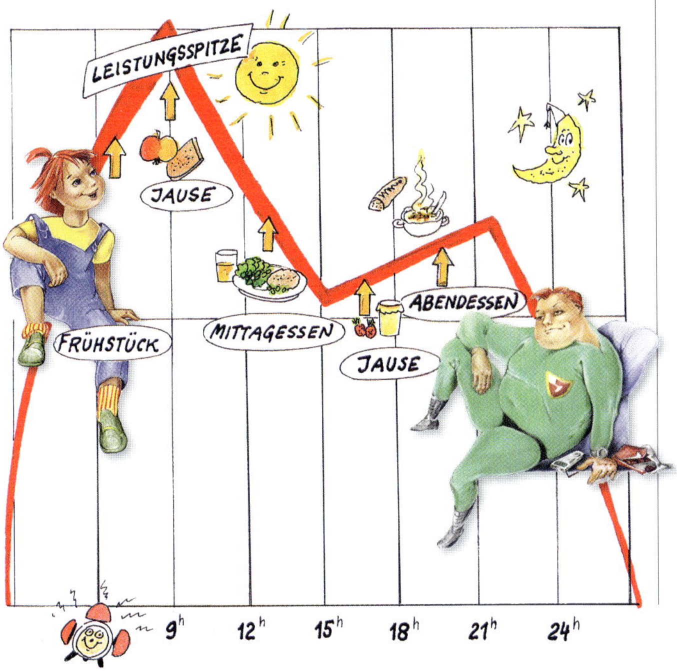

Koordinationstraining

Die dritte Woche der Einführung in das sportliche Training ist dem Koordinationstraining gewidmet, Ausdauer- und Kräftigungstraining stehen auch weiterhin auf dem Plan.

Koordination ist die Fähigkeit, einen Bewegungsablauf zwischen dem zentralen Nervensystem als »Auftraggeber« und der Muskulatur als »ausführendes Organ« abzustimmen. Koordination ermöglicht das Erlernen, das Steuern und das Anpassen von Bewegungen. Das koordinative System kann grundsätzlich in jedem Alter trainiert werden, bis zum 13. Lebensjahr reift es. Bis dahin, besonders im Alter von 6 – 12 Jahren, entwickelt es sich umso besser, je stärker es gefordert wird. Deshalb ist Koordinationstraining bei Kindern ganz besonders sinnvoll.

Die Koordination zu trainieren hat Vorteile für Körper und Geist. Durch die Verbesserung der Bewegungsabläufe sinkt die Ermüdbarkeit im Alltag und beim Sport, Bewegungen fallen leichter und die Leistungsreserven werden geschont. Außerdem ist die Verletzungsgefahr herabgesetzt: Ein koordinationstrainierter Körper stürzt z. B. weniger leicht. Auch geistige Fähigkeiten, wie z. B. die Konzentration, werden durch Koordinationstraining verbessert.

Trainingsanleitung

(siehe auch Trainingsplan, ab Seite 63):

In dieser Woche kommen Übungen für ein Koordinationstraining dazu. Das Ausdauertraining wird gesteigert, indem die Zeit des Trainings gesteigert wird, die langsameren »Verschnaufpausen« bleiben erhalten. Beim Kräftigungstraining steigern wir die Wiederholungszahl der Übungen.

5 – 8 Jahre

Trainingsanleitung Woche 3

Intervallausdauertraining:

- 2 Einheiten pro Woche zu jeweils 21 Minuten
- In jeder Einheit abwechselnd 2 Minuten Bewegung in der Trainingsintensität (Puls 155 – 170), danach 1 Minute langsam, wieder 2 Minuten in der Trainingsintensität, 1 Minute langsamer usw.
- Das Training kann auch mit den Übungen **»Ausdauernd wie ein Pferd«** durchgeführt werden.

Muskelfunktionstraining:

- 1 Einheit pro Woche
- Jeweils 15 Übungen 5 – 20 **»Stark wie ein Bär«**
- Jeweils 18 Wiederholungen in einer Serie

Koordinationstraining:

- 1 Einheit pro Woche
- Koordinationsspieltraining mit 8 Übungen **»Geschickt wie die Katze«** (siehe Plakat)

9 Ja

Trainingsanleitung Woche 3

Intervallausdauertraining:

- 2 Einheiten pro Woche zu jeweils 32 Minuten
- In jeder Einheit abwechselnd 3 Minuten Bewegung in der Trainingsintensität (Puls 155 – 170), danach 1 Minute langsam, wieder 3 Minuten in der Trainingsintensität, 1 Minute langsamer usw.

Muskelfunktionstraining:

- 1 Einheit pro Woche
- Jeweils 15 Übungen
- Jeweils 21 Wiederholungen in einer Serie

Koordinationstraining:

- 1 Einheit pro Woche
- Spiele mit dem Tennis- oder Tischtennisball

Anleitung für die Umsetzung mit dem Kind

- Ihr Kind soll jeden Tag die jeweilige Tagesspalte des Wochenprotokolls mit Klebern versehen!
- Sprechen Sie mit Ihrem Kind über Mahlzeitenplanung, seine Leistungskurve, Brain-Food und Koordinationstraining!
- Gehen Sie mit Ihrem Kind die Verhaltenstipps durch!
- Loben Sie Ihr Kind für seine bisherigen Erfolge!

Einheit 16

Selbstkontrolle, Alternativentraining

Training 4

Ziele und Inhalte:

- Selbstkontrolle, Alternativen in schwierigen Situationen
- Weiterführung 3. Ebene der Bewegungspyramide: Training
- Verhaltenstipps

Alternativentraining

Wie bereits mehrfach erwähnt arbeitet Schlank ohne Diät für Kinder nach dem Prinzip der flexiblen Kontrolle, starre, strenge Regeln werden abgelehnt. Besonders für Kinder und Jugendliche ist durch eine strikte Kontrolle des Essverhaltens das Risiko für die Entstehung eines gestörten Essverhaltens bis hin zu einer Essstörung erhöht. Ein gewisses Maß an Selbstkontrolle zu erarbeiten, ist allerdings durchaus sinnvoll. Wie ebenfalls bereits erwähnt und in Einheit 7 ausführlich abgehandelt, gibt es eine Vielzahl von Gründen und Emotionen, aus denen Ihr Kind zu Essen greift.

Darüber hinaus wird Ihr Kind immer wieder mit schwierigen Situationen konfrontiert, wo ihm Essen angeboten wird: Die Großeltern bringen Süßigkeiten mit, bei einer Geburtstagsfeier gibt es Torte und Pizza, die Tante möchte Ihr Kind auf ein Eis einladen.

Mit Ihrem Kind an seiner Selbstkontrolle zu arbeiten, ist aus zwei Gründen sinnvoll:

- Es lernt, in verschiedenen Situationen bewusst über Alternativen zum Essen nachzudenken und gegebenenfalls Nein zu sagen.
- Jede Entscheidung für die bessere Alternative ist ein großer Erfolg für Ihr Kind, der es in seiner Motivation bestärkt.

Tipps:

- Bieten Sie Ihrem Kind 5 kleine Mahlzeiten über den Tag verteilt an. Dadurch werden Heißhungeranfälle vermieden. Auch das Nein-Sagen fällt Ihrem Kind leichter, wenn es keinen Hunger hat.
- Lenken Sie Ihr Kind zwischen den Mahlzeiten vom Essen ab, am besten mit Aktivitäten im Freien.
- Haben Sie immer ein offenes Ohr für die Sorgen Ihres Kindes, damit es nicht in Versuchung gerät, Essen als Ersatzhandlung einzusetzen.

Beispiele für schwierige Situationen und mögliche Alternativen:		
Schwierige Situation	Mögliche Alternative	Beispiele für Gedanken oder Aussagen
Ihr Kind will aus einem anderen Grund als Hunger etwas essen (aus Langeweile, weil es traurig ist, weil es Stress hat, ...).	■ **Gedankenstopp:** Innehalten und nachdenken, aus welchem Grund man eigentlich essen möchte. Wenn es nicht Hunger ist, nach einer Ersatzhandlung suchen. (Beim Gedankenstopp ist es hilfreich, kleine Stopp-Schilder anzufertigen und diese an »gefährlichen Orten«, wie Kühlschrank oder Naschlade, anzubringen.) ■ **Ablenken** durch Aktivitäten im Freien, ein Spiel, Musik, ein spontanes Treffen mit Freunden, ...	»Warum habe ich jetzt Lust auf Süßes? Ich habe keinen Hunger, mir ist eigentlich nur langweilig. Ich rufe meinen Freund an und schlage ihm vor, sich mit mir auf dem Spielplatz zu treffen.«
Ihr Kind wird von einem Verwandten auf ein Eis eingeladen.	**Nein-Sagen:** Mit Nachdruck ablehnen und sich nicht überreden lassen.	»Nein, danke, ich möchte jetzt kein Eis.« »Nein, ich habe jetzt keinen Appetit auf Eis, danke.«
Bei einem Kindergeburtstagsfest gibt es Limonade.	**Günstigere Alternative suchen:** Die Limonade ablehnen, aber stattdessen um ein Glas Wasser bitten.	»Nein danke, ich möchte keine Limonade. Könnte ich stattdessen bitte ein Glas Wasser haben?«
Bei den Großeltern gibt es zur Nachmittagsjause Kuchen.	**Bewegung als Ausgleich:** Den Kuchen essen, dafür aber danach eine Stunde Rad fahren.	»Ich genieße ein Stück Kuchen und gehe als Ausgleich mit Opa und Oma eine Stunde Rad fahren.«

Trainingsanleitung

(siehe auch Trainingsplan, ab Seite 63):

In dieser Woche wird das Ausdauertraining dahingehend gesteigert, dass die Zeit, in der mit höherer Pulsfrequenz trainiert wird, weiter gesteigert wird, die langsameren »Verschnaufpausen« bleiben noch erhalten. Beim Kräftigungstraining wird die Wiederholungszahl der Übungen gesteigert. Eine Einheit Koordinationstraining rundet das Training für diese Woche ab.

– 8
re

Trainingsanleitung Woche 4

Intervallausdauertraining:

- 2 Einheiten pro Woche zu jeweils 24 Minuten
- In jeder Einheit abwechselnd 3 Minuten Bewegung in der Trainingsintensität (Puls 155 – 170), danach 1 Minute langsam, wieder 3 Minuten in der Trainingsintensität, 1 Minute langsamer usw.
- Das Training kann auch mit den Übungen **»Ausdauernd wie ein Pferd«** durchgeführt werden.

Muskelfunktionstraining:

- 1 Einheit pro Woche
- Jeweils 15 Übungen 5 – 20 **»Stark wie ein Bär«**
- Jeweils 20 Wiederholungen in einer Serie

Koordinationstraining:

- 1 Einheit pro Woche
- Koordinationsspieltraining mit 8 Übungen **»Geschickt wie die Katze«**

Trainingsanleitung Woche 4

9 – 14 Jahre

Intervallausdauertraining:

- 2 Einheiten pro Woche zu jeweils 35 Minuten
- In jeder Einheit abwechselnd 4 Minuten Bewegung in der Trainingsintensität (Puls 155 – 170), danach 1 Minute langsam, wieder 4 Minuten in der Trainingsintensität, 1 Minute langsamer usw.

Muskelfunktionstraining:

- 1 Einheit pro Woche
- Jeweils 15 Übungen
- Jeweils 25 Wiederholungen in einer Serie

Koordinationstraining:

- 1 Einheit pro Woche
- Gleichgewichtsparcours zu Hause mit Balancieren

Anleitung für die Umsetzung mit dem Kind

- Ihr Kind soll jeden Tag die jeweilige Tagesspalte des Wochenprotokolls mit Klebern versehen!
- Trainieren Sie mit Ihrem Kind anhand der Beispiele im Praxisbuch seine Selbstkontrolle und ermutigen Sie Ihr Kind zum Training!
- Gehen Sie mir Ihrem Kind die Verhaltenstipps durch.
- Loben Sie Ihr Kind für seine bisherigen Erfolge!

Einheit 17

Milch, Milchprodukte

Training 5

Ziele und Inhalte:

- Milch, Milchprodukte: Stellenwert, Inhaltsstoffe (Eiweiß, Kalzium), Zufuhrempfehlung, Tipps für die Praxis
- Weiterführung 3. Ebene der Bewegungspyramide: Training
- Verhaltenstipps

Milch und Milchprodukte

Milch und Milchprodukte gehören zu den eiweißreichen Lebensmitteln. Sie liefern aber nicht nur hochwertiges Eiweiß, sondern sind in der Kinderernährung vor allem auch wegen ihres hohen Kalziumgehaltes von großer Bedeutung. Kalzium ist für das Wachstum von Knochen und Zähnen unerlässlich. Damit Kalzium allerdings in die Knochen eingebaut werden kann, ist Vitamin D notwendig. Bei direkter Sonneneinstrahlung auf die Haut kann Vitamin D aber auch in der Haut gebildet werden. Auch aus diesem Grund ist es deshalb günstig, wenn Ihr Kind viel Zeit im Freien verbringt. Allerdings hemmen Sonnenschutzcreme ab einen Schutzfaktor 10 die Bildung von Vitamin D in der Haut. Aus diesem Grund gehören auf alle Fälle Vitamin-D-reiche Lebensmittel wie fetter Seefisch (Lachs, Makrele, Hering, Sardine, Tunfisch) und Eidotter auf den Speiseplan.

Neben hochwertigem Eiweiß und reichlich Kalzium sind Milchprodukte auch reich an B-Vitaminen, Vollmilchprodukte liefern auch die fettlöslichen Vitamine A und D. Bei Milch und Milchprodukten bestehen z. T. sehr große Unterschiede im Fettgehalt. Beim Abnehmen sollte fettarmen Milchprodukten der Vorzug gegeben werden.

Insgesamt sollte Ihr Kind 2 Portionen Milchprodukte pro Tag essen. Eine Portion entspricht z. B. 250 ml Milch oder 50 g Käse. Die Kalziumzufuhr kann noch mit pflanzlichen Quellen wie Brokkoli, Kohl oder Sesam ergänzt werden.

Empfehlung für die tägliche Zufuhr an Kalzium:

Alter	Kalziumzufuhr
4 – 6 Jahre	700 mg
7 – 10 Jahre	900 mg
10 – 13 Jahre	1.100 mg
13 – 14 Jahre	1.200 mg

Gehalt an Energie, Fett und Kalzium von Milchprodukten			
Lebensmittel	kcal	Fett	Kalzium
Frischkäse Doppelrahmstufe (100 g)	260	26 g	90 mg
Frischkäse Magerstufe (100 g)	62	0,2 g	90 mg
Fruchtjogurt, 3,2 % Fett (180 g)	167	4,5 g	75 mg
Jogurt, 1 % Fett (250 g)	105	2,5 g	120 mg
Jogurt, 3,5 % Fett (250 g)	160	9 g	120 mg
Magermilch, 0,1 % Fett (1/4 Liter)	85	0,3 g	120 mg
Magerquark (-topfen) (100 g)	73	0,3 g	90 mg
Parmesan, 37 % F. i. T. (100 g)	373	26 g	1.200 mg
Quark (Topfen), 40 % Fett (100 g)	137	9 g	90 mg
Sahne, 36 % Fett (100 g)	340	36 g	70 mg
Sauerrahm, 15 % Fett (100 g)	162	15 g	100 mg
Schnittkäse, 15 % F. i. T. (100 g)	212	8 g	600 mg
Schnittkäse, 25 % F. i. T. (100 g)	250	13 g	700 mg
Schnittkäse, 45 % F. i. T. (100 g)	333	23 g	750 mg
Vollmilch, 3,5 % Fett (1/4 Liter)	160	9 g	120 mg

Übersicht über Milchprodukte

Empfehlenswert	Weniger empfehlenswert	Nicht empfehlenswert
Magermilch H-Milch mit 0,5 % Fett Buttermilch	Halbfettmilch	Vollmilch H-Milch mit 3,6 % Fett Sauermilch
Jogurt mit höchstens 1 % Fett	Jogurt 3,6 % Fett	Sauerrahm Sahne Crème fraîche
Fruchtjogurt ungesüßt (Magerjogurt, Früchte)	Fruchtjogurt mit höchstens 1 % Fett und Zucker	Fruchtjogurt mit 3,6 % Fett oder mehr und Zucker
Magerquark (-topfen)	Quark (Topfen) mit 10 % Fett	Quark (Topfen) mit 20 % Fett oder mehr
Quarkcreme (Topfen-) ungesüßt (Magerquark, Mineralwasser, Früchte)	Quarkcreme (Topfen-) mit wenig Fett und Zucker	Quarkcreme (Topfen-) mit herkömmlicher Fettstufe und Zucker
Fruchtmolke ohne Zucker	Fruchtmolke mit Zucker	
Milchreis (aus Magermilch)	Milchreis	
Pudding (aus Magermilch)	Pudding	Sahnepudding
Käse mit 25 % F. i. T.	Käse mit 35 % F. i. T.	Käse mit 45 % F. i. T. oder mehr (Bergkäse, Emmentaler, Gauda, Tilsiter) Camembert Schimmelkäse Mozzarella
Frischkäse mit weniger als 10 % Fett Hüttenkäse mit weniger als 10 % Fett	Hüttenkäse mit 20 % Fett (herkömmlich)	Frischkäse herkömmlicher Fettstufe

Was bedeutet F. i. T. beim Käse?

F. i. T. steht für »Fett in der Trockenmasse«. Das ist eine Bezeichnung aus der Lebensmitteltechnologie, die den Fettgehalt nicht auf den Käse, der ja Wasser enthält, bezieht, sondern auf dessen Trockenmasse. Um den absoluten Fettgehalt von Käse zu ermitteln, muss man den F. i. T.-Wert mit einem bestimmten Faktor multiplizieren.

- Hartkäse (z. B. Parmesan, Emmentaler): x 0,6
- Schnittkäse (z. B. Gauda, Tilsitter, Bierkäse): x 0,5
- Weichkäse (z. B. Brie, Camembert): x 0,4
- Frischkäse, Quark (Topfen): x 0,3

100 g Gauda mit 45 % F. i. T. enthalten demnach
45 x 0,5 = 22,5 g Fett.

Tipps für die Praxis

- Bieten Sie Ihrem Kind zwei Mal täglich Milch oder ein Milchprodukt an. Wenn ihm Milch, Jogurt, Quark (Topfen) oder Buttermilch pur nicht schmecken, »verstecken« Sie sie in Pudding oder Desserts mit Früchten.

- Milch ist kein Getränk, sondern ein Lebensmittel. Milch, Jogurt, Quark (Topfen) und daraus hergestellte Cremes eignen sich hervorragend als Zwischenmahlzeiten.

- Greifen Sie generell zu fettarmen Milchprodukten.

- Die Produktpalette an fettarmen Milchprodukten und Käse ist mittlerweile sehr groß. Gehen Sie mit offenen Augen einkaufen und wählen Sie gezielt fettarme Alternativen aus. Achtung, viele fettarme Fruchtjogurts sind stark gesüßt. Günstiger wäre es in diesem Fall, Fruchtjogurt selbst herzustellen, aus magerem Naturjogurt und süßen Früchten.

- Verwenden Sie zum Binden von Suppen und Soßen statt Sahne Jogurt, das in einem über ein Glas gestülpten Kaffeefilter abgetropft wird.

Trainingsanleitung

(siehe auch Trainingsplan, ab Seite 63):

Die erste Ausdauereinheit wird wie gehabt mit einer einminütigen »Verschnaufpause« durchgeführt, die intensivere Phase wird allerdings wieder verlängert. In dieser Woche kommt eine große Neuerung im Ausdauertraining dazu: die Dauermethode. Dauermethode bedeutet, dass Ihr Kind schon so fit ist, dass es für eine Trainingseinheit lang den Ausdauertrainingsbereich (Puls 155 – 170 Schläge pro Minute) schon ohne zwischengeschobene »Verschnaufpausen« für eine längere Zeit durchhalten kann. Das ist ein großer Erfolg, der auch entsprechend gefeiert werden soll!

5-8 Jahre: Beim Kräftigungstraining wird wieder die Wiederholungszahl der Übungen gesteigert. Das Koordinationstraining ist diese Woche dem Ball gewidmet.

9-14 Jahre: Beim Kräftigungstraining wird auf 2 Serien pro Übung gesteigert. Das Koordinationstraining ist diese Woche dem Ball gewidmet.

Trainingsanleitung Woche 5

Intervallausdauertraining:

- 1 Einheiten pro Woche zu 24 Minuten
- In dieser Einheit abwechselnd 5 Minuten Bewegung in der Trainingsintensität (Puls 155 – 170), danach 1 Minute langsam, wieder 5 Minuten in der Trainingsintensität, 1 Minute langsamer usw.
- Das Training kann auch mit den Übungen **»Ausdauernd wie ein Pferd«** durchgeführt werden.

Dauermethode:

- 1 Einheit zu 20 Minuten in der Trainingsintensität (Puls 155 – 170) ohne »Verschnaufpausen«

Muskelfunktionstraining:

- 1 Einheit pro Woche
- Jeweils 15 Übungen 5 – 20 **»Stark wie ein Bär«**
- Jeweils 25 Wiederholungen in einer Serie

Koordinationstraining:

- 1 Einheit pro Woche
- Koordinationsspieltraining mit 8 Übungen **»Geschickt wie die Katze«**

5 -
Ja

14
re

Trainingsanleitung Woche 5

Intervallausdauertraining:

- 1 Einheiten pro Woche zu 36 Minuten
- In dieser Einheit abwechselnd 5 Minuten Bewegung in der Trainingsintensität (Puls 155 – 170), danach 1 Minute langsam, wieder 5 Minuten in der Trainingsintensität, 1 Minute langsamer usw.

Dauermethode:

- 1 Einheit zu 20 Minuten in der Trainingsintensität (Puls 155 – 170), ohne »Verschnaufpausen«

Muskelfunktionstraining:

- 1 Einheit pro Woche
- Jeweils 15 Übungen
- Jeweils 2 Serien mit je 20 Wiederholungen

Koordinationstraining:

- 1 Einheit pro Woche
- Spiele alleine, zu zweit oder in Gruppen mit Volley-, Fuß-, Hand- oder Basketball

Anleitung für die Umsetzung mit dem Kind

- Ihr Kind soll jeden Tag die jeweilige Tagesspalte des Wochenprotokolls mit Klebern versehen!
- Sprechen Sie mit Ihrem Kind über die Bedeutung von Milch und Milchprodukten!
- Erstellen Sie gemeinsam die Ampelliste für Ihr Kind!
- Animieren Sie Ihr Kind, das Arbeitsblatt Lebensmittelpyramide im Praxisbuch auszufüllen!
- Ermutigen Sie Ihr Kind, sein Training zu absolvieren!
- Gehen Sie mit Ihrem Kind die Verhaltenstipps durch und lassen Sie es sich einen Tipp aussuchen, den es jeden Tag umsetzen soll!
- Loben Sie Ihr Kind für seine bisherigen Erfolge!

Einheit 18

Risikosituationen, Rückfallprophylaxe

Training 6

Ziele und Inhalte:

- Risikosituationen und Rückfallprophylaxe
- Weiterführung 3. Ebene der Bewegungspyramide: Training
- Verhaltenstipps

Risikosituationen und Rückfallprophylaxe

Ihr Kind hat bereits sehr viel gelernt, es hat neue Ernährungs- und Bewegungsverhaltensmuster erworben und setzt diese im Alltag bereits mit einer gewissen Routine und Sicherheit um. Dennoch wird es immer wieder in Risikosituationen geraten, in denen es ihm schwer fällt oder gar nicht gelingt, sein neues Verhalten auszuüben.

Solche Situationen können Anlässe wie Geburtstagsfeiern, Familienfeste, Weihnachten, Ostern und Urlaube sein, auch emotionale Ausnahmezustände weisen ein hohes Risiko für Rückfälle auf:

- negative emotionale Zustände, wie Ärger, Trauer, Langeweile
- zwischenmenschliche Konflikte, wie Streit mit den Eltern, Geschwistern, Freunden
- sozialer Druck, wie eine hohe Leistung erbringen, Schularbeiten, Tests

Im Gegensatz zu anderen Suchtmitteln ist Essen ein wesentlicher Bestandteil unseres Lebens. Auf andere »Beruhigungsmittel« (Rauchen, Alkohol) kann man verzichten, auf das Essen nicht. Veränderungen, nicht nur des Essverhaltens, sind schwierig und es ist meist auch ein dauerndes Ankämpfen gegen den Rückfall in alte Verhaltensmuster nicht ungewöhnlich. Es ist wichtig, Rückschläge, Fehlschläge oder Misserfolge nicht nach dem Motto: »Alles war vergebens!« oder »Ich werde es nie schaffen!« als Anlass zu nehmen, alle weiteren Bemühungen aufzugeben. Vielmehr enthält jeder Misserfolg wertvolle Informationen darüber, wie effektivere Bewältigungsstrategien in der Zukunft aussehen könnten. Aus jedem Rückschlag lassen sich wertvolle Schlüsse für eine erfolgreiche Gestaltung der weiteren Pläne ableiten.

Damit ein neues Verhalten automatisch abläuft, muss es durchschnittlich 1.000 Mal wiederholt werden. Daher ist es notwendig,

- die Aufmerksamkeit auch immer wieder auf Bereiche zu richten, wo bereits positive Veränderungen gelungen sind, und vor allem
- jenen Bereiche große Aufmerksamkeit zu widmen, die ein hohes Risiko für einen Rückfall bergen. Dies ist durch genaue Selbstbeobachtung möglich. Dabei soll darauf geachtet werden, ob sich diese Situationen überhaupt vermeiden lassen, ob eventuelle Anzeichen für deren Auftreten besteht, um frühzeitig dagegen ankämpfen zu können, oder wie der Rückfall so gering wie möglich gehalten werden kann, wenn er eingetreten ist.

Im Hinblick auf Risikosituationen ist es ganz wesentlich, dass ihr Kind sein neues Verhalten bereits soweit gefestigt hat, dass es schnell wieder zu ihm zurückfindet, sollte es einmal einen Rückfall erleiden. Einen großen Beitrag zur Stabilisierung des neuen Verhaltens kommt hier dem sozialen Umfeld Ihres Kindes, vor allem der Familie und Ihnen zu.

Tipps:

- Unterstützen Sie Ihr Kind, die Umstellungen des Ernährungs- und Bewegungsverhaltens, die es bereits vorgenommen hat, zu stabilisieren.
- Loben und motivieren Sie Ihr Kind immer wieder!
- Gehen Sie mit gutem Beispiel voran und unterstützen Sie Ihr Kind bei seinem Vorhaben auch aktiv, z. B. durch gemeinsames Rad fahren und Kochen.
- Bereiten Sie Ihr Kind auf bekannte Risikosituationen, wie z. B. Geburtstagsfeiern, Urlaub, Familienfeste vor.
- Überlegen Sie gemeinsam, im Vorfeld schon, wie Ihr Kind in der jeweiligen Situation am besten agieren und reagieren könnte (siehe dazu auch Einheit 16).
- Wenn Ihr Kind einen Rückschlag erleidet, weisen Sie es auf die Erfolge hin, die es bereits verbuchen konnte.
- Erklären Sie Ihrem Kind, dass Rückschläge ganz normal sind und immer wieder vorkommen werden. Jeder fällt einmal hin und verletzt sich das Knie. Das Wichtigste ist allerdings, nicht liegen zu bleiben, sondern aufzustehen und den eingeschlagenen Weg fortzusetzen.
- Versuchen Sie, emotionale Risikosituationen für Rückschläge möglichst zu vermeiden, indem Sie viel mit Ihrem Kind über seine Befindlichkeit reden.

Trainingsanleitung

(siehe auch Trainingsplan, ab Seite 63):

In dieser Woche wird die Dauermethode im Ausdauertraining auf zwei Einheiten pro Woche erhöht.

5-8 Jahre: Beim Kräftigungstraining wird auf 2 Serien pro Übung gesteigert. Koordinationstraining darf auch diese Woche nicht fehlen.

9-14 Jahre: Das Kräftigungstraining wird auf ein Kraftausdauertraining mit gefüllten Wasserflaschen verlegt. Durch weitere Straffung der Muskeln ist damit ein gezieltes »Bodyshaping« möglich. Koordinationstraining darf auch diese Woche nicht fehlen.

Trainingsanleitung Woche 6

Dauermethode:

- 2 Einheiten zu 20 und 25 Minuten in der Trainingsintensität (Puls 155 – 170)

Muskelfunktionstraining:

- 1 Einheit pro Woche
- Jeweils 15 Übungen 5 – 20 **»Stark wie ein Bär«**
- Jeweils 2 Serien mit je 15 Wiederholungen

Koordinationstraining:

- 1 Einheit pro Woche
- Koordinationsspieltraining mit 8 Übungen **»Geschickt wie die Katze«**

5
Ja

14
re

Trainingsanleitung Woche 6

Dauermethode:

- 2 Einheiten zu 25 und 35 Minuten in der Trainingsintensität (Puls 155 – 170)

»Bodyshaping« (Kraftausdauertraining mit Wasserflaschen):

- 1 Einheit pro Woche
- Jeweils 18 Übungen (siehe Plakat)
- Jeweils 20 Wiederholungen in einer Serie

Koordinationstraining:

- 1 Einheit pro Woche
- Spiele mit dem Tennis-, Tischtennis- oder Badmintonschläger

Anleitung für die Umsetzung mit dem Kind

- Ihr Kind soll jeden Tag die jeweilige Tagesspalte des Wochenprotokolls mit Klebern versehen!
- Sprechen Sie mit Ihrem Kind anhand der Arbeitsblätter im Praxisbuch über Risikosituationen und Rückfälle und vor allem, wie es damit umgehen soll!
- Ermutigen Sie Ihr Kind, sein Training zu absolvieren!
- Gehen Sie mit Ihrem Kind die Verhaltenstipps durch und lassen Sie es sich einen Tipp aussuchen, den es jeden Tag umsetzen soll!
- Loben Sie Ihr Kind für seine bisherigen Erfolge!

Einheit 19

Vergleich Beginn – Ende

Training 7

Ziele und Inhalte:

- Vergleich des Ernährungs- und Bewegungsverhaltens zu Beginn und gegen Ende des Programms
- Weiterführung 3. Ebene der Bewegungspyramide: Training
- Verhaltenstipps

Vergleich Ernährungs- und Bewegungsverhalten

Ihr Kind hat nun fast alle Stationen des 20-Wochen-Programms durchlaufen. Diese Einheit dient dem Vergleich seines Ernährungs- und Bewegungsverhaltens im Lauf des Programms. Ihr Kind hat ganz zu Beginn, in der 1. Einheit, drei Anamnesebögen ausgefüllt:

1. **Ernährungsanamnese,** in der es durch Einkreisen angab, welche Lebensmittel und Speisen es gerne und oft und – durch die Größe der Kreise – auch in welchen Mengen isst.

2. **Anamnese der Gründe und Gefühle fürs/beim Essen,** in der es durch Einkreisen mit verschiedenen Farben angab, aus welchen Emotionen heraus und in welchen Situationen es zu bestimmten Lebensmitteln und Speisen greift.

3. **Bewegungsanamnese,** bei der es seine Alltagsbewegung, seine sportliche Betätigung und seine Trainingsaktivitäten eintragen konnte. Die Bewegungsanamnese wurde in den Einheiten 6 und 13 bereits wiederholt.

In dieser Einheit soll Ihr Kind alle drei Anamnesen noch einmal ausfüllen und mit den Eintragungen aus der 1. Einheit vergleichen. (Bei der Bewegungsanamnese können Sie auch die Ergebnisse der 6. und 13. mit heranziehen.)

Stellen Sie gemeinsam fest, was sich verändert hat:

- Welche Lebensmittel und Speisen Ihr Kind nun häufiger, welche seltener konsumiert.
- Ob es seine Selbstkontrolle verbessern konnte, und nun seltener aus negativen Emotionen heraus oder als Nebentätigkeit isst.
- Wie viel mehr an Bewegung es jetzt macht.

Sie werden sicher sehr viele Verbesserungen feststellen. Besprechen Sie diese ausführlich. Im Hinblick auf den Langzeiterfolg ist es sehr wichtig, dass Sie Ihr Kind jetzt ausgiebig loben und bestärken. Ziel des Programms ist es ja, dass Ihr Kind die positiven Veränderungen beibehält.

Trainingsanleitung

(siehe auch Trainingsplan, ab Seite 63):

Der nächste große Erfolg steht diese Woche an: Das Ausdauertraining in der Dauermethode wird auf drei Einheiten pro Woche erhöht.

5-8 Jahre: Beim Kräftigungstraining bleiben wir bei 2 Serien pro Übung und erhöhen die Wiederholungszahl pro Übung. Mit dem Koordinationstraining werden wir geschickt wie eine Katze.

9-14 Jahre: »Bodyshaping« bleibt, die Wiederholungszahl pro Übung wird gesteigert. Beim Koordinationstraining darf diese Woche getanzt werden.

– 8
hre

Trainingsanleitung Woche 7

Dauermethode:

- 3 Einheiten zu 20, 25 und 20 Minuten in der Trainingsintensität (Puls 155 – 170)

Muskelfunktionstraining:

- 1 Einheit pro Woche
- Jeweils 15 Übungen 5 – 20 **»Stark wie ein Bär«**
- Jeweils 2 Serien mit je 20 Wiederholungen

Koordinationstraining:

- 1 Einheit pro Woche
- Koordinationsspieltraining mit 8 Übungen **»Geschickt wie die Katze«**

9 – 14
Jahre

Trainingsanleitung Woche 7

Dauermethode:

- 3 Einheiten zu 25, 35 und 25 Minuten in der Trainingsintensität (Puls 155 – 170)

»Bodyshaping« (Kraftausdauertraining mit Wasserflaschen):

- 1 Einheit pro Woche
- Jeweils 18 Übungen
- Jeweils 25 Wiederholungen in einer Serie

Koordinationstraining:

- 1 Einheit pro Woche
- Tanzübungen zur Musik, Aerobicübungen, ...

Anleitung für die Umsetzung mit dem Kind

- Ihr Kind soll die drei Anamnesen ausfüllen.
- Vergleichen Sie gemeinsam die Ergebnisse mit denen aus der 1. Einheit (Bewegungsanamnese Einheiten 6 und 13) und loben Sie Ihr Kind für die Veränderungen!
- Gehen Sie mit Ihrem Kind die Verhaltenstipps durch und lassen Sie es sich einen Tipp aussuchen, den es weiterhin umsetzen soll!

Einheit 20

Resümee

Training 8

Ziele und Inhalte:

- Medizinische Anamnese
- Rückblick und Ausblick
- Weiterführung 3. Ebene der Bewegungspyramide: Training
- Abschließende Verhaltenstipps

Medizinische Anamnese

Machen Sie am Ende des Programms noch einmal dieselben Messungen wie zu Beginn und in Einheit 10 und vergleichen Sie die Werte. (Für Erläuterungen lesen Sie bitte in Einheit 1 oder im Einleitungstext ab Seite 13 nach.) Erklären Sie Ihrem Kind, dass die Verbesserungen in seinem Ernährungs- und Bewegungsverhalten, die es in der Einheit 19 selbst feststellen konnte, zu positiven Entwicklungen seiner medizinischen Befunde geführt haben.

Folgende Werte können Sie wieder selbst erheben:

	Werte Ihres Kindes
Körpergröße, -gewicht	
Body Mass Index, BMI-Perzentile	
Blutdruck (mind. 3 Messungen)	

Laboruntersuchungen
(nur vom Kinder- oder Hausarzt durchführbar):

Blutfette	Normwerte	Werte Ihres Kindes
Triglyceride	< 150 mg/dl	
Gesamtcholesterin	< 160 mg/dl	
LDL-Cholesterin	< 100 mg/dl	
HDL-Cholesterin	> 40 mg/dl	
Verhältnis LDL:HDL	< 4:1	

Bei BMI > 97. Perzentile:

	Werte Ihres Kindes
Leberfunktionsparameter	
Nüchternblutzucker	
Harnsäure	
Schilddrüsenhormone	

Rückblick und Ausblick

Ihr Kind hat in den letzen Wochen mir Ihrer Hilfe sehr viel gelernt und zum Positiven hin verändert. In der letzten Einheit des Programms ist es Zeit, ein Resümee zu ziehen.

Ihr Kind hat gelernt:

- eine günstigere Lebensmittelauswahl zu treffen
- seine Essgewohnheiten zu ändern
- sich mehr zu bewegen
- seine positiven Seiten und Stärken zu erkennen
- Alternativen zum Essen in schwierigen Situationen anzuwenden
- mit Rückschlägen umzugehen

Dieses Programm ist in 20 Einheiten aufgebaut. Gewichtsmanagement ist allerdings eine langfristige, ja lebenslange Herausforderung. Ihre gemeinsamen Bemühungen mit Ihrem Kind sind nicht abgeschlossen. Jetzt geht es darum, die erreichten Verbesserungen zu stabilisieren und die neuen Verhaltensmuster beizubehalten.

Tipps für den Langzeiterfolg:

- Erklären Sie Ihrem Kind, dass seine Bemühungen um sein Wohlfühlgewicht mit dem Ende des Programms nicht abgeschlossen sind.
- Animieren Sie Ihr Kind weiterhin immer wieder zu einer günstigen Lebensmittelauswahl und zu viel Bewegung.
- Definieren Sie gemeinsam mit Ihrem Kind die weiteren Ziele.
- Nehmen Sie in regelmäßigen Abständen dieses Buch zur Hand und frischen Sie Ihr Wissen und das Ihres Kindes auf.
- Wenn Ihr Kind in alte Verhaltensmuster zurückfällt, nehmen Sie das zum Anlass, um gezielt im jeweiligen Kapitel nachzulesen und die Verhaltenstipps zu wiederholen.
- Suchen Sie aus den Verhaltenstipps weiterhin jede Woche einen aus, den Ihr Kind umsetzen soll.
- Unterstützen Sie Ihr Kind auch weiterhin aktiv, indem Sie viel Bewegung gemeinsam machen (z. B. Radtouren), zusammen kochen etc.
- Loben und bestärken Sie Ihr Kind auch weiterhin, um die positiven Veränderungen zu stabilisieren.
- Seien Sie sich immer Ihrer Vorbildwirkung bewusst!

Trainingsanleitung

(siehe auch Trainingsplan, ab Seite 63):

Ein letztes Mal wird das Ausdauertraining noch gesteigert und um einen neuen Aspekt, die Wechselmethode, erweitert. Hier wird aus dem Dauertraining heraus abwechselnd je 5 Minuten im Trainingsbereich (Puls 155 – 170) und 5 Minuten im Trainingspulsbereich + 10 Schläge trainiert. Damit erhält das Herz-Kreislaufsystem weitere Trainingsimpulse, die Ausdauerleistung wird noch besser.

5-8 Jahre: Das Kräftigungstraining bilden weiterhin 2 Serien pro Übung, die Wiederholungszahl wird noch einmal gesteigert. Die Koordination trainieren wir diese Woche mit den Übungen »Geschickt wie eine Katze«.

9-14 Jahre: Das »Bodyshaping« wird gesteigert, indem wir die Anzahl der Serien pro Übung von 1 auf 2 erhöhen. Die Koordination trainieren wir diese Woche ganz klassisch mit Jonglierübungen.

Auch wenn Ihr Kind nun das gesamte Programm absolviert hat, sollte es nicht aufhören zu trainieren. Es kann anhand des Trainingsplans von dieser Woche seine Erfolge langfristig stabilisieren.

Trainingsanleitung Woche 8

Dauermethode:

- 2 Einheiten zu 20 und 25 Minuten in der Trainingsintensität (Puls 155 – 170)

Wechselmethode:

- 1 Einheit zu 20 Minuten, abwechselnd 5 Minuten in der Trainingsintensität (Puls 155 – 170) und 5 Minuten in der Trainingsintensität + 10 Schläge

Muskelfunktionstraining:

- 1 Einheit pro Woche
- Jeweils 15 Übungen 5 – 20 **»Stark wie ein Bär«**
- Jeweils 2 Serien mit je 25 Wiederholungen

Koordinationstraining:

- 1 Einheit pro Woche
- Koordinationsspieltraining mit 8 Übungen **»Geschickt wie die Katze«**

14
re

Trainingsanleitung Woche 7

Dauermethode:

- 2 Einheiten zu 25 und 35 Minuten in der Trainingsintensität (Puls 155 – 170)

Wechselmethode:

- 1 Einheit zu 30 Minuten, abwechselnd 5 Minuten in der Trainingsintensität (Puls 155 – 170) und 5 Minuten in der Trainingsintensität + 10 Schläge

»Bodyshaping« (Kraftausdauertraining mit Wasserflaschen):

- 1 Einheit pro Woche
- Jeweils 18 Übungen
- Jeweils 2 Serien mit je 20 Wiederholungen

Koordinationstraining:

- 1 Einheit pro Woche
- Jonglierübungen mit Bällen und Tüchern

Anleitung für die Umsetzung mit dem Kind

- Wiederholen Sie die Untersuchungen der medizinischen Anamnese.
- Ziehen Sie mit Ihrem Kind anhand des Arbeitsblattes im Praxisbuch ein Resümee. Sprechen Sie über die positiven Veränderungen, die sich in seinem Leben ergeben haben.
- Sprechen Sie mit Ihrem Kind auch über die Zukunft, über die Ziele und Pläne für die Zeit nach dem Programm (siehe auch »Brief an mich selbst« im Praxisbuch. Nehmen Sie diesen Brief an sich und geben Sie ihn Ihrem Kind nach 2 Monaten).
- Ermutigen Sie Ihr Kind, sein Training zu absolvieren!
- Stellen Sie Ihrem Kind eine Urkunde für sein Durchhaltevermögen aus (siehe Praxisbuch).
- Gehen Sie mit Ihrem Kind die abschließenden Verhaltenstipps durch!

schlank ohne Diät
Das Super-Abnehmprogramm
mit garantiertem Langzeiterfolg!
KNEIPP VERLAG
LEOBEN-WIEN
ohne Diät Schlank
für Kinder von 9–14 Jahren
Herausgegeben von
Ingrid Kiefer
ohne Diät Schlank
für Kinder von 5–8 Jahren
PROGRAMM
ingrid kiefer
michael kunze
rudolf schoberberger
schlank ohne diät
motivation · ernährung
bewegung · verhalten
PRAXISBUCH
ingrid kiefer
michael kunze
rudolf schoberberger
schlank ohne diät
erfolg durch kontrolle
KOCHBUCH
ingrid kiefer
schlank ohne diät
genussvoll · fettarm
kalorienreduziert
Die Kalorien-Fibel 1
5.000 Nahrungsmittel
Die Kalorien-Fibel 2
2.000 berechnete Speisen